新编体育与健康教程

主 编／黄远旺 蒙励坚 王 明

人民体育出版社

图书在版编目（CIP）数据

新编体育与健康教程/黄远旺,蒙励坚,王明主编.--北京：人民体育出版社,2021

ISBN 978-7-5009-5917-5

Ⅰ.①新… Ⅱ.①黄…②蒙…③王… Ⅲ.①体育—高等学校—教材②健康教育—高等学校—教材 Ⅳ.①G807.4②G647.9

中国版本图书馆CIP数据核字(2020)第251112号

*

人民体育出版社出版发行
环球东方（北京）印务有限公司印刷
新 华 书 店 经 销

*

787×1092 16开本 17.5印张 423千字
2021年5月第1版 2021年5月第1次印刷
印数：1—6,000册

*

ISBN 978-7-5009-5917-5
定价：43.60元

社址：北京市东城区体育馆路8号（天坛公园东门）
电话：67151482（发行部） 邮编：100061
传真：67151483 邮购：67118491
网址：www.sportspublish.cn
（购买本社图书，如遇有缺损页可与邮购部联系）

《新编体育与健康教程》编委会

主　编　黄远旺　蒙励坚　王　明

副主编　王小明　吴昭燕　陈　东　钟伟志　石健东　黄　健　王　行

编　委　梁喻云　李　飞　李海客　覃珮峰　尹利清　秦晓君　王勤宇

前言

为落实《国家中长期教育改革和发展规划纲要（2010—2020年）》《国务院办公厅转发教育部等部门关于进一步加强学校体育工作若干意见的通知》（国办发〔2012〕53号）、《教育部关于印发〈学生体质健康监测评价办法〉等三个文件的通知》（教体艺〔2014〕3号）有关要求，我们特组织一批公共体育学科的专家、学者，结合我国高校体育课程教学改革实践，以"素质教育、健康第一、以人为本"为指导思想，融入高等学校体育课程思想政治教育编写了这本大学公共体育教材。

大学公共体育课程是高校课程体系的重要组成部分，是高校体育与健康教育工作的中心环节。一本高质量的公共体育教材是提高高校公共体育课教学质量、顺利实施高校体育与健康教育工作的重要保障。

本教材包括体育理论和体育技能两大部分内容。体育理论部分以体育基本理论为框架，汲取最新公共体育教学经验与科研成果，突出健康理论的内容，努力构建以健康为导向的体育理论体系，力求与现代体育学科的发展相适应。体育技能部分针对大学生身心发育的特点及当前我国高校体育教学的现状，增加了一些大学生喜闻乐见的体育运动项目，注重选材的实用性和新颖性，突出内容的趣味性和可读性，旨在不断增强大学生的体育参与意识，提高他们的体育技能，最终使他们养成良好的锻炼习惯和健康的行为方式，达到终身受益的目的。

本教材在编写过程中力求成为在校大学生体育课内学习和课外锻炼的指导性用书。概括起来，本教材具有以下特色。

1. 内容精练。本教材在内容编排上积极吸收国内外大学体育教学的最新研究成果，摒弃了陈旧、繁冗的内容，做到内容精练实用。

2. 结构新颖。本教材在每章的开始都设有学海导航等拓展知识的栏目；每章的结尾都附有思考题。

3. 既有理论高度，又有实用价值。本教材以科学事实和科研成果为依据，叙述语言力求严谨、科学，有一定的理论高度。同时，本教材图文并茂，通俗易懂，能教易学，注意理论联系实际，贴近大学生的生活实际，方便他们学以致用。

在编写过程中，我们参考了国内外的相关研究文献，在此向其作者和研究者致以诚挚的谢意。由于编者水平有限，加之时间仓促，书中不足与疏漏之处在所难免，敬请广大读者和同行提出宝贵意见。

编者

2020年5月

目录

第一章　体育运动与健康
第一节　体育运动概述 ... 001
第二节　健康的概念 ... 002
第三节　体育运动与健康的关系 ... 002

第二章　健康体适能与营养保健
第一节　健康体适能概述 ... 003
第二节　心肺系统机能 ... 004
第三节　肌肉力量与肌肉耐力 ... 009
第四节　柔韧性 ... 015
第五节　体育锻炼计划的制订 ... 020
第六节　营养保健 ... 021

第三章　运动性疾病与创伤的防治
第一节　运动性疲劳及其诊断 ... 030
第二节　常见运动性疾病的防治 ... 031
第三节　常见运动创伤的防治 ... 035

第四章　田径运动
第一节　田径运动概述 ... 042
第二节　径赛项目 ... 046
第三节　田赛项目 ... 053

第五章　球类运动
第一节　篮球运动 ... 063
第二节　足球运动 ... 077
第三节　排球运动 ... 099
第四节　气排球运动 ... 108
第五节　羽毛球运动 ... 119
第六节　网球运动 ... 126
第七节　乒乓球运动 ... 135

第六章　游泳
第一节　游泳运动概述 ... 145

第二节 游泳运动基本技术	146
第三节 自救和水上救护基本知识	152
第四节 游泳锻炼卫生常识	153

第七章 武术与养生

第一节 武术的起源与发展	155
第二节 五步拳	156
第三节 太极拳	157
第四节 散打	168
第五节 初级刀术	174
第六节 健身气功·八段锦	187

第八章 体育舞蹈

第一节 体育舞蹈概述	191
第二节 恰恰舞	192
第三节 伦巴	197

第九章 民族体育

第一节 抢花炮	202
第二节 抛绣球	204
第三节 三人板鞋竞速	207
第四节 跳竹竿	209

第十章 休闲体育

第一节 定向运动	212
第二节 瑜伽	217
第三节 健美操	225
第四节 跆拳道	234
第五节 轮滑	239
第六节 跳绳	244
第七节 登山与攀岩	248
第八节 健美运动	255

附 录 国家学生体质健康标准 267

参考文献 272

教育部关于印发
《高等学校体育工作基本标准》
的通知

第一章
体育运动与健康

学海导航

1. 了解体育运动的起源与发展。
2. 了解体育运动的内容。
3. 了解健康的概念。
4. 了解体育运动与健康的关系。

第一节 体育运动概述

一、体育运动的概念

体育运动,从广义上说,是以身体和智力活动为基本手段,根据人体的生长发育、技能形成和技能提高等规律,以促进全面发育,提高身体素质和全面教育水平,增强体质与提高运动能力,改善生活方式与提高生活质量为目的的一种有意识的社会活动。

二、体育运动的起源与发展

体育运动伴随着人类社会的发展而产生,原始人为了生存而进行的攀爬、跳跃、奔跑、投掷等活动,构成了原始体育的萌芽;因祭祀活动、格斗、治疗疾病等而进行的一些活动,也是体育运动产生的源泉;随着社会的进步,人类的需求结构发生变化,体育运动的发展逐渐和人类社会的需求密切相连,其与军事、休闲娱乐、教育和现代科技密不可分。如今,体育运动已成为社会文明和健康生活方式不可缺少的重要组成部分。

三、体育运动的内容

体育运动是在人类发展过程中逐步开展起来的有意识地培养自己身体素质的各种活动,包括走、跑、跳、投以及舞蹈等多种形式,这些活动就是人们通常称作的身体练习过程。体育运动的内容非常丰富,有田径、球类、游泳、武术、健美操、登山、滑冰、举重、摔跤、柔道及自行车等多种项目。

第二节
健康的概念

健康是指一个人在身体、精神和社会适应等方面都处于良好的状态，它是一个具有强烈时代感的综合概念。1990年WHO（世界卫生组织）把健康定义为"不仅是没有疾病，而且包括躯体健康、心理健康、社会适应良好和道德健康。"健康的内涵随着社会的发展和医学的进步而不断扩展和深化，当今，健康概念的含义是多元的、广泛的，主要包括生理、心理和社会适应性三个方面，其中社会适应性归根结底取决于生理和心理的素质状况。心理健康是身体健康的精神支柱，身体健康又是心理健康的物质基础。良好的情绪状态可以使生理功能处于最佳状态，反之则会降低或破坏某种功能而引起疾病。身体状况的改变可能带来相应的心理问题，生理上的缺陷、疾病，特别是痼疾，往往会使人产生烦恼、焦躁、忧虑、抑郁等不良情绪，导致各种不正常的心理状态。作为身心统一体的人，身体和心理是紧密依存的两个方面。

第三节
体育运动与健康的关系

体育运动与健康是相辅相成的。

一方面，进行适量的体育运动对人体健康具有促进作用。首先，运动有助于提高身体素质：第一，运动对中枢神经和内分泌系统具有良好的促进作用；第二，运动可减少体内脂肪堆积，减轻体重；第三，运动可调节情绪，愉悦身心；第四，运动有利于延缓神经系统老化；第五，运动有利于提高肺活量，增强呼吸系统的功能；第六，运动能不断改善消化系统功能，促进新陈代谢；等等。其次，体育运动对心理健康和社会适应也有重要作用。主要表现为：第一，体育运动是改善心理环境、促进心理健康的重要手段之一；第二，体育运动能消除人的紧张情绪，提高人的自信心和责任感；第三，体育运动能够带给人身心上的双重刺激，有利于发泄不良情绪，调动积极情绪，培养坚定的品质。

另一方面，健康的身体是进行一切活动的前提，只有拥有一个健康的体魄，才能进行体育运动，从而增强体质，由此形成良性循环。

思 考 题

1. 体育运动是如何产生与发展的？
2. 体育运动包含哪几方面的内容？
3. 体育运动对健康的促进作用表现在哪些方面？

第二章
健康体适能与营养保健

学海导航

1. 了解健康体适能的相关知识。
2. 了解心肺系统机能与健康的相关知识。
3. 了解肌肉力量与肌肉耐力的相关知识。
4. 了解柔韧性的相关知识。
5. 了解体育锻炼计划制订的相关知识。
6. 了解营养保健的相关知识。

第一节 健康体适能概述

一、体适能的概念

"体适能（Physical Fitness）"概念最早是由美国科学家提出的，从广义上讲，它是指人体适应外界环境的能力，是健康概念的一种延伸。由于"Fitness"一词的本意是"适当""适切性"，因此，有人将它理解为身体各方面均处于适当的状态。但在英文文献中，此词更侧重于表达身体对某种事物的适应能力，如"Fitness for competition and win""Fitness for life activity"等。

二、体适能的分类

目前，国际上把体适能作为健身的一项主要目标。体适能因个人需求的不同分为运动体适能和健康体适能，前者主要包括速度、反应、爆发力、协调性和灵敏性等素质，这是运动选手为在竞技比赛中夺取最佳成绩所追求的体适能；后者主要包括身体成分、有氧适能、肌肉力量和耐力及柔韧性等素质，这是一般人为了促进健康、预防疾病并提高日常生活、工作和学习效率所追求的体适能，基本涵盖了学校体育追求健康的目标。显然，对于大学生而言，需要的是健康体适能（图2-1）。

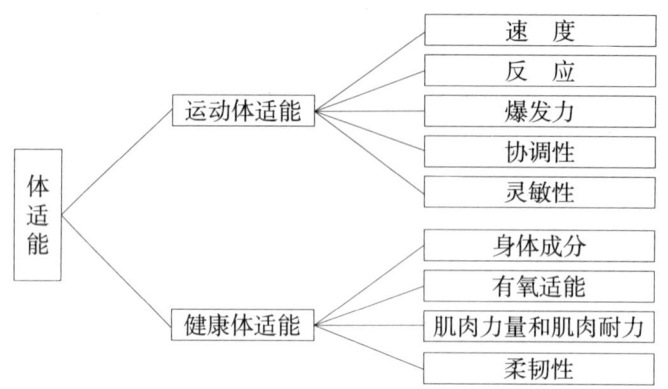

图 2-1 体适能分类及组成要素示意图

三、健康体适能四要素

健康体适能由身体成分、有氧适能、肌肉力量和肌肉耐力、柔韧性四大要素组成。

（一）身体成分

身体成分是指人体中肌肉、脂肪、骨骼和其他身体组织的比例。适当的身体脂肪比例是维持健康的重要因素。

（二）有氧适能

有氧适能指人体摄取、运输和利用氧气的能力，通常是指心肺功能。发展有氧适能、提高心肺功能是促进健康的核心。

健康体适能是可以通过运动和锻炼而改变的，例如，在美国，人们从事体育锻炼时经常给自己设定目标，如 1 月跑了 5 千米，2 月就要努力跑 7 千米。我们常见的通过运动来瘦身、增肌、塑形等，也反映了体适能的变化。本章将从心肺系统机能、肌肉力量和肌肉耐力、柔韧性对体育运动与健康体适能的关系进行分析。

（三）肌肉力量和肌肉耐力

肌肉力量指人体对抗外力或举起重物的能力，肌肉耐力指人体肌肉持续收缩运动的能力。

（四）柔韧性

柔韧性指人体关节在适宜范围内最大限度活动的能力。柔韧性好，身体协调能力高，运动时可以防止肌肉拉伤，减少运动损伤。

第二节 心肺系统机能

倘若人的心脏停止跳动，呼吸也再不能吐故纳新，生命活动就会随即中止。基于此，

要永葆生命活力，就必须不断加强心肺功能的锻炼，使它为生命活动提供最基本的源泉。

一、心肺系统机能与健康

心肺系统是指功能上有密切联系的循环系统和呼吸系统。心肺系统在为肌肉供应能源物质和运输氧气的过程中起重要作用。因此，心肺系统的机能是身体健康素质中最重要的组成要素，直接影响人们的学习效率和生活质量。心肺功能的适应能力是与健康密切相关的最重要的生理指标之一。

体育锻炼时，骨骼肌代谢增强，需氧量增大，机体通过调节使心肺系统活动加强以满足运动的需要。因此，定期的、有规律的有氧运动是提高心肺系统机能、抵御"现代文明病"的最有效手段。进行体育运动将对心肺系统机能产生如下影响。

（一）增强心脏功能

经常运动可以使心肌壁增厚，心脏重量增加，容积增大（表2-1）。平时冠状动脉血流量占输出量的8%~10%，但在运动时冠状动脉血流量可达安静时的10倍。由于心肌在锻炼中得到大量营养，心肌纤维变粗，收缩力增大，心搏率更加适应锻炼需求，出现心动徐缓，而且运动后恢复较快，使心力储备增加，能更好地适应激烈运动。

表2-1 经常锻炼者与不经常锻炼者的心脏比较

项目	一般人	经常参加锻炼者
心脏重量/g	300	400~450
心脏容量/mL	765~785	1005~1027
心肌横断面/cm	11~12	13~15
安静心搏率/（b/min）	70~80	50~65
每搏输出量（运动时）/mL	80~100	90~160

引自：郑厚成.体育与健康[M].北京：高等教育出版社，2002.

（二）增加血液中红细胞、白细胞和血红蛋白含量

一般人血液中红细胞含量男子为450万~550万个/升，女子为380万~460万个/升；经常运动的人可达700万个/升，且白细胞中具有免疫力的淋巴细胞比例明显增加。一般人血红蛋白含量为600克左右，而经常运动的人可达800克左右，这样可以更好地供应和输送氧气，并有利于排除代谢产物。

（三）增强血管功能，改善微循环，防治心血管疾病

经常参加锻炼可使动静脉血管壁弹性增强，管径增大，有利于血液流动。运动还能使毛细血管扩张，有效地改善微循环功能。经常锻炼还可以通过大脑皮层，调节血管收缩和舒张，使血压下降，经常参加运动的人比一般人高血压发病率低3倍，有助于预防心血管疾病。运动可预防运动不足症，长期静坐的人冠心病发病率是经常锻炼的人的2倍。事实表明，经常运动可以有效地预防冠心病的发生。

（四）增强呼吸系统功能

经常锻炼可使肺活量增大，由于锻炼要大量耗氧，排出大量二氧化碳，所以能使新陈代谢、呼吸加快，呼吸肌、胸廓和呼吸器官的工作能力增强，能使人体承受更大的负荷强度。锻炼还能使呼吸道毛细血管密实，上皮细胞的纤毛活动和肺内吞噬能力增强，减少感染，预防呼吸道疾病，预防感冒。

二、心肺系统机能的测评

（一）评价心血管系统机能指标——台阶实验

测试方法：男生用高40厘米的台阶（或凳子），女生用高35厘米的台阶（或凳子）。测试前让受试者做轻度的准备活动，主要是活动下肢关节。上、下台阶的频率是30次/分钟，因而节拍器的节律为120次/分钟（每上、下一次是四动）。受试者按节拍器的节律完成测试。用2秒上、下一次的速度（按节拍器的节律来做）连续做3分钟。做完后，立刻坐在椅子上测量运动结束后的60~90分钟、120~180分钟、180~210分钟的3次脉搏数。并用下列公式求得评定指数。计算结果包含有小数的，对小数点后的1位四舍五入取整进行评分。

$$台阶指数 = \frac{运动时间（s）\times 100}{2 \times（3次测定脉搏之和）}$$

注意事项：
①心脏有病的人不能测试；
②按2秒上、下一次的节奏进行。当受试者跟不上节奏时应及时提醒，如果3次跟不上节奏应停止测试，以免发生伤害事故；
③上、下台阶时，膝、髋关节都应伸直；
④受试者不能自己测量脉搏；
⑤如果受试者不能完成3分钟的负荷运动，以实际上、下台阶的持续时间进行计算，计算公式和方法同上。

（二）评价肺功能指标——肺活量

测试方法：使用干燥的一次性口嘴（非一次性口嘴，则每换测试对象需消毒一次）。受试者进行一两次较平日深一些的呼吸动作后，更深地吸一口气，向口嘴处慢慢呼出至不能再呼出为止。吹气完毕后，液晶屏上最终显示的数字即肺活量毫升值。每位受试者测3次，每次间隔15秒，记录3次数值，选取最大值作为测试结果。以毫升为单位，不保留小数。

三、提高心肺系统机能的措施和方法

（一）有氧运动形式

发展与提高心肺系统机能比较有效的运动主要是有氧运动。有氧运动是指运动时人体需氧量和摄氧量达到动态平衡的运动。做有氧运动时，体内不产生乳酸堆积，心率和呼吸保持在稳定的状态，因而持续运动时间长、安全性高、脂肪消耗多，有利于改善心血管系统的功能。有氧运动包括游泳、跳绳、健步走、慢跑、爬山、划船、骑车等户外运动和各种有音乐伴奏的集体有氧健身形式。

1. 步行锻炼法

步行是体育锻炼中最简便易行的运动。如果是以锻炼身体为目的的步行，当以 100 米 / 分钟左右的速度步行 15 分钟，其消耗的能量与以 270 米 / 分钟左右的速度骑自行车 6 分钟相当。若以更缓慢的 80 米 / 分钟左右的速度步行 20 分钟的话，其消耗的能量相当于以 130 米 / 分钟左右的速度骑行 12 分钟。可见，步行能够消耗大量的能量物质，对增进健康有着积极的作用。另外，步行在减肥过程中所起的作用也为许多研究所证明。而当以放松为目的进行步行时，可以使人身心愉悦，从而缓解各种工作和生活的压力。

2. 跑步锻炼法

跑步是一种有关肌群反复活动的全身性有氧运动。利用跑步消耗体内过剩的热量有助于减少体脂和控制体重。跑步消耗热量的多少主要取决于运动强度和持续时间，以 270 米 / 分钟的速度跑 30 分钟所消耗的热量要比以 135 米 / 分钟的速度步行 30 分钟所消耗的热量多得多。强度越大，消耗的热量也越多。因此，每个人要根据自己的具体情况来制订锻炼计划，循序渐进地增加练习时间和强度。大学生跑步的运动强度也应遵循这一原则（表 2-2）。

表 2-2　大学生及同龄人的适宜运动强度

锻炼水平	跑步距离 /km	跑步速度 /（km/h）	运动强度 /（% 最大心率）
初级	2.7~3.2	8.0~9.6	60~65
中级	3.7~4.3	11.2~12.8	70~75
高级	4.8~5.3	14.4~16.0	80~85

3. 游泳锻炼法

游泳的锻炼价值与跑步有很多相似之处，两者的主要不同是游泳以手臂和腿的运动推动人体在水中前进的同时还必须付出一定的能量使身体免于下沉。因此，在水中游与跑步同样的距离，其消耗的能量是跑步的 4 倍之多。人体通过克服来自前进中的阻力获得对肌肉力量和耐力的锻炼。由于水的浮力减轻了人体承重关节的负荷，水的良好导热性又帮助锻炼者散发运动时产生的热量。因此，游泳锻炼虽然消耗的能量较多，但心率却相对处于较低的水平，是一种更为安全的健身方法。

4. 跳绳锻炼法

坚持跳绳锻炼能提高心血管系统和呼吸系统的功能，提高肌肉长时间工作的能力。此外，跳绳对速度、灵敏、协调等体能成分也有较高的要求，锻炼同样会使这些体能得到增强。应该注意的是：跳绳是一种比较剧烈的运动，应根据自己的身体状况制订切实可行的计划和目标。

5. 有氧操锻炼法

有氧操是一种以锻炼身体为目的，以徒手运动为基础，并在音乐伴奏下进行的健身活动。每个人都可以根据自己的年龄特点、体能状况和锻炼目的等，选择或自编有氧操进行锻炼。有氧操充满活力，在提高心血管系统和呼吸系统工作能力方面具有明显作用。通过有氧操锻炼可以使体重得到有效的控制，而良好的体能和健美的身材也会使人增强自信。另外，有氧操练习中体验到的轻松和快乐还能减轻精神上的烦恼和痛苦，使情绪得到改善。

6. 自行车锻炼法

同跑步和游泳一样，自行车锻炼能使人体在生理上产生理想的应答反应。通过锻炼能有效地增强肌肉力量，提高机体的耐久力并使体重得到控制。另外，在有关健康的研究中，几乎没有因自行车锻炼的过度负荷而导致运动损伤的记录。因此，自行车锻炼不仅可以成为人们日常进行体育锻炼的良好手段，还能在受伤后的康复期内作为保持身体活动能力的有效替代练习。

（二）有氧练习的方法

1. 综合练习

综合练习是由几种不同的锻炼内容组成的。如，第一天跑步，第二天游泳，第三天骑自行车。综合练习的一个优点就是避免日复一日进行同一种练习的枯燥感，并且可以防止身体同一部位的过度疲劳。

2. 持续练习

持续练习是指长时间、长距离、慢节奏和中等强度（约70%最大心率）的锻炼，也是一种最受欢迎的心肺锻炼方法。如果运动强度不增加，锻炼者就能轻松地完成身体练习。一次锻炼时间可持续40~60分钟。

3. 间歇练习

间歇练习是指重复进行强度、时间、距离和间歇时间都较固定的锻炼方法。练习持续的时间各不相同，一般为1~5分钟。每次练习后有一个休息期，休息期的时间等于或稍长于练习时间。相比持续练习，间歇练习能使学生完成更大的运动量，且锻炼的方式可以有所变化。

4. 法特莱克（Fartlek）练习

"Fartlek"是瑞典词，意思是"速度运动"，这是一种与间歇练习相似的长距离跑的锻炼方式，但练习时间与休息时间的比例不固定。法特莱克的锻炼地点比较随意，这可以减少枯燥感。

（三）有氧练习的有效练习强度和频率

健身效果与有氧训练的频率、强度和每次训练的持续时间有关。因此，在进行有氧练习时，要科学地控制练习强度和频率。

①选择主要以大肌肉群而不是小肌肉群参与的运动方式。

②每周练习3~5次，运动持续时间30~60分钟。

③运动强度控制在"靶心率"范围内，这个心率范围既安全又有效。

第三节
肌肉力量与肌肉耐力

负重抗阻练习是增强肌肉力量和肌肉耐力的基本手段，通过长期的渐增阻力的力量练习就可以发展肌肉力量和肌肉耐力。不论练习者的性别和年龄有何差异，只要每周进行适当的力量练习，都可以增加肌肉组织含量，提高肌肉力量和肌肉耐力，促进健康。

一、肌肉力量、肌肉耐力与健康

肌肉力量是指肌纤维收缩时所产生的力，它是力量性活动的基础。肌肉力量的大小与肌肉生理横断面的大小密切相关，和性别、年龄没有直接关系。肌肉粗细是由肌纤维的粗细决定的，人的肌纤维蛋白含量会随着运动负荷的增加而逐渐增加。因此，经常进行训练的人会拥有发达的肌肉，而普通人则很单薄。

肌肉耐力是指肌肉长时间工作的能力，它是从事耐力性活动的基础。肌肉耐力的大小，取决于肌肉中毛细血管的发达程度和肌肉血流量的多少。反复进行活动，能激活那些没有进入工作状态的毛细血管的活力。因此，经常参加锻炼，可使肌肉的耐力逐步得到增强。

二、肌肉力量和肌肉耐力的测评

（一）评价下肢爆发力指标——立定跳远

测试方法：受试者两脚自然分开站立，站在起跳线后，脚尖不得踩线（最好用线绳作为起跳线）。两脚原地同时起跳，不得有垫步或连跳动作。丈量起跳线后缘至最近着地点后缘的垂直距离。每人试跳3次，取其中最好成绩。以厘米为单位，不计小数。

（二）评价上肢肌肉力量指标——握力

测试方法：受试者两脚自然分开成直立姿势，两臂自然下垂。一手持握力器全力紧握（此时握力器不能接触衣服和身体），握力器显示数字。用有力（利）手握3次，取最大值。以千克为单位，保留1位小数。

（三）评价腹肌耐力指标——仰卧起坐

测试方法：受试者全身仰卧于垫上，两腿稍分开，屈膝呈90°左右，两手手指交叉贴于脑后。另一同伴压住其踝关节，以便固定下肢。受试者起坐时两肘触及或超过双膝为完成一次。仰卧时两肩胛必须触垫，记录1分钟内完成次数。

三、增强肌肉力量和肌肉耐力的措施与方法

增强肌肉力量的基本手段是负重抗阻练习，坚持不断增加肌肉克服阻力的力量练习，

肌肉的力量就能得到发展。

（一）力量练习的类型

根据肌肉收缩的类型，力量练习可分为等张练习、等长练习和等动练习。

1. 等张练习

肌肉以等张收缩的形式进行负重或不负重的动力性抗阻练习，称为等张性练习或动力性练习。等张练习是最常用的力量练习法。等张练习能有效地发展动力性力量，改善神经肌肉的协调性，但不足之处是在整个动作过程中不能保证肌肉每一次收缩的负荷都相等，容易造成在某些关节运动角度上肌肉负荷不足。因此，只能按照力量最弱的关节运动角度来安排负荷，所以在整个练习中负荷往往偏小。

2. 等长练习

肌肉以等长收缩的形式使人体保持某一特定位置或对抗固定不动的阻力练习，称为等长性力量练习或静力性练习，它能有效地发展静力最大力量和静力耐力。

等长力量练习与等张力量练习主要有两个方面的区别：一是等长力量的发展是高度特异性的，如果采用等长练习来发展某一特定动作的力量，可能要在动作的所有范围内的某几点上进行不同的等长性练习，而等张练习在整个动作的关节范围内肌肉力量都能得到发展；二是大强度等长练习中，由于血液循环条件不良和憋气等影响，大脑血流量减少，容易引起头昏眼花等不良反应。

3. 等动练习

等动练习是借助专门的等动训练器，在动力状态下完成练习的方法。在整个练习中，关节运动在各角度上均受相同的较大负荷，从而使肌肉在整个练习中均能产生较大的张力。

（二）常用力量练习方法

1. 发展胸部肌肉

练习1：卧举杠铃。将杠铃降低到轻轻接触胸部的位置。垂直上举，直至手臂伸直，然后再收回来（图2-2）。为了均匀地锻炼胸大肌，应该试着变换手握的位置。肘部成直角是抓握的基本型，握的位置窄一点对胸部中央有效，握的位置宽一点对胸部外侧有效，如果想锻炼胸的上、下侧，就把杠铃靠近脸部或腹部。

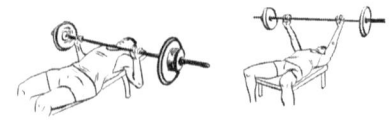

图2-2　卧举杠铃

练习2：哑铃画弧。仰卧，将胸部张开，肘部屈曲到锻炼凳以下，像画弧一样将哑铃上举，到达胸上部后慢慢将姿势复原（图2-3）。

练习3：斜凳举铃。将锻炼凳设置为斜坡形，将肘部向左、右拉，使哑铃下降至靠近胸部的位置。双手将哑铃慢慢地举起，直至手臂与地面垂直为止（图2-4）。

练习4：双杠屈臂撑。

方法1：站在双杠之间，握住把手。屈曲腰部和腿部，使大腿和地面平行。头稍向前倾，看着自己的膝盖。一边留意自己胸部肌肉，一边将身体从地板上撑起。以这种姿势慢慢地将胳膊伸直撑起身体，然后复原（图2-5）。

方法2：将膝盖屈曲成直角，使小腿与地面平行。正视前方，挺直上身和腰部。一边注意胸部肌肉，一边从地面将身体撑起。以这种姿势慢慢地将胳膊伸直撑起身体，然后复原（图2-6）。

图2-3　哑铃画弧　　图2-4　斜凳举铃　　图2-5　双杠屈臂撑（方法1）　图2-6　双杠屈臂撑（方法2）

2. 发展背部肌肉

练习1：向下拉滑轮杠（后方）。坐在拉杠器的椅子上，伸开胳膊握住滑轮杠，肘部不要完全伸直，肩膀要尽量向上提起，就像朝耳朵贴近一样。一边意识到背部肌肉，一边慢慢地将滑轮杠向下拉，到达能够接触到头部的位置后再复原（图2-7）。

 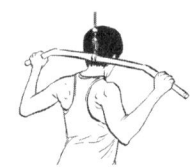

图2-7　向下拉滑轮杠（后方）

练习2：向下拉滑轮杠（前方）。胳膊不要伸太直，以肘部稍微屈曲的姿势握住滑轮杠。两手间距离是肩宽的2倍。肩膀要尽量向上提起，就像朝耳朵贴近一样。将胸部张开，像是将肩胛骨靠拢一样慢慢地将滑轮杠拉到胸的上部（图2-8）。

练习3：凳上拉滑轮。坐在滑轮前的板凳上，双腿踏在脚台上。上身前倾握住把手，肘部用劲向后拉，胸部张开后再慢慢地复原（图2-9）。

 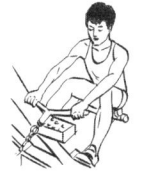 

图2-8　向下拉滑轮杠（前方）　　　图2-9　凳上拉滑轮

练习4：背部伸展。设置背部锻炼台，使垫子能紧紧地贴在大腿上。脚腕固定好之后，将上身屈成直角，手交叉在脑后，用腰部和臀部的肌肉慢慢地将上身提起，与地面平行后再将姿势复原（图2-10）。

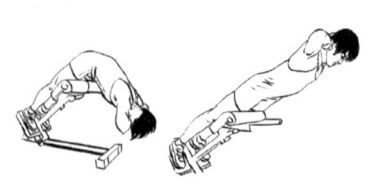

图 2-10　背部伸展　　　　图 2-11　向两侧抬举哑铃

3. 发展肩部肌肉

练习 1：向两侧抬举哑铃。两手握哑铃站立，肘部稍屈，向两侧抬举起哑铃。充分注意肩部肌肉，将哑铃举到肩膀的高度后再慢慢复原（图 2-11）。

练习 2：开肘抬举哑铃。将背部伸直站立，手握住哑铃放在大腿前侧。一边将肘部向两侧张开，一边抬举哑铃。注意要有用肩、肘部向上抬举的感觉。哑铃抬举到胸口上部后再慢慢复原（图 2-12）。

4. 发展腹部肌肉

练习 1：仰卧起坐。

方法 1：膝盖屈曲，手交叉在脑后。尽量收缩腹部，蜷起背部，感觉就像是要看自己肚脐一样，然后慢慢地复原（图 2-13）。

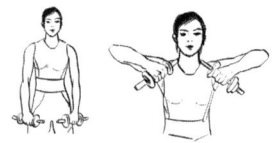

图 2-12　开肘抬举哑铃　　　　图 2-13　仰卧起坐（方法 1）

方法 2：将身体向侧面倾斜做仰卧起坐，也可以一边起坐一边扭动身体（图 2-14）。

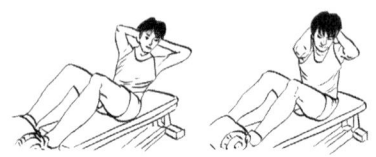

图 2-14　仰卧起坐（方法 2）

练习 2：收腹提肩。仰卧，将小腿放在锻炼凳上，手交叉在脑后。像要看自己肚脐一样，慢慢将背部蜷起。肩胛骨抬起后再慢慢复原（图 2-15）。

练习 3："V"字形腹肌强化法。坐在锻炼凳上，上身稍向后倾斜，两手紧握锻炼凳边支撑身体，挺直腰部和背部，膝盖稍稍屈曲，双腿抬高，然后慢慢放下。用力收缩下腹部（图 2-16）。

练习 4：仰卧收腹举腿。仰卧在锻炼凳上，将臀部以下伸出凳外，两手紧握住头两侧的凳边，膝盖稍稍屈曲，双腿抬高，臀部稍微离开凳面后慢慢将双腿放下（图 2-17）。

图 2-15　收腹提肩　　　图 2-16　"V"字形腹肌强化法　　　图 2-17　仰卧收腹举腿

5. 发展腿部肌肉

练习1：蹲起运动。将杠铃扛在肩上，两脚与肩同宽自然站立，双手从杠铃的后方握住杠铃，背部自然伸直，目视前方蹲下，直到脚后跟差不多要翘起来为止，然后复原（图2-18）。

练习2：踮脚起踵。脚尖站在垫脚板上，伸展背部，往下压脚后跟。慢慢抬起脚后跟，变成用脚尖站立的姿势，然后还原。负重起踵可以快慢结合练习（图2-19）。

图 2-18　蹲起运动

图 2-19　踮脚起踵

练习3：腿部伸展。坐在伸腿器上，调节椅子的位置，使脚腕向前伸时正好碰到垫子，握住腰两侧的把手来支撑身体，慢慢将腿伸直，然后复原（图2-20）。

练习4：俯卧屈腿。趴在屈腿运动器械上，将位置调节好后，使垫子正好贴靠在跟腱附近，双手握住把手或者台子的边缘，慢慢弯曲腿部，然后复原（图2-21）。

图 2-20　腿部伸展

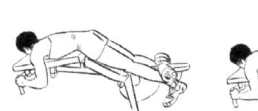
图 2-21　俯卧屈腿

6. 发展手臂肌肉

练习1：持哑铃屈肘。笔直站立，两手下握哑铃，屈曲肘部，将哑铃慢慢抬起向肩部靠近，然后慢慢将姿势复原（图2-22）。

练习2：单臂持哑铃向后屈肘。双脚站立，一只手握哑铃。上臂竖立，使腋下的肌肉伸展。以这种姿势将肘部向后深深地弯下去，注意不要改变肘部的位置，然后慢慢将哑铃举到头顶（图2-23）。

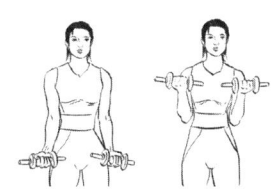
图 2-22　持哑铃屈肘

图 2-23　单臂持哑铃向后屈肘

（三）力量练习的控制指标

在练习过程中，可以采用不同的 RM 和 SET 组合，以达到不同的锻炼效果。

（1）RM（Repetition Maximum）是表示能重复的最高次数，即进行某一重量的练习时，用一次连续练习的最大重复次数来衡量负荷的大小。RM 代表能最大重复多少次的重量，而不反映重量的绝对值。研究表明，30 RM 的负荷可有效改善肌肉耐力，但对力量和速度的提高不明显。10~15RM 的负荷能使力量、速度、耐力均有提高，同时使肌肉体积增大。进行不同目的力量练习时的强度、组数组合见表 2-3。

表 2-3　不同目的力量练习时的强度、组数组合

强度（RM）	组合	效果
3~6	3~6	主要发展肌肉绝对力量
8~12	3~6	主要发展肌肉体积
15~30	4~6	主要发展肌肉耐力

（2）SET 是指一次无间歇的最高重复次数的练习，称为一组。如练习者对某一重量只能连续举起 10 次，那么 10 次就算一组。一般认为一次练习可在 3~6 组之间。

（3）每组练习的间隔时间：力量练习各组间的间隔时间，一般以肌肉能完全恢复为准。肌肉在练习后的 3~5 秒时已恢复 50%，2 分钟时完全恢复。如果练习目的是为了增强肌肉的力量，练习的间隔时间不太重要，一般在 1 分钟左右；如果是为了增加肌肉的耐力，在 6~8 周练习中，练习的间隔时间应从 2 分钟逐渐减少到 30 秒。

（4）每次练习的间隔时间：如果进行全身的肌肉练习，每隔一天练习会获得最佳的锻炼效果。假如每天坚持力量练习，应该训练不同的肌肉群。但应注意，恢复时间不能过长（4 天或 4 天以上）。

若每天进行力量训练，20 周后力量能提高 100%，如果停止练习，30 周后力量消退到原来水平。若每周练 1 次，进行 45 周，力量只能增加 70%，但消退得也慢，70 周后仍保持在较高水平。另外也有研究证明，通过练习力量增加后，如果每隔 6 周进行一次力量练习，可以使力量的消退速度大大延缓；如果每两周进行一次力量训练，可使已获得的力量得到保持。

（5）练习顺序的安排：合理安排练习顺序可以防止疲劳的发生。应先安排大肌肉群的练习，再安排小肌肉群的练习，其原因是小肌肉群比大肌肉群较早产生疲劳。

典型的力量练习顺序模式为：①大腿、腰部；②腿部（股四头肌、大腿后部肌群、小腿三头肌）；③躯干部（背、肩、胸）；④上臂（肱三头肌、肱二头肌、前臂肌肉）；⑤腹部；⑥颈部。此外还应注意不要在两个相继的练习中使用同一肌群，以保证肌肉在每次负荷后有足够的恢复时间。

（6）力量练习注意的问题：①要逐渐增加负荷重量（某一重量能举起 12 次时，负重量大约可增加 5%）；②要调整好呼吸，尽量少憋气，用慢呼气来协助最大用力，自然呼吸（小重量）；③力量练习后要做拉伸与放松练习。

（四）不同针对性的力量练习

（1）以健身和保持形体为目的：力量训练和有氧训练相结合，每周 2~3 次力量练习，3~4 次有氧练习。采用 40%~50% 重量的中低强度，以增强肌肉弹性。每个身体部位练习 2 组，每组 15~20 次，腰腹的练习次数应多些。

（2）以增加体重，增强体质为目的：以力量练习为主，有氧练习为辅。每周至少进行 3 次力量练习，隔天为宜，有氧练习作为力量练习前的热身。力量练习采用 50%~70% 重量的中等强度，以增加对肌肉的刺激。每组做到接近极限的次数，每个部位每周练 2 次，

每次各部位练12次,重复2~3组。

(3)以减轻体重,减少脂肪为目的:以有氧练习为主和适当的力量练习,力量练习每周3次,采用"低强度、多次数"的方法,腰、腹、臀等部位每周力量练习3次,其余部位为1次。25~30次一组,重复2~3组。应注意的是,每周体重下降应控制在1~2千克。

第四节 柔韧性

柔韧是一种重要的人体运动素质。20岁以后,随着年龄的增长,人的柔韧性会逐渐降低。缺乏柔韧性运动,长期以一种固定的姿势生活、工作、学习是人体柔韧素质退化的主要原因。由于生活水平和生存学习环境的制约,我国不少大学生缺乏柔韧锻炼,身体关节活动受到限制,肢体动作僵硬、不协调,肌肉活动范围小。此时,如果动作过大或应付突发情况时,身体就会出现运动伤害。

一、柔韧性与健康

柔韧素质是指人体各个关节的活动幅度,以及肌肉、肌腱和韧带等软组织的伸展能力。身体的柔韧性是支撑运动器官的机能特征,它决定着身体各个关节动作的幅度和灵活性,也可以反映身体各个关节活动时,跨过关节的韧带、肌腱、肌肉、皮肤和其他组织的弹性和伸展能力。

关节的活动幅度主要取决于关节本身的装置结构;肌肉、肌腱、韧带等软组织的伸展,则主要通过合理的训练获得。

柔韧性运动又称伸展运动,这种运动最大的功能是可以扩展关节的活动范围,使僵硬的肌肉得到舒解,增加身体的协调性,提高工作能力和减少运动伤害的产生。人体的每一个动作,都与关节、肌肉、肌腱、韧带的运动相联系。

单独进行柔韧性练习虽然不能明显地增强心肺耐力,强化肌力或减肥,但它却是任何运动前必须进行的项目,而且它不受场地、器材等条件的约束,所以容易为人们喜爱和接受,如柔韧体操、韵律操、瑜伽招式等都属发展柔韧素质之列。

柔韧运动是所有人必须重视的。长期处于紧张工作状况的人常引发神经性头痛,如果适时进行伸展运动,可以使后颈、肩胛和背部僵硬紧绷的肌肉放松,从而预防或减缓这类疼痛的发生。就女性而言,精心设计的伸展体操还可以减轻女性生理疼痛。柔韧性运动还有一个重要的功效,就是可以预防和矫正人们不良的体姿,如头部前倾、圆肩、高低肩或摇摆肩、驼背等。

关节周围肌群的延展性功能的衰退,是人体柔韧性减退的主要表现和原因。因此,要提高人体柔韧性,就必须对人体所有关节及关节周围的肌群适时给予有效的刺激。

二、柔韧性测评

身体柔韧性主要通过立位体前屈或坐位体前屈指标的测试来表现，侧重反映上体、腰、髋等的关节、肌肉和韧带的柔韧程度。

测试方法：受试者两腿伸直，两脚平蹬测试纵板坐在平地上，两脚分开10~15厘米，上体前屈，两臂伸直向前，用两手中指尖逐渐向前推动游标，直到不能前推为止（图2-24）。测试计的脚蹬纵板内沿平面为0点，向内为负值，向前为正值。记录以厘米为单位，保留1位小数。测试两次，取最好成绩。

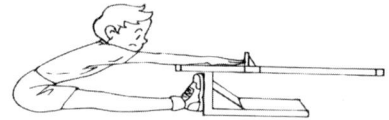

图2-24　坐位体前屈测试方法

三、提高柔韧性的措施和方法

（一）提高柔韧性的方法

提高柔韧性的方法归纳起来，可以分为主动柔韧性练习和被动柔韧性练习，而主动柔韧性和被动柔韧性又都可以分为动力性练习和静力性练习（表2-4）。

主动柔韧性是指练习者靠自身肌肉的收缩而增大关节活动范围和肌肉、韧带伸展度的练习；被动柔韧性是指练习者的某部肌肉在松弛的状态下，因自身体重或外力作用而引起关节活动范围增大的练习。

动力性伸展练习是通过身体的协调用力摆动来达到拉长肌肉、肌腱和韧带的目的；静力性伸展练习是在有意识的控制下慢慢地拉长肌肉。静力性伸展练习对发展柔韧性有效，是因为它不产生牵张反射，比动力性伸展练习要安全，不易拉伤肌肉。

做静力性伸展练习时要注意：①在体温升高的条件下再进行练习；②练习时应充分拉长肌肉；③肌肉处于酸胀的状态下保持一定的时间。

表2-4　不同类型柔韧性练习方法

柔韧性练习类型	举例	特点
主动柔韧性的动力性练习	肩绕环、扩胸、振臂、转腰、涮腰、踢腿等	在主动肌的力量和速度不断增长的条件下，不断发展对抗肌的柔韧性
主动柔韧性的静力性练习	控腿、拱腰、拱桥等	使主动肌保持一个相对静止的收缩状态，通过有意识地逐步放松对抗肌，使之慢慢拉长
被动柔韧性的动力性练习	压肩、压腿等	对于活动关节、协调主动肌和对抗肌的运动，发展肌肉的力量、爆发力等是一项很好的方法
被动柔韧性的静力性练习	拉肩、吊肩、耗腿、搬腿、劈叉、压脚背等	在自身体重或外力作用下，肌肉被强制拉伸

（二）伸展练习的方法

1. 全身伸展

练习1：笔直站立，双手在头顶上交叉，双臂夹住耳朵，伸展上身使之像要从腰部脱离一样。收紧腹部，感觉到肩部和腰部竖直伸展（图2-25）。

练习2：躺着做的全身伸展活动。双臂伸直，双手在头顶上交叉，拉拽上身。绷紧腹部和背部，使劲伸展膝部和脚腕（图2-26）。

2. 身体侧面伸展

练习1：体侧和腰部伸展。先将双手双膝着地，然后一只手支撑着体重，另一只手伸直，有意识地伸展腋下的肌肉（图2-27）。

图2-25　全身伸展（站姿）　　图2-26　全身伸展（仰卧姿）　　图2-27　体侧和腰部伸展

练习2：基本体侧伸展。两脚略宽于肩站立，一只手高举过头，将重心移到另一只脚上，用力伸展从腰到手臂的部分，另一只手叉于腰上，保持身体稳定（图2-28）。

3. 上身伸展

练习1：背部伸展。学猫的样子做背部伸展，双手双膝着地。低头，用力收腹拱起背部，感觉脊椎被一起伸展（图2-29）。

练习2：消除腰痛的伸展。双手双膝着地。一边吸气一边目视前方，使上身向上翘起，就像要将肚脐贴在地板上一样（图2-30）。

图2-28　基本体侧伸展　　图2-29　背部伸展　　图2-30　消除腰痛的伸展

4. 肩部伸展

练习1：从肩部到上臂的伸展。一只手在与肩同高的位置穿过胸前向另一侧伸直，另一只手在肘部附近将伸直的手臂向胸部拉，也可以将脸朝向伸展肩膀的一边，效果会更好（图2-31）。

练习2：肩膀、背部、胸的上部伸展。肘部贴在地板上，双手向前伸展，抬高腰部，用力伸展背部到指尖（图2-32）。

图 2-31　从肩部到上臂的伸展　　　　图 2-32　肩膀、背部、胸的上部伸展

练习 3：肩膀、肱三头肌、腋下伸展。一只手向上举起，手臂弯到头部后方。抬起另一只手，两手抓在一起后再慢慢伸展（图 2-33）。

5. 腰部伸展

练习 1：腰和体侧伸展。腿放在前面坐在地板上，将一条腿伸直，另一条腿交叉在伸直的腿上面，将身体向弯着腿的方向扭动，上臂压着膝部，慢慢做伸展运动（图 2-34）。

练习 2：屈膝仰卧，两膝屈曲，贴近胸部。两手抱住膝盖，伸展腿部，使臀部稍稍抬起。将颌部向下压，背伸直（图 2-35）。

图 2-33　肩膀、肱三头肌、腋下伸展　　　图 2-34　腰和体侧伸展　　　图 2-35　屈膝

6. 背部伸展

练习 1：增强背部柔韧性。趴着，双手放在肩前，着地支撑着上身，慢慢伸直肘部（图 2-36）。

练习 2：伸展颈部到腰部。仰卧，两手撑住腰部，双腿上抬，将膝部屈曲，使之向脸部靠近。将背部向上抬起，直到肩胛骨离地为止，腿伸到头的上方（图 2-37）。

7. 腿部伸展

练习 1：股四头肌伸展。用一只手支撑着头部躺下，屈曲上面的腿，抓住脚腕伸展（图 2-38）。

图 2-36　增强背部柔韧性　　　图 2-37　伸展颈部到腰部　　　图 2-38　股四头肌伸展

练习 2：腿内侧伸展（站姿）。两条腿叉开站立，身体向一条腿的方向前屈（图 2-39）。

练习 3：腿内侧伸展（仰卧姿）。仰卧，抬起一条腿，用两手握住，然后伸展腿部（图 2-40）。

练习 4：腿部拉伸。屈膝而坐，一条腿笔直向前伸，另一条腿屈曲，脚跟要避开臀部，然后双手抱住伸出的腿的脚腕，身体向前倾斜，使胸部向腿部贴近（图 2-41）。

图 2-39　腿内侧伸展（站姿）　　图 2-40　腿内侧伸展（仰卧姿）　　图 2-41　腿部拉伸

练习 5：腿部拉伸。一只脚大步向前迈出，后腿的膝盖着地，前腿膝部屈曲成直角，伸展背肌，两手放在膝盖上支撑着身体，下压腰部直到后腿跟部伸开为止（图 2-42）。

8. 股关节伸展

练习 1：基本伸展。两脚心并在一起坐下，双手将脚握住，向自己身体方向拉，使两膝分别向两边地面贴近（图 2-43）。

练习 2：股关节和内旋肌伸展。一条腿横向伸出，另一条腿向外屈曲，下压腰部，在伸出的腿肚伸展开后保持静止状态，另一条腿也有意识地将膝部向外伸展（图 2-44）。

图 2-42　腿部拉伸　　　　　图 2-43　基本伸展　　　　图 2-44　股关节和内旋肌伸展

练习 3：股关节、腰部、内转肌伸展。尽量将腿张开坐下，一边努力不让膝部屈曲，一边慢慢地使上身前倾。脚腕屈曲对腿肚有效果，注意膝盖和脚尖不要向内侧旋转对股关节起作用（图 2-45）。

图 2-45　股关节、腰部、内转肌伸展

（三）柔韧性练习的基本要求

柔韧性练习要循序渐进、持之以恒才能收到良好的效果。同时，还需根据自己的具体情况，在安排练习时注意每周练习的次数、每次练习的强度和重复次数。青少年时期，肌肉韧带的弹性、伸展性具有较大的可塑性，在这一时期注意发展柔韧素质可以获得比较理想的效果。

科学安排发展身体柔韧性的基本要求如下：

①做柔韧性练习之前一定要做热身活动，以身体感到微微出汗为宜。

②每周应进行 3~5 次柔韧练习。发展柔韧性需要时间作保证，低强度、长时间和多次数是发展柔韧性练习的基本特征。

③柔韧性练习的强度应逐渐增加。肌肉、关节的伸展强度应随着肌肉和关节活动范围的逐渐增大而逐步加大，做到"酸加、痛减、麻停"。

④要循序渐进地安排柔韧性练习时间。在柔韧性练习的起始阶段，对每一项内容要重

复 3 次，每次使肌肉和关节保持静止 10 秒即可，经过一段时间的练习后，重复次数和保持时间可以逐渐增加到 3 次以上和 30 秒。

⑤应兼顾身体各关节、肌肉柔韧性的全面发展。

第五节
体育锻炼计划的制订

按照一定的计划进行体育锻炼，可以克服体育锻炼中的盲目性和片面性，有利于提高体育锻炼的质量，养成良好的锻炼习惯。

一个完整的锻炼计划包括锻炼的目标、内容、方法和时间等。下面就大学生在制订个人锻炼计划中最突出的三个问题，即锻炼内容的合理搭配、锻炼次数和时间的分配，以及周锻炼计划进行简要介绍。

一、周锻炼次数和时间的安排

根据学校特点，大学生在制订锻炼计划时，一般以一年或一学期为锻炼周期，以此来确定每周早操、课外活动的锻炼次数及每次锻炼的时间（表 2-5）。

安排时应注意以下几点：

①期末准备考试和考试期间，仍要坚持经常性的体育锻炼，但周锻炼次数和每次锻炼的时间，以及锻炼强度和量都要相应地减少。

②早操时间不宜过长，一般不超过 30 分钟。早操活动强度应小些，不要进行剧烈活动，以不出现疲劳为度。

③课外活动时间为 1~1.5 小时，课外活动应在晚饭前半小时结束。

④若在睡眠前进行锻炼，应主要结合洁净身体的冷水浴进行锻炼，不宜进行剧烈运动，以免影响睡眠。

表 2-5　体育锻炼周次数和时间（小时）计划

锻炼周期	有体育课时				无体育课时			
	早操		课外活动		早操		课外活动	
	次/周	时间/小时	次/周	时间/小时	次/周	时间/小时	次/周	时间/小时
春（秋）学期	3~5	0.5	2~3	1.5	3.5	0.5	3~4	1
夏（冬）考试期			2~3	1			2~3	1
暑（寒）假			3~4	2			3~4	2

注：表中时间均指每次锻炼时间。

二、周锻炼计划

各种锻炼计划制订起来比较复杂，大学生只要掌握了周锻炼计划的制订方法，就可以在实际中运用。这种方法简便易行。现以一年级某男生为例，该生以全面发展身体和复习、巩固体育课内容为目标，制订的周锻炼计划见表2-6。此表以安排早操和课外活动为主，表中各项内容均应有一定的强度、量和时间要求，具体因人、因时、因地酌定。注意，课外体育活动尽量不要安排在有体育课的当天进行。

表2-6 周锻炼计划（示例）

	早操	课外体育活动	备注
一	晨跑1200米；24式太极拳练习		
二		耐力跑2000米；篮球活动20分钟，引体向上或腰腹力量练习	
三	晨跑1200米；24式太极拳练习		
四	晨跑1200米；24式太极拳练习		
五		30~50米折返跑3~5次，立定跳远或跨跳练习，复习体育课内容（健美），篮球活动20分钟	
六	晨跑1200米；24式太极拳练习		
日		野外活动或球类活动	

第六节 营养保健

一、大学生营养基础知识

中共中央、国务院《关于深化教育体制改革，全面推进素质教育的决定》中指出："健康体魄是青少年为祖国和人民服务的基本前提，是中华民族旺盛生命力的体现。学校教育要树立健康第一的指导思想，切实加强体育工作，使学生掌握基本的运动技能，养成坚持锻炼身体的良好习惯……培养学生的良好卫生习惯，了解科学营养知识。"

（一）人体消化系统及其功能

大学生营养基础知识应包括对消化系统的认识与理解。消化系统由消化管和消化腺两部分构成。消化管包括口腔、咽、食管、胃、小肠和大肠等，能产生运动，对食物进行机械性消化；消化腺包括唾液腺、胆、胰及消化管壁的小腺体，能生成和分泌消化液，对食物进行化学性消化。消化系统的主要功能是消化食物、吸收营养物质及排出食物残渣（图2-46）。

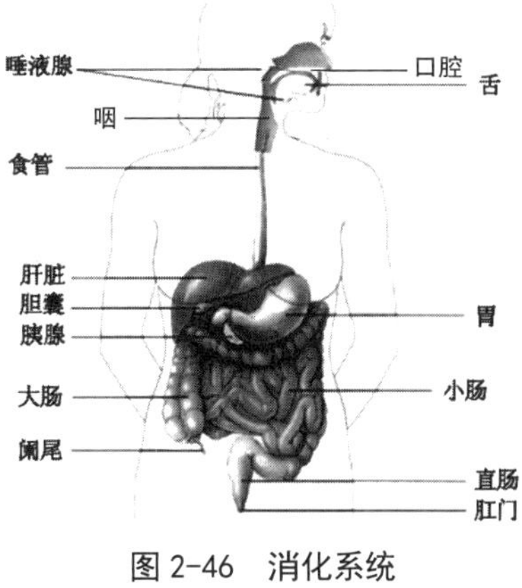

图2-46 消化系统

（二）食物营养素和营养

食物是指能满足机体构建细胞或维持细胞功能所需要的材料和能量的物质。营养素是我们从食物中获得的有营养的成分。营养素一般分为7类：糖（碳水化合物）、脂肪、蛋白质、维生素、矿物质、水及膳食纤维素，其中能产生热量的营养素只有糖（碳水化合物）、脂肪和蛋白质。营养则是关于食物和食物中的营养素，在与健康和疾病的关系过程中的相互作用和平衡，以及在这个过程中消化器官咀嚼、消化、吸收、运输和排泄食物的科学。

（三）科学膳食的基本要求

科学膳食是指膳食中所含的营养素种类齐全、数量充足、比例适当，膳食中所供给的营养与有机体的需要能保持平衡。大学生科学膳食的主要内容是对膳食结构合理性的要求，即平衡膳食。一日诸餐中各种食物间的组成关系称为膳食结构。

（四）平衡膳食宝塔

1. 平衡膳食宝塔的内容

平衡膳食宝塔共分5层，包含我们每天应吃的主要食物种类。宝塔各层位置和面积不同，这在一定程度上反映出各类食物在膳食中的地位和应占的比重。谷薯类食物位居底层，每人每天应该吃250~400克，其中全谷物和杂豆应吃50~150克，薯类应吃50~100克；蔬菜和水果占据第2层，每天应吃300~500克和200~350克；鱼、禽、肉、蛋等动物性食物位于第3层，每天应该吃水产品40~75克，畜、禽肉40~75克，蛋类40~50克；奶类和豆类食物合占第4层，每天应吃奶类及奶制品300克，大豆及坚果类25~35克；第5层塔尖是油和盐，油应吃25~30克，盐应不超过6克（图2-47）。

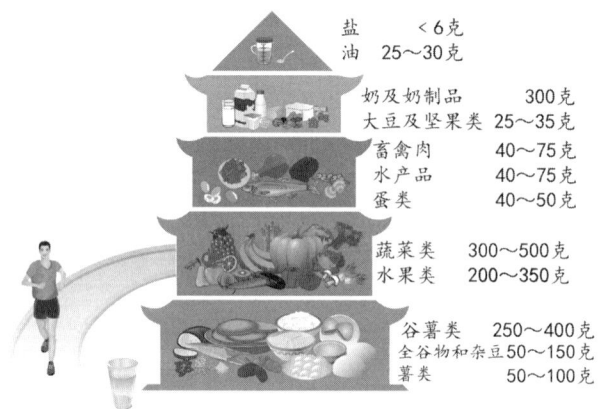

图2-47　中国人的膳食宝塔

2. 平衡膳食宝塔各类食物摄入量

宝塔建议的各类食物的摄入量一般是指食物的生重。各类食物的组成是根据全国营养调查中居民膳食的实际情况计算的，所以每一类食物的重量不是指某一种具体食物的重量。

二、营养素

（一）糖

1. 糖的定义和分类

糖又叫碳水化合物，因其主要由碳、氢、氧3种元素组成而得名。糖是机体热能的主要来源，也是肌肉运动时主要热能的来源。糖因其化学结构的大小及在水中溶解度的不同，分为单糖、双糖及多糖3类，葡萄糖、果糖、半乳糖及核糖等都是单糖，蔗糖与麦芽糖是双糖，淀粉及纤维素属多糖。多糖与双糖在体内必须经过唾液淀粉酶、胰淀粉酶或肠内各种消化糖的酶作用转变成单糖后，才能被肠吸收，糖被吸收后进入血液循环成为血糖。血糖进入肝脏、肌肉或其他组织后，可转变为糖原或其他非糖物质。例如，可转变为甘油及脂肪酸，或合成真脂在体内储存，也可转变为氨基酸及其他的单糖（如核糖、脱氧核糖及半乳糖等），这些物质都是体内许多重要组织的必需原料。

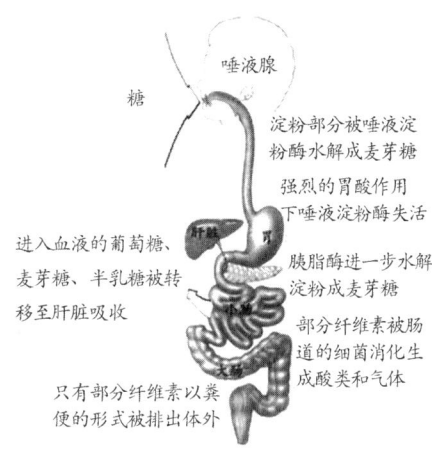

2. 糖的消化和吸收

食物中的糖主要是淀粉，另外包括一些双糖及单糖。多糖及双糖都必须经过酶的催化水解成单糖才能被吸收（图2-48）。

图2-48 糖的消化和吸收

3. 糖的食物来源

食物中五谷类，如米、麦、高粱及玉米等是糖的主要来源；豆类和根茎类如白薯、土豆等也是糖的良好来源。蔬菜含糖较少，动物性食物几乎不含糖。

（二）脂肪

1. 脂肪的定义和分类

脂类分真脂和类脂两大类，食物中常用的动植物脂肪都是真脂。真脂是甘油及脂肪酸组成的甘油酯（图2-49）。类脂包括磷脂与固醇类，磷脂中有卵磷脂、脑磷脂及神经磷脂。磷脂和固醇都具有很高的生理价值。

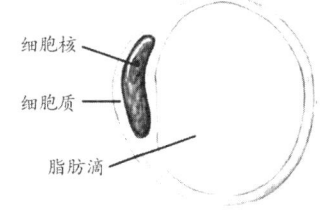

图2-49 甘油酯细胞的构造

2. 脂肪的消化和吸收

真脂的消化主要在小肠内进行，通过胰脂酶、肠脂酶及胆汁盐酸的作用分解，分解产物在肠壁吸收。吸收后，一部分小分子的脂肪酸由门静脉经肝脏进入血循环，另一部分分子量较大的脂肪酸、类脂体及甘油酯，经过淋巴系统，再进入血循环。被吸收的脂肪大部分经机体改造为身体的脂肪储存起来，也可以随着血液运输到身体各个部分，作为热能的来源或修复组织的原料（图2-50）。

3. 脂肪的食物来源

猪油、牛油、羊油、奶油、鱼油、骨及

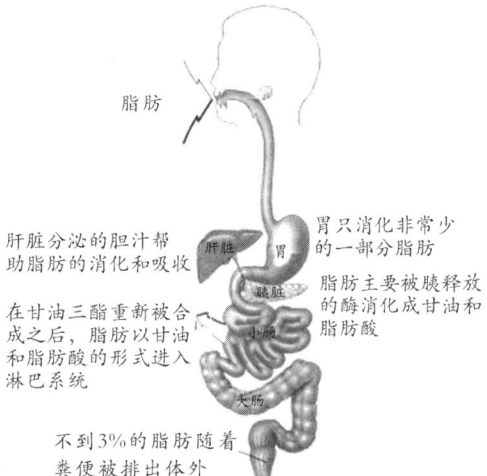

图2-50 脂肪的消化和吸收

蛋黄中的脂肪来源于动物性食物。芝麻、棉籽、菜籽、茶籽等含有大量脂肪，加工后制成的是植物油。此外，花生、核桃、杏仁、榛子、松子及黄豆都是脂肪丰富的食物。

国外文献中强调脂肪的动物性食物来源，认为食物脂肪中应有80%来自动物性食物，此种要求主要考虑到奶油、蛋黄及鱼油等几种脂肪脂溶性维生素及磷脂的含量较高。奶油及蛋黄中的脂肪，不仅含有丰富的维生素A和维生素D，而且容易消化。奶油、可可油中含有较多的中短链脂肪酸，中短链脂肪酸不经淋巴转运入血，氧化快而完全，在体内不蓄积，有降低游离脂肪酸和减少胆固醇合成的作用。猪油及牛油的消化率低。植物性脂肪虽不含脂溶性维生素，但消化率高，而且所含必需的脂肪酸也比较完全。食物中的胆固醇，虽然吸收率较低，且有一定限制。但许多实验证明，限制胆固醇摄入量可以降低血胆固醇水平，人群调查也观察到膳食胆固醇与动脉粥样硬化呈正相关，所以，从健康的角度考虑，每人每日胆固醇摄入量最好不超过300毫克。动物性食品，胆固醇含量较高。

（三）蛋白质

1. 蛋白质的定义和分类

蛋白质是一切细胞的主要成分，它由碳、氢、氧、氮及硫等元素组成，有些还含有磷、铜、铁等。这些元素先组成结构较简单的氨基酸，再由各种不同的氨基酸组成不同种类和营养价值各异的蛋白质。人体内有20余种氨基酸，其中有8种必需氨基酸和3种半必需氨基酸。必需氨基酸在体内不能合成或其合成速度不能满足代谢的需要，必须由膳食供给，包括赖氨酸、苯丙氨酸、亮氨酸、异亮氨酸、苏氨酸、甲硫氨酸、缬氨酸、色氨酸。组氨酸、精氨酸和胱氨酸属半必需氨基酸，在某些情况下（如代谢障碍）内源性合成不足时，需要膳食提供，必需氨基酸的数量和比例必须适宜才能合成蛋白质，缺乏任何一种必需氨基酸时，机体的氮平衡不能维持，会出现食欲不振和疲劳等症状，且使其他的氨基酸不能被利用。不必需氨基酸虽可在体内合成，但因合成的速度较慢，缺乏时只能维持75%的生长。因此，在蛋白质的营养中，必须同时兼顾氨基酸的质与量。

2. 蛋白质的消化和吸收

机体的蛋白质处于一种动态平衡，组织蛋白质及一些含氮化合物不断分解与再合成。由食物摄取的蛋白质，在胃中开始消化，经过胃蛋白酶的作用使蛋白质分解为结构较简单的胨、䏡及少量氨基酸，这些消化产物进入肠后，受胰液及肠液中蛋白酶及肽酶的作用，进一步水解成为氨基酸。吸收的氨基酸绝大部分从毛细血管，经门静脉到肝脏。一小部分由乳糜管经淋巴系统进入血液循环。

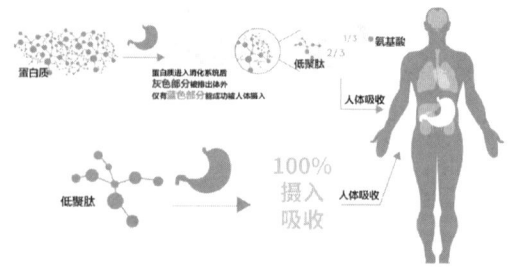

3. 蛋白质的营养价值和食物来源

蛋白质的食物来源分为动物性和植物性两大类。评价蛋白质营养价值的依据是必需氨基酸含量及其模式。动物性蛋白质由于动物在进化和分类上与人更接近，其氨基酸比例的可用性更高。植物性蛋白则相对较差，粮谷类食物存在着氨基酸比例不平衡和某种氨基酸含量过低，而限制了此种蛋白质的营养价值。如谷类的第一限制氨基酸为赖氨酸，第二限制氨基酸是苏氨酸和色氨酸，豆类的限制氨基酸是蛋氨酸和胱氨酸。为了提高食物蛋白质的机体利用程度——生物价，可将谷类和豆类食品混合食用，而使氨基酸的比例平衡，通过一定比例的互补可使植物性蛋白的生物价接近动物性蛋白。互补的两种食物，最好同时食入，使必需氨基酸同时入血，以便组织利用。为提高蛋白质的生物价，提倡粮食与豆类食物混合食用。

（四）维生素

1. 维生素的定义和分类

维生素是近百年才被陆续发现的一组营养素，是维持人体正常功能的一类有机化合物。其共同特点是：它们都不供应热量，也不是机体的构造成分，但却是维持身体的正常生长、发育、繁殖等所必需的有机化合物，起着调节身体各种功能的作用。维生素在人体中不能合成，或合成量很少，所以必须从食物中摄取。身体对它们的需要量很少，但供应不足时会出现各种代谢障碍和症状，称为维生素缺乏病。

维生素大家族的成员，在人体中扮演辅酶的重要角色，大多数辅酶都是由某种维生素和蛋白质结合而成的。辅酶是一种辅助、增进酶活动的物质。食物被分解后进入细胞，一切代谢皆在细胞中依靠500种酶来促进。

根据维生素的溶解性质，可将其分为水溶性和脂溶性维生素两大类。

2. 主要维生素的生理功能和食物来源

（1）维生素 B_1

①生理功能：促进成长；帮助消化，特别是碳水化合物的消化；改善精神状况；维持神经组织、肌肉、心脏活动的正常；减轻晕机、晕船；可缓解有关牙科手术后的痛苦；有助于对带状疱疹的治疗。

②缺乏症状：维生素 B_1 缺乏常由于摄入不足、需要量增高和吸收利用障碍引起，肝损害、饮酒也可引起。初期症状有疲乏、神情淡漠、食欲差、恶心、忧郁、急躁、沮丧、腿麻木和心电图异常。

③食物来源：酵母、米糠、全麦、燕麦、花生、猪肉、大多数种类的蔬菜、麦麸、牛奶。

（2）维生素 B_2

①生理功能：促进发育和细胞的再生；促使皮肤、指甲、毛发的正常生长；帮助消除口腔内、唇、舌的炎症；增进视力，减轻眼睛的疲劳；和其他的物质相互作用来帮助碳水化合物、脂肪、蛋白质的代谢。

②缺乏症状：维生素 B_2 的缺乏会导致口腔、唇、皮肤、生殖器的炎症和机能障碍。

③食物来源：牛奶、动物肝脏与肾脏、酿造酵母、奶酪、绿叶蔬菜、鱼、蛋类。

（3）维生素 C

①生理功能：治疗受伤、灼伤、牙龈出血，抗坏血病；增强治疗尿道感染的药物之疗效；加速手术后的恢复；帮助降低血液中的胆固醇；预防滤过性病毒和细菌的感染，并增

强免疫系统功能；具有抗癌作用，可以防止亚硝基胺（致癌物质）的形成；可作为天然的泻药；减少静脉中血栓的发生；可治疗普通的感冒，并有预防效果。

②缺乏症状：人体内由于缺乏必需的古洛糖酸内酯氧化酶，不可能使葡萄糖转化成维生素C，因此必须从饮食中获得。如从饮食中获得的维生素C不能满足机体需要，会导致维生素C不足或缺乏，维生素C缺乏症叫坏血病。

③食物来源：主要食物来源为蔬菜与水果，如青菜、韭菜、塌棵菜、菠菜、柿子椒等深色蔬菜，花菜，以及柑橘、红果、柚子等水果含维生素C量均较高。野生的苋菜、苜蓿、刺梨、沙棘、猕猴桃、酸枣等含量尤其丰富。

（4）维生素A

①生理功能：防止夜盲症和视力减退，有助于对多种眼疾的治疗；有抗呼吸系统感染作用；有助于免疫系统功能正常；能保持组织或器官表层的健康；有助于祛除老年斑；促进发育，强壮骨骼，维护皮肤、头发、牙齿、牙床的健康；外用有助于对粉刺、脓包、疖疮、皮肤表面溃疡等症的治疗；有助于对肺气肿、甲状腺机能亢进症的治疗。

②缺乏症状：暗适应能力下降、夜盲及干眼病；黏膜、上皮改变；生长发育受阻；味觉、嗅觉减弱，食欲下降。

③食物来源：胡萝卜、黄绿蔬菜、蛋类、黄色水果、菠菜、豌豆苗、红心甜薯、青椒、鱼肝油、动物肝脏、牛奶、奶制品、奶油。

（5）维生素E

①生理功能：延缓细胞因氧化而老化，保持青春的容姿；供给体内氧气，使机体更有耐久力，减轻疲劳，有助于减轻腿抽筋和手足僵硬的状况；与维生素A一起作用，抵御大气污染，保护肺脏；防止血液凝固，以利尿剂的作用来降低血压，降低患缺血性心脏病的机会；防止流产；是局部性外伤的外用药（可透过皮肤被吸收）和内服药，皆可防止留下疤痕；加速灼伤的康复。

②缺乏症状：维生素E缺乏时可导致红血球被破坏、肌肉变性、贫血症、生殖机能障碍。

③食物来源：麦芽、大豆、植物油、坚果类、芽甘蓝、绿叶蔬菜，有添加营养素的面粉、全麦、未精制的谷类制品、蛋。

（6）维生素D

①生理功能：能使钙和磷有效地被利用，制造强健的骨骼和牙齿；与维生素A、维生素C同时服用可预防感冒；有助于对结膜炎的治疗；帮助吸收维生素A。

②缺乏症状：维生素D缺乏时，会发生佝偻病、严重的蛀牙、软骨病、老年性骨质疏松症。

③食物来源：鱼肝油、沙丁鱼、鲱鱼、鲑鱼、鲔鱼、牛奶、奶制品。维生素D与维生素A、C、胆碱、钙和磷一起服用，效果最佳。

（五）矿物质和水

1. 矿物质

（1）矿物质的种类和特点

矿物质是存在于自然界，且为生命过程所必需的一组无机元素的总称。根据它们在人体的含量分为两类：一是常量元素，占全身体重的1/10000以上，包括镁、磷、钠、钾、氯等。二是微量元素，占全身体重的1/10000以下，目前已被确认的人体必需微量元素有铁、碘、铜、锌、锰、钴、钼、硒、铬、镍、锡、硅、氟、矾14种。存在人体内的这些必需微量元素有两个重要特征：①微量元素必须从体外摄取，并排出体外，不会消失于代谢本身。因此，须保持其适宜的摄入水平。过多摄入时会中毒，摄入不足时又会造成缺乏。②相互间存在着作用。

（2）矿物质的生理功能

矿物质是构成机体组织的重要材料，参与维持细胞的渗透压及维持体内酸碱平衡。某些无机离子，如钾、钙、镁离子在适当比例下，是维持神经肌肉兴奋性和细胞膜通透性的必要条件。矿物质构成具有重要生理功能的蛋白质的成分，或是许多酶的激活剂或组成成分。

2. 水

（1）水的生理功能

水是机体中含量最大的组成成分，是维持人体正常生理活动的重要物质。一旦机体丧失20%的水分，就无法维持生命。

成人体液总量约占体重的60%，而体液是由水、电解质、低分子化合物和蛋白质组成，广泛分布在细胞内外，构成人体内环境。其中，细胞内液约占体重的40%，细胞外液占20%（其中血浆占5%，组织内液占15%）。细胞外液对于营养物质的消化、吸收、运输和代谢、废物的排泄均有重要作用。水在机体内可调节体温，水的比热大，能吸收较多热量而本身温度升高不多。水的蒸发比热大，故蒸发少量的汗就能散发大量的热。血液90%是水，它的流动性大，因而随着血循环达到调节全身体温的目的。水在体内还有润滑作用。泪液、唾液、消化液、关节滑液、胸膜和腹膜浆液、呼吸道和胃肠道黏液等都有良好的润滑作用。

（2）水的来源

正常人每天需水2400~4000毫升，其来源是饮水、食物水、体内氧化水。一般每天从蛋白质、脂肪、碳水化合物体内氧化产生的水大约300毫升，从固态食物中摄取的水大约1000毫升。

（六）膳食纤维素

膳食纤维，是指食物中不被人体胃肠消化酶所分解的、不可消化成分的总和。过去人们认为膳食纤维仅是植物细胞壁成分（纤维素），但今天已不仅局限在这个概念，膳食纤维已扩展到包括许多改良的植物纤维素、胶浆、果胶、藻类多糖等。

膳食纤维在天然食品成分中具有独特功能，这种独特功能是许多组成膳食纤维的多糖聚合体造成的。水果、蔬菜和豆类中的多糖聚合体以及可用不同方法从这些植物中提取出来的聚合体（如Polydextrose、litesse）、化学合成的聚合体也被列入了有功能的多聚糖之列。目前市场上已有一种新型的可溶性食物纤维。

1. 膳食纤维的生理功能

膳食纤维素（Dietary fibres），一般采用从天然食物（魔芋、燕麦、荞麦、苹果、仙人掌、胡萝卜等）中提取的多种类型的高纯度膳食纤维。工业技术的进步，胚芽米加工技术的成熟，使胚芽米保留大量的膳食纤维，人们在正常的三餐中就能得到膳食的合理补充，所以胚芽米已成为人们获取膳食纤维的最佳渠道。膳食纤维素的主要功能有以下几个方面。

（1）治疗糖尿病

膳食纤维可提高胰岛素受体的敏感性，提高胰岛素的利用率；膳食纤维能包裹食物的糖分，使其逐渐被吸收，有平衡餐后血糖的作用，从而起到调节糖尿病患者的血糖水平，治疗糖尿病的作用。

（2）预防和治疗冠心病

血清胆固醇含量的升高会导致冠心病。胆固醇和胆酸的排出与膳食纤维有着极为密切的关系。膳食纤维可与胆酸结合，从而使胆酸迅速排出体外，同时膳食纤维与胆酸结合的结果，会促使胆固醇向胆酸转化，从而降低胆固醇水平。

（3）降血压

膳食纤维能够吸附离子，与肠道中的钠离子、钾离子进行交换，从而降低血液中的钠钾比值，起到降血压的作用。

（4）抗癌

自20世纪70年代以来，膳食纤维在抗癌方面的研究报道日益增多，尤其是膳食纤维与消化道癌的关系。早期在印度的调查显示，生活在印度北部的人们膳食纤维的食用量大大高于南部，而结肠癌的发病率却大大低于南部。

根据这个调查结果，科学家做了更加深入的研究，发现膳食纤维防治结肠癌有以下几点原因：结肠中一些腐生菌能产生致癌物质，而肠道中一些有益微生物能利用膳食纤维产生短链脂肪酸，这类短链脂肪酸能抑制腐生菌的生长；胆汁中的胆酸和鹅胆酸可被细菌代谢为细胞的致癌剂和致突变剂，膳食纤维能束缚胆酸等物质并将其排出体外，防止这些致癌物质的产生；膳食纤维能促进肠道蠕动，增加粪便体积，缩短排空时间，从而减少食物中致癌物质与结肠接触的机会；肠道中的有益菌能够利用膳食纤维产生丁酸，丁酸能抑制肿瘤细胞的生长增殖，诱导肿瘤细胞向正常细胞转化，并控制致癌基因的表达。

（5）减肥、治疗肥胖症

膳食纤维取代了食物中一部分营养成分的数量，从而使食物总摄取量减少。膳食纤维促进唾液和消化液的分泌，对胃起到了填充作用，同时吸水膨胀，能产生饱腹感而抑制进食欲望。膳食纤维与部分脂肪酸结合，这种结合使得当脂肪酸通过消化道时，不能被吸收，因此减少了对脂肪的吸收率。

（6）治疗便秘

膳食纤维具有很强的持水性。它吸水后使肠内容物体积增大，大便变松变软，通过肠道时会更顺畅更省力。与此同时，膳食纤维作为肠内异物能刺激肠道的收缩和蠕动，加快大便排泄，起到治疗便秘的功效。

（7）清除外源有害物质

膳食纤维对阳离子有较强的结合和交换能力，能吸附结合有机化合物，可以作为某些环境污染物质最后的屏障，防止它们最终侵害人体，起到解毒作用。目前已发现膳食纤维对钙、汞、铅、高浓度铜、锌，特别是有机阳离子具有清除能力，可使它们的浓度由中毒水平达到安全水平。

此外，不溶性膳食纤维可缩短粪便在肠道的停留时间，稀释有害物质在肠道中的浓度，减少有害物如黄曲霉毒素、亚硝胺、酚、多环芳烃等在肠道的滞留时间，从而减少人体对它们的吸收。水溶性膳食纤维被人体消化吸收，进入大肠内为双歧杆菌所利用，促进双歧杆菌增殖。双歧杆菌能分解致癌物亚硝胺，并能提高巨噬细胞的吞噬能力，增加人体免疫功能和对肿瘤的抵抗力。

2. 膳食纤维素的食物来源

谷类（特别是一些粗粮）、豆类及一些蔬菜、薯类、水果等富含膳食纤维素。目前市场上也有一些含膳食纤维素高的保健食品，特别是一些可溶性膳食纤维，由于食用非常方便，体积小，无异味，受到消费者青睐。

思 考 题

1. 健康体适能包括哪几类？
2. 如何提高心肺系统机能？
3. 如何提高肌肉力量与肌肉耐力？
4. 怎么有效发展人体的柔韧性？
5. 体育锻炼计划制订包括哪些内容？
6. 如何做到科学平衡膳食？

第三章
运动性疾病与创伤的防治

学海导航

1. 了解运动性疲劳及其诊断的相关知识。
2. 了解常见运动性疾病的防治知识。
3. 了解常见运动创伤预防和处理的相关知识。

第一节 运动性疲劳及其诊断

一、运动性疲劳的定义

运动性疲劳是指由于运动过度而引发身体工作能力下降的现象。

二、运动性疲劳的诊断

运动性疲劳通常可以通过主观感觉、物理指标、生化指标来判断。

（一）主观感觉

指锻炼者在运动结束后的个体主观劳累体验。

（二）物理指标

心率、呼吸频率、血压。

（三）生化指标

血红蛋白。

第二节 常见运动性疾病的防治

运动性疾病，主要是指机体在运动过程中由于各种原因出现的病理变化过程。了解常见的运动性疾病能够在体育教学、体育锻炼或训练中起到积极的预防作用，并对常见的运动性疾病有初步的处理能力。

一、过度紧张

过度紧张是指在体育锻炼或训练比赛时，体力负荷量超过了机体的潜力而发生的生理紊乱或病理现象。它在一次剧烈训练或比赛后立即出现，多发生在训练水平低、经验较少的新手身上，也可发生在因伤病中断较长时间后恢复训练的运动员身上，或平时从不参加体育锻炼的学生在偶尔的一次强度较大的运动中。

（一）类型和症状

1. 单纯虚脱型

多发生于短跑和长跑运动员。在剧烈运动时，尤其比赛后，出现头晕、面色苍白、恶心、呕吐、大汗淋漓等现象，轻者卧位休息片刻后就会逐渐好转，重者被迫卧床休息一两天才能缓解。多数患者神智清醒，能回答询问。

2. 昏厥型

其表现为在运动中或运动后突然出现短暂的神智丧失。清醒后感觉全身无力、头痛、头晕，有时伴有心、肺、脑功能降低的现象。

（二）预防与治疗

预防在一次训练或比赛中出现过度紧张的关键是：①运动员应在集训前或比赛前，进行全面的体格检查（心血管系统、消化系统等），对于平时没有锻炼习惯的学生，在剧烈运动或比赛前应做好充分的准备活动。②遵守循序渐进的训练原则，避免缺乏训练或训练不够者参加剧烈的比赛，避免患病时或患病初愈进行大强度训练和比赛，许久不锻炼的学生，恢复锻炼时要从小运动量开始，逐步增加运动强度。③加强训练或锻炼时的自我监督，要注意自己在训练场上的反应，及时调整运动量。对大多数学生而言，应以健身为目的，不应过分追求比赛分数和成绩。

二、运动性腹痛

腹痛的发生可能与运动者的个体特点和运动项目有关系。长距离耐力项目较技巧项目运动性腹痛的发生率明显要高。篮球、排球运动中腹痛的发生率也较高。

（一）类型与症状

运动性腹痛多数发生在右上腹部，呈钝痛或胀痛，有的还出现左上腹部或下腹部疼痛。

（二）预防和治疗

①遵守科学训练的原则，包括运动量的增加要循序渐进；剧烈运动前既不要吃得过饱，也不要处于饥饿状态下；比赛前要做好充分的准备运动；冬天参加长跑或自行车运动时，未做好充分准备活动不要脱掉运动外套。

②运动时要调整好动作与呼吸的节奏，呼吸节奏配合不好时，则容易发生运动性腹痛。

③运动中出现腹痛时，可适当减慢速度，调整呼吸与动作的节奏；必要时用手按压疼痛的部位，以缓解疼痛；疼痛难忍时应停止运动。

三、运动性月经不调

运动性月经不调是女性参加训练和体育锻炼的一个特殊的医学问题，发生率为1%~50%，而非运动员发生月经失调一般仅为2%~5%。普通女大学生参加校园体育活动和比赛越来越频繁，由于运动导致的月经不调的现象也有发生。

（一）月经周期与运动能力

月经时卵巢的周期顺序变化为卵泡发育、成熟、排卵、黄体形成和黄体退化。黄体衰退后月经来潮，卵巢内又开始新的周期变化。有学者认为，女子在月经后排卵前期运动能力最佳，而月经前或黄体退行期最大运动能力下降；也有学者认为，黄体期比排卵期能力更好；也有报道称，月经周期对最大运动能力没有影响。对月经周期和最大运动能力之间的关系，至今尚未有确切的结论。

（二）并发症及预防措施

运动性月经不调对女子生殖功能会有一定的影响。由于黄体生成素不足，可引起两种主要的异常：月经周期缩短（甚至小于10天）和黄体酮不足或紊乱，一部分女性会出现不育症的可能。排卵停止是月经稀少或闭经的最重要的并发症。由于雌激素减少，运动性月经不调还对女子骨密度有重要影响，可导致脊柱和四肢骨密度的降低，骨质疏松和应激性骨折发生的几率增加。

参加体育社团活动的女生如果发生运动性月经不调，建议改变一下生活方式。例如，改变运动种类，增加一些游泳活动，减少每周长跑量并降低强度，了解营养和生殖健康的相关知识，调整膳食，关注膳食中的维生素、矿物质含量。

四、延迟性肌肉酸痛症

几乎每个参加过运动锻炼的人均有延迟性肌肉酸痛的体验。一般在运动锻炼后24小时内出现，24~72小时达到顶点，5~7天疼痛基本消失。

（一）症状和体征

其主要症状为肌肉僵硬，轻者仅肌肉轻度发僵，活动时减轻；重者疼痛剧烈，妨碍运动。触诊时肌肉有剧痛，重者肌肉肿胀。任何骨骼肌在过度运动后均可发生延迟性肌肉酸痛，在长距离下坡跑后更易出现，跑者髋部、大腿和小腿部的主要伸屈肌群均可出现疼痛。人在进行不习惯的极量运动后，尤其在热天，可出现肌肉肿胀、压痛、僵硬及血清酶增高，还可出现发热、呕吐、血红蛋白尿和肌红蛋白尿。

（二）病因和机理

肌肉的过度使用能造成延迟性肌肉酸痛。患者的酸痛程度与肌肉收缩的强度和运动的持续时间有关，而以强度因素最为重要。肌肉活动的增加可伴随以下改变：①收缩肌肉的张力和弹性的增加，引起结构成分的物理性损伤；②新陈代谢增加，代谢废物对组织的毒性增加；③肌肉温度升高，引起组织的结构性损伤；④肌肉的神经调节发生改变，使肌肉发生痉挛而致痛。以上每一方面都可成为延迟性肌肉酸痛的病因。普遍认为，肌肉内张力的增加引起结构性损伤是延迟性肌肉疼痛的原发因素。

（三）预防和治疗

①保持运动的习惯。延迟性肌肉酸痛对没有运动习惯的人在偶尔一过性运动后更多见，所以养成有规律的锻炼习惯有助于防止该症的发生。
②准备活动和整理运动有助于预防或减轻该症。
③按摩和热敷能抑制疼痛的传导。

五、运动性中暑

中暑可分为热射病、日射病和热痉挛3种。运动性中暑是近年来提出的运动性疾病之一，是指肌肉运动时产生的热超过身体能散发的热，从而造成运动员体内的过热状态。它多见于年轻的体育锻炼者、士兵、马拉松跑者、铁人三项运动员等。

（一）症状和体征

运动性中暑与典型性中暑不同之处是骤然发生居多。
①高热：直肠温度可大于41℃。
②中枢神经系统障碍。
③皮肤发热、干燥或呈粉红色。

（二）主要预防措施

①炎热天气时要安排好运动、训练和比赛时间，避免在一天中最热时间进行。每训练50分钟后至少休息10分钟，饭后要休息，保证充足的睡眠，并进行经常性的医务监督。
②安排好炎热天气运动、训练和比赛的营养和饮水。主要注意适当增加食物中蛋白质

的供给量，增强食欲，增加维生素（B_1、B_2、C）的补充量等。运动中注意宜少量多次饮水，禁止一次暴饮。

（三）主要治疗措施

①场地急救要保持呼吸道畅通，测量血压、脉搏、直肠温度，点滴输液，可用酒精棉球涂抹全身皮肤。

②住院治疗的措施包括降温、心脏监护及输液。

六、神经性厌食症

神经性厌食症主要发生于年轻女性，尤其十几岁的少女身上，指的是她们降体重心切，采取不当的饥饿手段或过分运动而引起的进食障碍。

（一）症状与体征

①全身症状：表现出营养不良的种种症候，主要是体重明显减少，肌肉无力，皮肤干燥，毛发稀少，肢端青紫，怕冷，皮肤和直肠温度低，周围血管张力低，足踝部浮肿，失眠等。

②心血管症状：心率慢、血压低是神经性厌食症病人的典型症状。当体重减少30%~40%后，则心律失常的危险性大大增加。

③肾功能异常：肾功能异常可造成部分神经性厌食症病人出现尿潴留。

④心理和行为特征的改变：神经性厌食症患者的个性常常是忧郁、伤感、自私、沉默寡言和情绪不稳定。由于神经性厌食症常在青春期出现，许多研究者认为，神经性厌食症的心理和行为特征的改变受生物学、社会环境、文化因素的综合作用所致。在女大学生中，为了减肥、漂亮等目的，控制饮食成为较普遍现象，这增加了神经性厌食症的发生率。为了控制体重，神经性厌食症患者常具有一系列行为，如减少摄食、呕吐、催泻和过分运动，过分运动约占神经性厌食症的1/3。过分运动是神经性厌食症的主要行为特征之一。

（二）预防和治疗

1. 适量限制摄入的热量

合理减体重不宜采用饥饿或半饥饿的进食措施，尤其对正在生长发育中的年轻人更是如此。减体重时膳食的关键在于热能负平衡，即蛋白质、脂肪、糖的比例在饮食中应配合适当。一般认为蛋白质宜占热量的10%~20%，脂肪占热量的20%~30%，其余为糖。含适量的纤维素可增加饱腹感，以及加快食物通过消化道的速度，减少热能吸收量，促使通便。

2. 适量的运动锻炼是减体重的重要措施

运动锻炼可增加热能的消耗量，改善心血管、呼吸、消化等系统的功能，提高对胰岛素的敏感性，对心理和精神状况产生积极的影响。

3. 行为改变

为了保持合适的体重和巩固降体重的效果，要建立新的生活方式或行为方式，包括改变饮食习惯，如避免或少吃含高脂肪和高糖的食物；不吃零食，尤其高脂肪高糖的零食；建立系统运动锻炼的习惯。

4. 早发现及时治疗

女大学生中出现原因不明的体重下降、呕吐、全身乏力以及心理和性格的变化等症状要及早诊治，若无明显的其他疾病，则应考虑有无神经性厌食症的可能，一旦确诊，及早治疗。

第三节 常见运动创伤的防治

一、运动创伤的预防

运动创伤的发生，常常是在体育教学、运动训练中体育教师、教练员教学经验不足、学生缺乏基本保健知识、医生未能进行医务监督的结果。

（一）运动创伤的直接原因

①训练水平不够：训练必须包括4个内容，即身体训练、专项技术训练、战略战术训练及心理道德品质的培养。从生理学的角度讲，无论哪一种内容的训练都是条件反射的建立过程。在这个过程中，专项技术训练不够，动作要领掌握不好，条件反射的定型还不巩固，就容易发生外伤。而一般身体训练（包括力量、速度、耐力与灵敏）不够，也是发生运动创伤的重要原因。同时，心理品质，如勇敢顽强、坚毅果断等，也是预防创伤的重要条件。

②教学、比赛或训练课组织得不好：缺乏医务监督，不遵守训练原则，缺乏保护，竞赛组织安排不当，场地器材、保护服装的损坏或不符合卫生要求等都容易导致运动创伤。

③个体生理状态不良：包括处于疲劳或过度疲劳状态，患病或病后恢复期等。

④不良气候因素：在寒冷和潮湿的天气里，运动创伤的发生率明显增加，特别是肌肉韧带的损伤。其原因是寒冷使肌肉的活动能力、弹性和机械耐力下降。做好充分的准备活动是最好的预防方法。

（二）运动创伤的预防原则

①加强训练工作：包括加强安全教育、身体训练专项技术及战术训练。

②加强运动中的保护和帮助：包括教师、教练员的保护，学生的自我保护以及使用保护支持带。

③加强医务监督工作：包括定期进行体格检查和加强自我监督。

④建立保健员或队医制度：在体育教学中教师应随堂讲授普通的运动外伤和保健知识，对于体育社团和协会的业余训练，可建立队医制度。队医除处理普通的运动外伤和宣传保健知识外，还要负责协会成员在训练和比赛期间的医务监督问题。

二、常见创伤的初步急救处理

（一）软组织损伤急救

软组织损伤的种类很多，总体来说可以分成两类，即开放性损伤与闭合性损伤。开放性损伤伤及皮肤和黏膜，如擦伤、撕裂伤、切伤、刺伤；闭合性损伤较深，皮肤及黏膜无裂口，如肌肉挫伤，肌肉、韧带、关节损伤。这两种损伤的治疗有原则上的不同，开放性损伤伤口由于污染，常常继发化脓性感染；闭合性损伤伤口则不易发生感染。

1. 擦伤

擦伤是由皮肤受摩擦所致，是外伤中最轻也最常见的一种。伤后最好能用生理盐水冲洗消毒，然后敷以凡士林油纱布，或用创可贴包扎。较小的擦伤，可以用红药水或紫药水涂抹，无需包扎。擦伤中最重要的一种是刺花，系摔倒时，石、煤、沙屑等嵌入皮肤之中形成。救治时必须用小刷子仔细地将这些小颗粒刷出，然后敷以凡士林油纱布，或用创可贴包扎。

2. 撕裂伤、切伤与刺伤

这3种创伤，皮肤都有不同程度、规则或不规则的裂口，如冰刀、钉鞋、标枪、击剑等器械所致，或如足球争顶时头部互撞发生，以及拳击、散打导致的眉际撕裂伤等。现场急救时可用生理盐水和肥皂水冲洗，用棉球压迫止血，之后送到医院进行进一步治疗。

3. 挫伤

挫伤是组织的连续性受到损害，但从解剖上来看，并未完全中断。运动中挫伤比较常见，如大腿与小腿前部的挫伤。此外，头、脑、腹及睾丸的挫伤在体育锻炼中也时有发生。

①征象：轻者局部仅有疼痛、压痛、肿胀、功能障碍。重者可因皮下出血形成血肿或淤斑，疼痛和功能障碍都较明显。

复杂性挫伤是一种较为严重的损伤，如头部挫伤，轻者可发生脑震荡，严重者可有颅骨骨折或合并脑挫伤而危及生命；胸、背部挫伤可合并肋骨骨折或肺脏损伤，形成气胸或血胸；腰、腹部挫伤可合并肾挫伤和肝、脾破裂而引起内出血和休克；睾丸挫伤可因剧烈疼痛而引起休克；股四头肌、腓肠肌的严重挫伤，可引起肌肉或肌腱断裂，故应根据受力大小和受伤部位判断伤势的轻重。

②处理：单纯性挫伤在局部冷敷后外敷新伤药，加压包扎，抬高患肢；头部、躯干部和睾丸挫伤有休克症状出现者应首先进行抗休克处理，保温、止痛、止血，纠正休克后，立即送医院治疗；有肌肉、肌腱断裂者，应将肢体包扎固定后，送医院治疗。

4. 肌肉拉伤

肌肉主动强烈地收缩或被动过度地拉长所造成的肌肉微细损伤、肌肉部分撕裂或完全断裂，称为肌肉拉伤。

①征象：局部疼痛、压痛、肿胀、肌肉紧张、发硬、痉挛，功能障碍。当受伤肌肉主动收缩或被动拉长时疼痛加重。肌肉收缩抗阻力试验阳性，即疼痛加剧或有断裂的凹陷出现。有些伤员伤时有闪痛、撕裂样感，肿胀明显及皮下淤血严重，触摸局部有凹陷及一端异常隆起时，可能为肌肉断裂。

②处理：肌纤维轻度拉伤及肌痉挛者，用针刺疗法会取得显著疗效；肌纤维部分断裂

者，早期用冷敷、加压包扎；肌腱完全断裂者，应在局部加压包扎，固定患肢，立即送医院确诊，必要时还要接受手术治疗；肌肉、肌腱完全断裂或撕脱骨折者，应立即停止锻炼，完全休息，积极治疗；同时可采用局部热敷或中药熏洗，并配合按摩和关节的屈伸活动，每日1~2次，效果较好；阿是穴做针刺或艾灸，也有一定疗效。

（二）出血急救

止血是防止休克、挽救病人生命的重要措施。有效地止血能赢得将伤员转送到医院进行抢救的宝贵时间。

1. 止血方法

①伤口压迫止血：多数伤口通过纱布或其他可利用的物品（如毛巾、手绢、洁净衣物等）压迫可以达到止血目的（图3-1）。操作要点：纱布厚度要够；覆盖面积要超过伤口；加压包扎。

②指压止血：用手指压在动脉上阻断动脉血流动能有效达到止血目的。指压止血法用于出血量大、有血管损伤的伤员。操作要领：准确掌握动脉压迫点；压迫力度要适中；压迫10~15分钟。

常用指压止血部位如下：

a. 锁骨下动脉压迫点

在锁骨上缘中点用拇指将动脉向下压迫，用于上肢大出血伤口止血（图3-2）。

b. 肱动脉压迫点

肱动脉位于上臂中段内侧，位置较深，在肘窝位置较浅。伤口在肘部时压迫上臂中段肱动脉；前臂及手出血时在肘窝处摸到肱动脉搏动后用拇指按压可达到良好的止血目的（图3-3）。

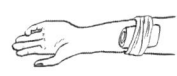   

图3-1　压迫止血　　图3-2　锁骨下动脉止血　　图3-3　肱动脉止血

c. 桡尺动脉压迫点

桡尺动脉在腕部掌面两侧。腕及手出血时，要同时按桡、尺两条动脉方可止血（图3-4）。

d. 手指动脉压迫点

指端出血时用拇指和食指压迫手指两侧的血管即可止血（图3-5）。

e. 股动脉压迫点

在腹股沟韧带中点偏内能摸到股动脉强大搏动。用双拇指向外上压迫，用于下肢大出血（图3-6）。

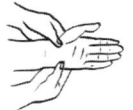  

图3-4　桡尺动脉止血　　图3-5　手指动脉止血　　图3-6　股动脉止血

f. 腘动脉压迫点

在腘窝中部摸到腘动脉搏动后用拇指向腘窝深部压迫。用于小腿以下严重出血（图3-7）。

g. 胫后动脉及足背动脉压迫点

在内踝后内侧（胫后动脉）及足背第1、2趾间同时压迫（图3-8）。用于足部出血。

③止血带止血：有大血管损伤、出血量多时要用止血带止血。止血带包括气囊止血带、橡皮止血带和布料止血带。橡皮止血带止血要将止血带安放部位垫好衬垫，左手拇指、食指、中指拿止血带一头，右手拉紧止血带缠绕肢体两圈，然后将末端交左手食、中指之间拉回压紧（图3-9）。最后记录止血带安放时间。每隔1小时放松5分钟。

 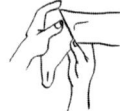 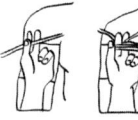

图3-7　腘动脉止血　　图3-8　胫后动脉、足背动脉止血　　图3-9　橡皮带止血法

2. 包扎

快速、准确地将伤口用纱布、绷带、三角巾等包扎起来是外伤救护的重要环节。它可以起到快速止血、保护伤口、防止污染的作用，有利于转送和进一步治疗。

①一般伤口包扎：伤口用无菌敷料覆盖后将绷带加压绕肢体环形缠绕。操作时先将绷带打开一头，用左手将绷带固定在敷料上，右手将绷带卷绕肢体紧密缠绕。从敷料中间开始依次缠绕4~5层，绷带缠绕范围要超出敷料边缘。最后用胶布粘贴固定，或将绷带尾从中央纵形剪开形成两个带条，两个带条先打一结，然后两者绕肢体打结，第二结打成活结（图3-10）。

②"8"字绷带包扎：手和关节处伤口用"8"字绷带包扎。包扎手时从腕部开始，先缠绕两圈，然后经手和腕"8"字形缠绕。最后绷带尾在腕部固定。关节处包扎从伤口敷料处开始，然后绕关节上下"8"字形缠绕（图3-11）。

图3-10　绷带包扎　　　　　　图3-11　"8"字包扎法

（三）骨折急救

1. 锁骨骨折

锁骨骨折多由摔伤或车祸引起。表现为锁骨变形，有血肿，肩部活动时疼痛加重。锁骨骨折现场可不做"8"字固定，因不了解骨折类型，尽量减少对骨折的刺激，以免损伤锁骨下血管，只用三角巾悬吊上肢即可（图3-12）。如无三角巾可用围巾代替。

2. 肱骨骨折

肱骨骨折多由摔伤、撞伤和击伤所致。表现为上臂肿胀、淤血、疼痛，有移位时出现畸形，上肢活动受限。桡神经紧贴肱骨干，固定时，骨折处要加厚垫保护以防桡神经损伤。

小夹板固定：小夹板用4块。先放后侧，再放前侧，最后放内、外侧夹板。用4条绷带或2~3条三角巾固定。肘部屈曲悬吊（图3-13、图3-14）。

图3-12 锁骨骨折固定

图3-13 小夹板固定

图3-14 肱骨骨折夹板固定

3. 股骨干骨折

股骨干粗大，骨折常多由巨大暴力，如车祸、高空坠落及重物砸伤所致，损伤大，出血多，易出现休克。骨折后大腿肿胀、疼痛、变形或缩短。

夹板固定：两块夹板，一块长夹板从伤侧腋窝下到足跟，一块短夹板从大腿根内侧到足跟。在膝关节、踝关节骨突部放棉花护垫，空隙处用柔软物填实。然后将健侧下肢与伤侧下肢并拢，用7条宽带固定。先固定骨折上下两端，然后固定膝、踝、腋下和腰部。足尖保持垂直位置"8"字固定（图3-15、图3-16）。

图3-15 大腿骨折夹板固定

图3-16 大腿骨折健侧固定

前臂骨折和小腿骨折处理参考上臂和大腿骨折处理。

4. 脊柱骨折

脊柱骨折可发生在颈椎和腰椎。骨折块移位压迫脊髓能造成瘫痪。

颈椎骨折：围领固定，将围领套于颈部，防止颈椎活动。颈套固定，现场若无围领，要先用报纸、毛巾、衣物等卷制成颈套，从颈后向前围于颈部（图3-17）。颈套粗细以围于颈部后能限制双侧下颌活动为宜。

胸腰椎骨折：木板固定，并作为搬运工具。木板长、宽与伤员身高、肩宽相仿。先将病人平卧，动作要轻柔，在伤员背后铺毛毡或被褥。伤员保持身体平直卧于木板上。头颈部、足踝部及腰后空虚处垫实。胸部、骨盆、双下肢及足部等部位用宽带固定以免运送途中颠簸晃动（图3-18）。

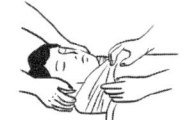
图3-17 颈椎骨折固定

图3-18 胸腰椎骨折固定

（四）休克急救

休克是指人体受到剧烈的有害因素作用而发生的一种急性循环功能不全综合征。

1. 休克的种类

外伤性休克、出血性休克、过敏性休克、中毒性休克。

2. 征象

病人表现为虚弱、表情淡漠、反应迟钝、面色苍白、紫绀、四肢冰凉、脉搏细速、尿量减少、血压下降等。休克严重时可昏迷，甚至死亡。

3. 急救

使患者安静平卧或头低脚高位（呼吸困难者不宜采用），保暖，但不要过热，以免皮肤血管扩张，影响组织器官的血液灌注量和增加氧的消耗量。保持呼吸道通畅，昏迷者头应侧偏，并将舌牵出口外，必要时可给氧气或进行人工呼吸。可针刺或按摩强刺激人中、百会、合谷、内关、涌泉、十宣等穴位。对骨折者要进行必要的临时固定，如有出血者应采用适当的止血方法，如怀疑有内脏出血应迅速送医院抢救。疼痛剧烈者可给镇痛、镇静剂。在急救同时，迅速送医院或请医生诊治。

（五）溺水急救

溺水是游泳或摔入水坑、水井等导致的常见的意外事故，表现为水进入呼吸道及肺引起窒息。另外，泥沙等异物堵塞鼻腔和口腔也是窒息的原因之一。溺水现场急救至关重要，应争分夺秒。

现场急救措施如下：

①迅速使溺水者脱离溺水现场。

②清除口鼻内异物，保持呼吸道畅通（图3-19）；

③令溺水者头低位拍打背部，使进入呼吸道和肺中的水流出来（注意时间不要过长）（图3-20）；

④观察有无呼吸停止，如有呼吸抑制，迅速进行人工呼吸（图3-21）；

⑤观察有无脉搏，可检查颈动脉，如有心跳停止，立即进行胸外心脏按压（图3-22、图3-23），反复进行心肺复苏（CPR）（按压15次，吹气2次）。

图3-19 清除口鼻内异物

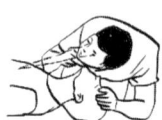
图3-20 控水

图3-21 人工呼吸

图3-22 检查颈动脉

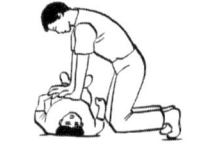
图3-23 反复进行CPR

⑥换上干净的衣物，注意保暖。

⑦尽快转送医院。

（六）突发伤害事件应急处理流程

为加强对大学体育教学工作的安全管理，教学单位应该根据教育主管部门的相关规定，制定相应的意外伤害事故预防及应急处理措施，来指导正常体育教学和群体工作中出现的意外伤害事故的处理，并将伤害事故发生后的损失降低到最小程度。

以下是北京大学体育课教学突发伤害事件应急处理流程。第一现场教学负责人对伤害等级预判，启动相应处理措施。

1. 伤病级别院一级——伤（病）者有生命危险

伤员病情描述为头部受伤、内脏受伤、脊椎或其他重要部位骨折、溺水、触电。

处置程序：

①现场急救；

②拨打120；

③通报上级；

④上级上报学校；

⑤通知保险公司。

2. 伤病级别院二级——伤（病）者痛苦不堪

伤员病情描述为一般骨折、关节脱臼或严重扭伤、肌腱韧带断裂、出血、中暑导致的昏迷休克。

处置程序：

①简单急救；

②上报上级，通知保险公司；

③上级主管派车送医疗部门。

3. 伤病级别院三级——伤（病）者有明显不适

伤员病情描述为一般的摔、撞、挫、刺伤等导致的轻微出血、扭伤、肿胀以及腹泻、重感冒、高烧、低血糖眩晕等。

处置程序：

①一般处理；

②校医院治疗。

4. 伤病级别院四级——轻微外伤或不适伤员病情描述为轻微的皮肤破损

①简单处理；

②观察留意。

（参考《北京大学体育课教学安全指导手册》）

思 考 题

1. 运动性疲劳如何诊断？
2. 常见的运动性疾病包括哪些？
3. 常见的运动创伤有哪些？

第四章
田径运动

学海导航

1. 了解田径起源的相关知识。
2. 学习掌握径赛项目的相关知识。
3. 学习掌握田赛项目的相关知识。

第一节 田径运动概述

田径运动是体育运动中最古老的项目,享有"运动之母"的美称。自古以来一直是奥运会中的比赛大项,受到世人的重视与关注。

一、田径运动的起源与发展

(一)世界田径运动的起源与发展

1. 初级阶段

远在上古时期,人们为了生存和获得生活资料,在与大自然及禽兽的斗争中,不得不走或跑相当的距离,跳过各种障碍,投掷石块和使用各种捕猎工具。在劳动中不断重复这些动作,从而形成了走、跑、跳跃和投掷等各种技能。据史料记载,公元前776年,在古希腊奥林匹亚村举行的第1届古代奥运会上有一项短距离赛跑,跑道为一条直道,长为一个"斯泰德"(192.27米),相传,这是大力神脚长的600倍。在公元前708年的第10届奥运会上,跳远、铁饼、标枪等才被正式列入田赛项目。当时只准男子参加,女子不得参加,连观看也不行,违者将处以死刑。

此阶段田径运动的主要特征是:适应人类生存需要,在生活实践中形成游戏与比赛,动作技能简单。

2. 发展与完善阶段

在法国教育家皮埃尔·德·顾拜旦(Le baron Pierre De Coubertin)等名人学者的积极

倡导与组织下，1894年，开始恢复中断了1170余年的古代奥运会。1896年在希腊奥林匹亚村开始举行的第1届现代奥运会，并沿用了古代奥运会每四年举行一次的制度，且确定在每届奥运会上把田径运动作为主要的比赛项目之一。1928年，第9届奥运会增设了女子田径项目，此后，女子便能参加每届奥运会田径和其他项目的比赛。

此阶段田径运动的主要特征是：随着社会发展需求，确立了田径为奥运会中的第一运动，参加田径比赛的人数不断增加，场地、器材、设备不断改进完善，比赛规范化发展，技术不断改进，比赛成绩不断提高，纪录不断被刷新。

3. 挑战极限阶段

20世纪40年代以来，田径运动不仅是世界体育比赛中竞争最激烈、奥运会金牌数最多和观赏性极强的运动之一，而且在技术革新中，运动成绩也不断被刷新。

图 4-1

田径运动重视人体体能科学训练，运用新研究的训练学、营养学、医疗学和心理学等综合成果，不断提高训练效果。场地不断更新，采用合成塑胶田径跑道。1964年采用全自动电子计时的最小计算单位达到了0.1秒，1968年美国人吉姆·海因斯（Jim riaynes）成为历史上首位100米跑进10秒大关的运动员。采用海绵包跳高垫，迪克·福斯贝里（Dick Fosbury）革命性地创造了跳高的全新姿势"福斯贝里跳"（图4-1），即背越式跳高。运动会开始采用兴奋剂检测技术手段，在1988年汉城奥运会上，加拿大短跑名将本·约翰逊（Ben Johnson）在男子100米决赛中取得第一名，但是他却没有通过赛后的兴奋剂检测，从而被取消成绩与名次。1948年美国设计制造出重量更轻、弹性更强的玻璃纤维竿，使用该竿，男子撑竿跳已突破了6米的高度。此阶段重视科学选材和人才培养，使用教练员队伍培养选拔等新机制，使比赛更加精彩、技术动作更加新颖、成效更加可观。

此阶段田径运动的主要特征是：运用了高科技、新技术，场地器材与设施不断更新，更加重视人才培养和科学训练，挑战极限，运动成绩在新机制的发展中突飞猛进。

（二）我国田径运动的发展

1. 我国古代体育与田径类似活动

据资料记载，我国古代虽没有体育和田径运动词汇，但最基础的运动形式也是来源于生产实践和军事战斗中。战国时期，军事作战中士兵所进行的快走与奔跑成为军队中的重要训练内容，具有长跑能力的人就成为当时军队中的重要人才。南北朝时期，民间曾经流行着一种跳跃运动，叫作"赌跳"，就是比赛跳高。从汉代起直到唐代，军队对于有投掷技能者都是"具禄封进"给予嘉奖。到了明清时期，投掷运动出现了多种方式，如蒙古族的投掷运动"布鲁"就有投远、投准等多种投掷形式。

此阶段体育和田径运动的主要特征是：在我国古代已有类似的体育及田径活动游戏与军事技能比赛，但一直没有机会参加或举办古代田径比赛。

2. 我国近代体育与田径运动的开展

1840—1949年的百年间，整个中国处在内忧外患之际。许多仁人志士积极倡导和奋力组织开展相关体育活动，为了强身健体、保家卫国，致力在军队和各类学校中开展相关体育运动。时任东北边防司令兼东北大学校长张学良，热心奖励并大力支持体育运动，使东三省的体育从阴郁的境域转向勃兴。1928年9月，日本和法国国际田径对抗赛在大连举行，应日本人的邀请，张学良亲致开幕词，高唱"运动无国境"。与此同时，全国各省许多学校也相继开展了一些简陋的田径项目比赛等体育活动。1890年，在上海圣约翰书院举行了以田径为主要项目的学校运动会，许多学校也相继举办了校运动会、联合运动会、田径对抗赛、校际运动会等。1906年，广东省举行了第1届运动会。1907年南京市举办了"江南第一次联合运动会"。1910年10月18—22日，全国学校"第一次体育同盟会"在南京南洋劝业场举行。至1949年新中国成立的近40年共举办了七届全国运动会。1932年7月31日—8月14日，第10届奥运会在美国洛杉矶举行，中国派出唯一代表田径选手刘长春与教练员兼翻译宋君复参加。从1937年7月7日卢沟桥事变起，全国掀起了抗日战争，在此期间只有部分学校断断续续开展了体育课和田径活动。1946年至1949年8月的革命战争年代，我国的体育运动和田径比赛的开展寥寥无几。此时，我国田径运动与发达国家相比在技术和成绩上差距明显，被人讽刺为"东亚病夫"。

此阶段我国体育和田径运动的主要特征是：国家处于内弱外侵之际，体育与田径运动发展艰难曲折。

3. 我国当代体育与田径运动的发展成就和期待

新中国成立后，在党和政府的重视和支持下，我国的体育事业和田径运动得到不断发展，技术水平提高很快。1953年起，我国不断举行了规模较大的全国性田径运动会，使群众性和学校体育运动得到广泛开展。1956年，我国女子跳高运动员郑凤荣以1.77米的成绩打破了当时1.76米的世界纪录。20世纪60年代至70年代末，我国田径运动在艰难曲折中，仍有10个项目进入世界前10名。

1978年以来，我国实行以改革开放和经济建设为中心的富民强国政策，随着经济的发展，我国体育事业和田径运动有了较大的发展和提高，开始走出低谷。1983年在上海举行的第5届全运会上，跳高运动员朱健华以2.38米的成绩打破了他自己保持的2.37米的世界纪录。同年，徐永久以45∶13∶4的成绩创造了女子10000米竞走世界纪录，成为我国又一个在世界比赛中获得冠军的田径运动员。

20世纪80年代以来，随着我国经济的发展和国际地位的提高，尤其是在1984年我国正式参加了第23届美国洛杉矶奥运会，并取得了"一鸣惊人"的成绩，令世界刮目相看。同时，我国不断采取"请进来、走出去"的体育发展战略，成功举办了1983年南京国际田径邀请赛、1990年北京亚运会、2010年广州亚运会和2014年南京国际青年奥运会。在2004年日本大阪田径大奖赛中，我国田径运动员刘翔首次在与美国名将阿兰·约翰逊（Allen K. Johnson）的同场竞技中取胜并夺得冠军，同时还以13秒06的成绩再次刷新了室外110米栏亚洲纪录；此后，他又获得2004年雅典奥运会男子110米栏金牌，并以12秒91的成绩平了由英国名将科林·杰克逊（Colin Johnson）保持的世界纪录。这枚金牌是中国男选手在奥运会上夺得的第一枚田径金牌。2006年在洛桑田径黄金联赛中以12秒88打破了由科林·杰克逊保持了13年之久的世界纪录。

此阶段，我国体育与田径运动的主要特征是：党和政府重视，体育运动广泛普及，并成功举办了第 29 届北京奥运会。但在体育大国向体育强国迈进中，我国与世界体育强国相比，特别是在田径运动技术与成绩方面仍有差距，忧喜参半，还需努力追赶。

二、田径运动的特点与锻炼价值

田径运动水平的高低是衡量一个国家体育运动发展水平的重要标志。田径运动是其他体育运动的基础，亦是比速度、比高度、比远度和比耐力的体能项目，要求在很短的时间内表现出最大的速度和力量，或要求在很长的时间内表现出最大的耐力，其项目内容丰富、形式多样、技术性强、速度耐力和弹跳能力强、协调性和灵活性强，对各项运动技术的掌握和成绩的提高都有非常重要的作用。在日常学练中不受年龄、性别、季节、场地、器材、时间和人数的限制，便于广泛开展。田径运动能不断提高人体神经兴奋和抑制的调节能力，增强机体反应的灵活性，改善肌肉物质代谢，提高人体在缺氧条件下的工作能力和心理机能；对于发展人体速度、力量、灵敏度等身体素质，培养竞争意识和坚毅、顽强的意志品质，充分获得强身健体的效果等方面，都具有直接或间接的积极作用。

三、男、女田径运动项目分类情况一览表

男、女田径运动项目分类情况如表 4-1 所示。

表 4-1　男、女田径运动项目分类情况

类别	项目	成年	
		男子	女子
竞赛	竞走	20 公里、50 公里	5 公里、10 公里、20 公里
	短距离跑	100 米、200 米、400 米	100 米、200 米、400 米
	中距离跑	800 米、1500 米、3000 米	800 米、1500 米、3000 米
	长距离跑	5000 米、10000 米	5000 米、10000 米
	跨栏跑	110 米（1.067 米）、400 米（0.914 米）	100 米（0.84 米）、400 米（0.762 米）
	障碍跑	3000 米	3000 米
	马拉松	42.195 公里（公路）	42.195 公里（公路）
	接力跑	4×100 米、4×400 米	4×100 米、4×400 米
田赛	跳跃	跳高、撑竿跳高、跳远、三级跳远	跳高、撑竿跳高、跳远、三级跳远
	投掷	铅球 7.26 千克、标枪 800 克、铁饼 2.0 千克、链球 7.26 千克	铅球 4.0 千克、标枪 600 克、铁饼 1.0 千克、链球 4.0 千克
全能		十项第 1 天：100 米、跳远、铅球、跳高、400 米 第 2 天：110 米栏、铁饼、撑竿跳高、标枪、1500 米	七项第 1 天：100 米栏、跳高、铅球、200 米 第 2 天：跳远、标枪、800 米

四、田径运动国际赛事

（一）奥运会田径比赛

奥运会田径比赛，共有 47 枚金牌（男子 24 枚、女子 23 枚），是历届奥运会上金牌最多的项目，其金牌分布情况是田赛 16 枚、径赛 29 枚、全能 2 枚。

（二）世界田径锦标赛

世界田径锦标赛创始于1983年的国际性田径赛事，是由国际田径联合会主办的国际性赛事，最初是每四年一届，1991年起改为每两年一届。1977年开设的世界杯田径赛是国际田联单独主办的第一个世界性田径赛，对世界田径运动的发展起了一定的推动作用。

（三）世界室内田径锦标赛

国际田径联合会世界室内田径锦标赛是一项由国际田径联合会举办的国际室内田径赛事，首届于1985年在法国巴黎举行，当时赛事名称为世界室内运动会，两年后第2届赛事重新命名为世界室内田径锦标赛。

（四）国际田联黄金联赛

国际田联自1998年起设立黄金联赛，旨在吸引世界最优秀的田径选手参加比赛。自1998年以来，黄金联赛已经成为国际田联每年最重要的系列赛事，各项目的顶尖选手都在为荣誉和50千克的黄金奖励奋力拼争。

国际田联把欧洲原来几个独立的比赛串联在一起，因此叫联赛。每个分站赛除了发给前八名优胜者奖金外，还为整个联赛设一份50千克的纯黄金金链，全部六站赛事中任意五站冠军的选手都可以分享100万美元奖金总额的一半；余下的50万美元则由夺得全部六站冠军的选手所有。一般黄金联赛的各项比赛规则仍遵照国际田联原来的规则。

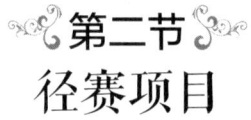

第二节 径赛项目

一、短跑

跑是人类与生俱来的基本能力，自古以来就是一种游戏比赛形式。据史料记载，短跑是公元前776年古希腊奥运会中唯一的竞技项目，距离为192.27米。现代短跑起源于欧洲，最早被列入正式比赛是在1850年的牛津大学运动会，当时设有100码（91.44米）、330码（301.75米）、440码（402.36米）跑项目。19世纪末，为规范项目设置，赛跑距离由码制改为米制。短跑起初为职业选手的竞赛项目，后来逐渐扩展到业余运动员。竞赛规则规定运动员比赛时必须使用起跑器，听信号统一起跑，必须自始至终在自己的跑道内跑动。

（一）短跑技术

短跑中的完整技术包括起跑、起跑后的加速跑、途中跑和终点跑。

1. 起跑

田径规则规定，短跑项目的起跑必须采用蹲踞式起跑，并使用起跑器。使用起跑器的目的是使两脚有牢固的支撑,有利于身体迅速摆脱静止状态,便于获得较快的起跑速度。

起跑的任务是使身体迅速摆脱静止状态,尽可能获得较大的起动初速度,为起跑后的加速度创造条件。起跑过程包括"各就位""预备"和鸣枪三个环节。

当听到"各就位"口令后,运动员应一边轻快地走到起跑器前,一边做几次深呼吸,使肌肉细胞获得足够的氧储备。当走到起跑器前面时,先用两手撑地,两脚依次踏在前、后起跑器的抵足板上,然后,后膝跪地,两手收回到起跑线后,四指并拢和拇指成"八"字形撑地,两臂伸直与肩同宽或稍宽于肩,两肩与起跑线齐平或过起跑线5~10厘米,颈部和躯干保持放松,眼看前下方50~60厘米处,呼吸平和,注意听"预备"口令。

听到"预备"口令后,臀部平稳抬起,稍高于肩,同时重心前移,双腿膝关节形成适宜的用力角度,两脚紧贴起跑器用力踏紧抵足板,背部肌肉绷紧并略成弓形,深吸一口气做好"预备"姿势,集中注意力听枪声。

听到枪声后,双手迅速推离地面,屈肘做有力的大幅度前后摆动,同时两腿猛蹬起跑器,以较大的前倾姿势把身体推向前方。躯干前倾幅度应使躯干纵轴与水平线呈15°~20°角,前腿有力蹬伸,后蹬角为42°~45°。蹬离起跑器时,后腿前摆积极下压着地,完成第一步的动作,由起跑进入起跑后的加速跑,从而完成起跑任务,如图4-2所示。

图 4-2

2. 起跑后的加速跑

起跑后的加速跑是从前腿蹬离起跑器到进入途中跑姿势前的25~30米,其任务是充分利用起跑获得的初速度,尽快获得更快的奔跑速度。从第一步开始,步长逐渐加大,上体逐渐抬起,步频逐渐加快,两脚的运动轨迹应逐渐接近一条直线,随后转入途中跑,如图4-3所示。

图 4-3

3. 途中跑

途中跑是短跑全程中距离最长、速度最快的一段,其任务是继续发挥和保持高速跑。跑是周期性运动,以一个复步(即左右腿各跑一步)为一个周期。在一个跑的周期中包括两个腾空期和两个支撑期(左支撑与右支撑)。近些年,短跑技术有缩短腾空时间和支撑时间,从而加快步频的趋向。具体跑动过程如图4-4所示。

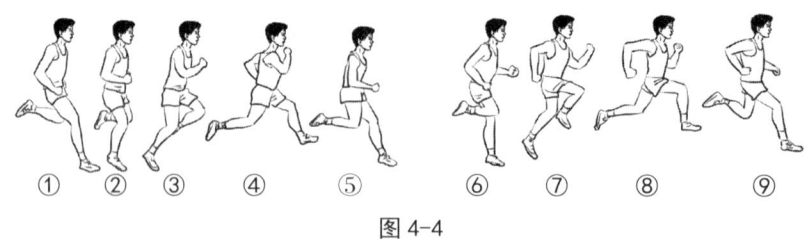

图 4-4

（1）后蹬与前摆阶段

当身体重心移过人体支点的额状面时，就进入了支撑腿的后蹬与前摆阶段。摆动腿随着跑动惯性，以髋关节发力，快速向前摆动大腿，大腿高度与上体倾斜线接近垂直，摆动腿大腿积极下压，前脚掌积极扒地，轻快地落在身体重心投影点前适当位置。支撑腿在摆动腿积极前摆的配合下，快速有力地后蹬。后蹬是前进的主要动力，快速有力地伸展髋、膝、踝关节，推动身体重心向前运动。蹬摆协调配合和上下肢动作的协调配合，是途中跑技术的关键。

（2）腾空阶段

从支撑腿蹬离地面到摆动腿着地为腾空阶段。当支撑腿蹬离地面，小腿随着蹬地后的惯性和大腿的摆动，形成大小腿边折叠边前摆，与此同时摆动腿下压，自然向前下方伸小腿着地。

（3）着地缓冲阶段

当摆动腿的前脚着地瞬间，开始了着地缓冲阶段。着地时应用前脚掌积极着地，着地位置约距身体重心投影点一脚至两脚处，应适当靠近身体重心投影点，这有助于缩短缓冲时间。当支撑腿着地缓冲的同时，摆动腿的大小腿应充分折叠，脚跟靠近臀部，以缩短摆动半径。

（4）弯道跑动作要求

200 米和 400 米跑，有一半以上是在弯道上进行的，从直道进入弯道时，身体应有意识地向弯道方向左侧内倾。后蹬时，右脚用前脚掌内侧，左脚用前脚掌外侧蹬地。加大右侧腿和臂的摆动力量和幅度，身体向圆心方向倾斜。

4. 终点跑

终点跑是指距离终点还有 20~25 米的最后一段保持已获得的跑速直至跑过终点。终点跑的技术基本上与途中跑相同，只是由于体力下降，为了增大后蹬力，应尽量保持上体前倾角度或增大前倾角度，同时，加大摆臂的幅度和力量。在增大步幅的同时，尽量保持步频。当跑到距终点线一步时，上体迅速前倾，用胸部或肩部撞终点线，跑过终点（图 4-5）。此后不要突然停止，应该顺惯性逐渐减速。

图 4-5

（二）短跑练习方法

短跑的练习内容包括一般身体素质训练、反应速度训练、速度耐力训练等，具体练习方法如下。

1. 小步跑

小步跑主要是体会两脚前脚掌交替积极着地和两臂放松协调配合动作。

①上体正直,肩放松,两臂前后自然摆动。

②髋、膝、踝关节放松,迈步时膝向前摆出,髋稍有转动。

③当摆腿的膝向前摆动的同时,另一大腿积极下压,脚掌"扒地式"着地,着地时膝关节伸直,足跟提起,踝关节要有弹性(图4-6)。

2. 高抬腿跑

高抬腿跑主要是体会两脚前脚掌交替蹬摆高抬着地和两臂协调配合动作(图4-7)。

图4-6　　　　　　　　图4-7

①上体正直或稍前倾,两臂前后摆动。

②大腿积极向前上方摆到水平,并稍稍带动同侧髋向前,大小腿尽量折叠,脚跟接近臀部。

③在抬腿的同时,另一条腿的大腿积极下压,支撑腿前脚掌着地,重心要提起,用踝关节缓冲。

3. 后蹬跑

后蹬跑主要是体会两腿积极用力蹬摆与两臂协调配合送髋动作(图4-8)。

①上体正直或稍前倾,两臂自然摆动。

②摆动腿积极向前上方摆出,由于躯干扭转,同侧髋带动大腿充分前送。

③在摆腿的同时,另一条腿的大腿积极下压,前脚掌着地,膝、踝关节缓冲,迅速转入后蹬。

④后蹬时摆腿送髋动作在先,膝踝蹬伸在后,腾空阶段重心向前,动作自然放松,两腿交替频率要快。

图4-8

4. 后踢小腿跑

后踢小腿跑主要是体会大小腿膝踝关节放松折叠与两脚前脚掌交替积极扒地,以及蹬摆协调配合动作。

①上体正直或稍前倾,两臂前后自然摆动。

②前脚掌着地，离地时前脚掌用力扒地，离地后小腿顺势向后踢与大腿折叠，膝关节放松，足跟接近臀部（图4-9）。

图 4-9

5. 小车轮跑

小车轮跑主要是体会大小腿高抬后膝踝关节伸直放松与膝关节协调灵活摆动动作。

①在折叠腿跑和高抬腿跑的基础上，进一步加大动作幅度。

②加大大腿摆动的幅度，当大腿摆到一定程度时，小腿随惯性向前摆出，随着大腿积极下压，小腿主动做"扒地式"的动作，并用足前掌"扒地式"着地（图4-10）。

图 4-10

6. 大车轮跑

大车轮跑主要是体会大小腿高抬后膝踝关节伸直灵活放松与身体协调配合动作。

①在高抬腿跑和小车轮跑的基础上，进一步加大动作幅度。

②大腿高抬至水平位置，小腿随惯性向上方摆出，然后随着摆动大腿的积极下压，小腿积极向下扒地，着地时膝关节可以稍有弯曲，上体收腹稍有后仰，特别是跑的距离比较长时，用踝关节缓冲，要有下压扒地动作。

7. 综合练习跑（30~60米）

综合练习跑主要提高各种练习中的动作协调配合能力。

①起跑练习中的信号起动反应跑。

②大步放松跑。

③追人跑。

④惯性加速跑。

⑤终点冲线跑。

⑥上下坡跑。

⑦附加阻力跑。

⑧计时跑。

二、中长跑

中长跑是中距离跑和长距离跑的合称，是以有氧代谢为主的耐力性和周期性运动项目。在正式比赛项目中，男女 800 米、1500 米属中距离跑；女子 3000 米、5000 米、10000 米，男子 5000 米、10000 米均属于长距离跑。

（一）中长跑技术

中长跑各个项目中的技术基本相同，但由于距离的长短、强度不同，跑的动作也有不同程度的差异。一般来讲，距离越长，步长越短，跑的过程中前摆后蹬用力程度越小，腾空时间与支撑时间的比值也越小。

中长跑的完整技术包括起跑和起跑后的加速跑、途中跑、终点冲刺跑。

1. 起跑和起跑后的加速跑

起跑和起跑后的加速跑的任务是摆脱静止状态，争取在较短的时间内发挥出预定的速度，并在起跑后的加速中抢占有利的位置。

中长跑的起跑一般采用半蹲式，动作口令包括"各就位""跑"（鸣枪）两部分。

起跑前，运动员在起跑线后 3 米的集合线上准备。当听到"各就位"时就向前站到起跑线后，两脚前后开立，有力的脚在前，紧靠起跑线的后沿，后脚用前脚掌着地。

听到枪声后，两脚用力蹬地，两臂配合积极摆动，使身体迅速向前冲出，力争在短时间内获得跑速，并尽可能获得有利的领跑或跟随跑的位置（图 4-11）。

图 4-11

2. 途中跑

起跑后加速跑结束到终点前冲刺这段距离是途中跑，途中跑距离最长。其技术动作特点如下（图 4-12）。

图 4-12

①后蹬的力量比短跑小，后蹬角度比短跑大（短跑的后蹬角为 45°，长跑的后蹬角为 45°~60°）。

②上身姿势比短跑直，这样比较容易节省力量。

③前后摆臂角度变化不大，上臂与前臂之间的角度可稍小于 90°。

④中长跑的脚着地动作有两种：一种是用脚前掌或前掌外侧着地，着地后快速蹬地，这种方法速度快、效果好，但比较费力；另一种是用全脚掌着地，过渡到前脚掌着地，这种方法腿部后侧肌肉比较轻松省力。

以上两种方法都应注意，脚掌着地时，脚尖向正前方，不要形成"八"字形，否则会影响速度和持久力。

⑤中长跑的途中跑技术结构与短跑基本相同，但由于中长跑距离长，因此在跑的动作上要求尽量减少体力消耗，同时必须合理分配体力。注意中长跑中的呼吸，做到与跑速相一致，用鼻孔或半张开口呼吸。呼吸节奏一般是三步一呼、三步一吸，或两步一呼、两步一吸。灵活运用各种战术，如领先跑、跟随跑、变速跑等。

3. 终点冲刺跑

终点冲刺是临近终点的一段加速跑。其任务是获得较好的名次和成绩。何时开始加速冲刺要根据比赛的距离、个人训练水平、临场战术和对手的特点来决定。800米跑一般在最后200~300米开始加速；1500米跑一般在最后300~400米开始加速；5000米以上项目加速跑距离可以更长一些，速度好的运动员往往在进入最后一个直道时突然加速冲刺，以摆脱对手，争取优异成绩（图4-13）。

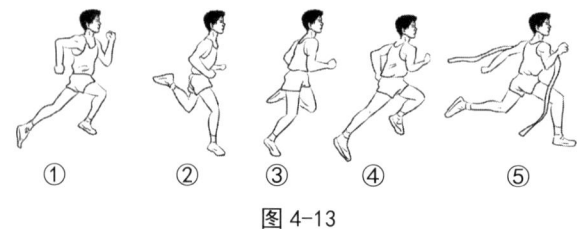

图 4-13

（二）中长跑练习方法

中长跑的练习内容包括一般耐力训练、专项耐力训练、速度耐力训练、身体素质训练等。耐力训练对中长跑运动极为重要，发展耐力的训练方法有以下四种。

1. 一般耐力练习

①通过一定强度的定时跑、越野跑和爬山进行练习。

②通过球类活动进行练习（如结合中长跑的特点，采用人盯人的方法进行篮球和足球比赛）。

③通过滑冰、滑雪等一般耐力活动进行练习。

2. 变速跑

变速跑练习是发展速度耐力，体会跑动中的用力和放松。其主要方法是快速与慢速交替进行训练，如（100米快跑+100米慢跑）×n。

3. 重复跑

重复跑练习是反复跑几个段落，如200米、300米、400米等，休息时间的长短因人、因距离长短与练习强度而定。

4. 间歇跑

间歇跑是重复练习之间按严格规定的时间休息后，以脉搏恢复到每分钟120次左右开始下次练习。

第三节
田赛项目

一、跳高

跳高起源于古代人类在生活和劳动中越过垂直障碍的活动。现代跳高运动始于欧洲，18世纪末苏格兰已有跳高比赛。1827年9月26日在圣罗兰·博德尔俱乐部举行的首届职业田径比赛中，威尔逊（Wilson）屈膝团身跳跃1.575米，这是第一个有记载的世界跳高成绩。19世纪60年代，跳高运动开始流行于欧美国家。

跳高过杆技术有跨越式（图4-14①）、剪式（图4-14②）、滚式（图4-14③）、俯卧式（图4-14④）。随着社会发展，又出现了背越式，并逐渐被绝大多数运动员所采用（图4-14⑤）。

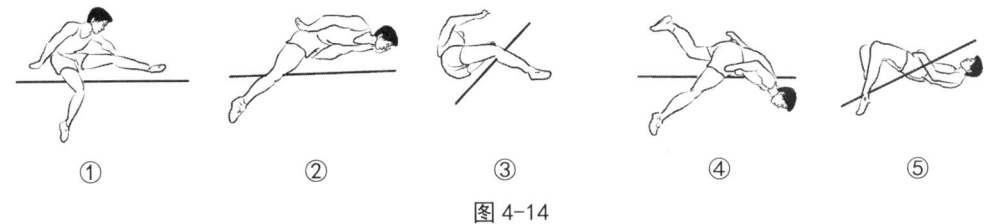

① ② ③ ④ ⑤

图4-14

跳高横杆从木棍、竹竿发展到用玻璃纤维、金属或其他适宜材料制成。现规定杆长3.98~4.02米，直径4厘米，最大重量2千克。比赛时，运动员必须用单脚起跳，可以在规定的任一起跳高度上试跳，但每一高度只有3次试跳机会。

（一）跳高技术动作概述

跳高技术动作过程由助跑、起跳、过杆和落地四个紧密相连的动作环节组成。

1. 助跑

助跑的任务是创造一定的水平速度，为完成有力的起跳和顺利过杆创造条件，并为提高起跳效果做好准备。

2. 起跳

通过有力的起跳，人体从水平运动转换为垂直运动，并尽可能高地使人体向上方腾起，为顺利过杆创造条件。

3. 过杆

充分利用起跳所获得的高度，合理地改变身体在空中的姿势，利用身体的屈伸和旋转，使身体各部分合理、顺利地越过横杆。

4. 落地

落地动作要缓和，避免过大的撞击。

（二）跨越式跳高技术

①从侧面直线助跑6~8步，用离杆远的一腿起跳，两手臂积极向上摆动配合蹬伸。

②起跳腾空后，摆动腿先越过横杆后外摆下压，使臀部迅速移过横杆，同时上体前倾并向横杆方向扭转，接着起跳腿高抬内摆完成过杆动作。

③当摆动腿先着地时上体和起跳腿依次过杆后，积极做出缓冲着地动作（图4-15）。

图 4-15

（三）背越式跳高技术动作与练习方法

1. 背越式跳高技术动作

背越式跳高是指背部朝向横杆，身体各部分依次过杆的技术，主要是由助跑、起跳、过杆和落垫四个阶段组成的，其完整技术动作彼此紧密相连、相互作用。

（1）助跑

背越式跳高的助跑前段为直线，后3~4步为弧线。助跑的距离为8~10步或更长些，最后2步助跑方向与横杆投影的夹角为20°~35°。

助跑前段（直段）的跑法与普通加速跑基本相同，速度逐渐加快。跑弧线段时，跑法与弯道跑相似，身体向圆心方向倾斜，倾斜度随助跑的加快而加大。当起跳脚着地时，身体由内倾转为垂直。此时及时蹬地与向上摆动做好起跳动作，可使起跳的垂直冲量通过身体重心，从而获得理想的垂直向上速度（图4-16）。

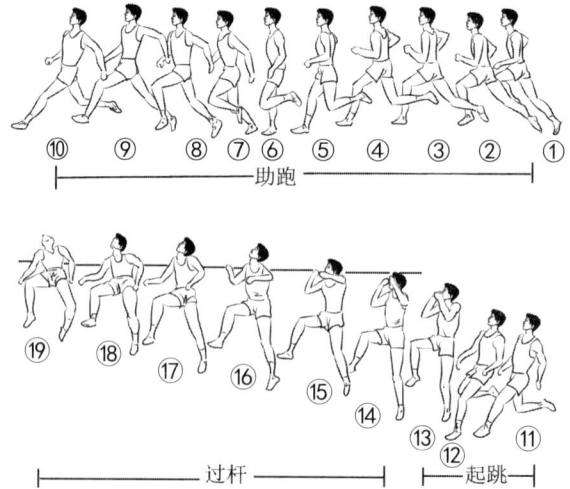

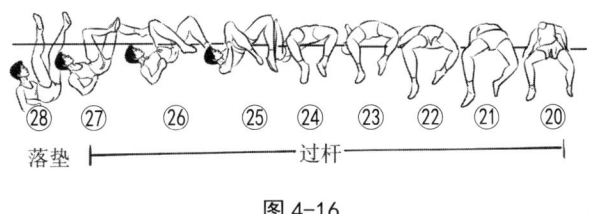

图 4-16

（2）起跳

最后一步助跑时，摆动腿用力后蹬，起跳腿积极快速向前迈步，以脚跟着地并迅速滚动至全脚掌，摆动腿大腿带动小腿迅速前摆，身体由内倾转为垂直。随后，起跳腿屈膝缓冲，摆动腿屈腿带动同侧髋关节继续上摆，并带动骨盆扭转，同时快速蹬伸起跳腿，两臂配合腿的动作向上提肩摆起，摆动腿同侧的肩开始向侧方伸展，完成起跳动作（图4-17）。

图 4-17

（3）过杆

当人体离地向横杆方向腾越时，身体继续转动呈背对横杆的姿势，摆动腿的膝关节放松，起跳腿蹬离地面后，自然下垂点继续向后伸展，头和臂先过杆，同时积极挺髋，在杆上呈仰卧略有反弓的姿势，髋部展开的动作要一直延续到臀部移过横杆。然后过杆的两臂做向前下压的动作，同时借助向后反弓身体的作用，把未过杆的两腿上举，使其越过横杆。

（4）落垫

过杆后，双臂置于体侧，肩部和背部落在海绵包上。

2.背越式跳高练习方法

（1）基本技术的练习

①学习迈步起跳技术。

a.迈一步摆腿练习：两腿前后自然开立，摆动腿在前，起跳腿向前迈出，两臂留在体后，骨盆向前送，大腿带动小腿向前伸出，脚跟首先接触地面，迅速滚动至全脚掌，同时摆动腿快速以髋带动大腿向前摆动（图4-18）。

图 4-18

b. 迈1步起跳练习：摆动腿在前屈膝下压，骨盆向前移动，同时起跳腿向前迈步，当起跳脚着地向前滚动时，摆动腿和双臂由后向前上方快速摆动，起跳腿用力蹬地完成起跳动作。

c. 走动中做迈步起跳练习。

d. 4步弧线助跑跳起摸高练习。

e. 弧线4步助跑起跳触摸高物或呈背弓然后自然落在海绵垫上。

f. 2~4步直线、4步弧线助跑起跳摸高或跳起越过"鞍马"垫练习。

②学习过杆落地技术。

a. 两人一组，一人做屈膝挺髋，躯干呈背弓姿势，另一人托其后背，帮助体会这种姿势。

b. 站于海绵垫前，屈膝、挺髋、倒肩，肩背落于海绵垫上，两手扶住脚踝成背弓动作（图4-19）。

图 4-19　　　　　　　图 4-20

c. 仰卧在垫子上，两脚自然分开，平放在高物上（50厘米左右），呈屈膝屈髋的仰卧姿势，接着两脚用力蹬高物，肩背撑地，向上挺髋，同时屈膝，然后再收腹，小腿向上踢。要求：挺髋要充分，挂膝与收腹、上踢小腿协调配合。

d. 背对海绵垫子站立，原地双脚起跳，做展胸挺髋、挂膝练习。要求：跳起来后再做倒肩挺髋动作，腰腹部保持一定紧张，要挂膝。挺到一定时机，两小腿及时上甩，用肩背着垫（图4-20）。

（2）丈量助跑点

初学者一般采用走步法，如图4-21所示。

①确定起跳点，即距离横杆垂直面下方60厘米左右，距离跳高架1米左右。

②从起跳点向一侧跳高架方向走5步（4米左右）。

③再从5步点处向助跑方向走6~7步作为后4步跑标志点，然后再向助跑方向走6~7步作为助跑点。

要求：根据个人特点，反复多次地检验、调整，最后确定下来。

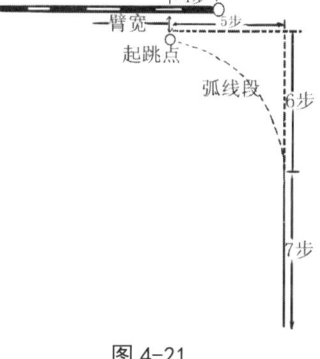

图 4-21

二、跳远

跳远源于人类猎取或逃避野兽时跨越河沟等活动，后成为军事训练的手段。跳远是公元前708年古代奥运会五项全能项目之一。现代跳远运动始于英国，1827年9月26日在英国圣罗兰·博德尔俱乐部举行的第一次职业田径比赛中，威尔逊越过5.41米的远度，这是第一个有记载的世界跳远成绩。

跳远的腾空动作有蹲踞式、挺身式和走步式。20世纪70年代出现前空翻跳远，因危险性大，被国际田联禁用。最初运动员是在地面起跳，1886年开始采用起跳板。男、女跳远分别于1896年和1948年被列为奥运会比赛项目。

（一）跳远技术

跳远的完整技术由助跑、起跳、腾空、落地四个基本部分组成。

1. 助跑

助跑的任务是在起跳前获得最高的水平速度，为有力地起跳做好准备，应做到快速、准确、放松、协调。

（1）助跑的距离

跳远助跑距离的长短，应以保证助跑任务的顺利完成为前提。助跑距离过长，既消耗体力又不利于快速起跳；助跑距离过短，不利于发挥速度又容易造成紧张。一般来说，男子的助跑距离在35~45米，跑18~23步；女子的助跑距离在30~40米，跑18~24步。

（2）助跑加速方式

助跑加速方式有两种：积极加速的助跑方式和逐渐平稳的加速助跑方式。

（3）最后几步的助跑技术

助跑的最后4~6步称为起跳的准备阶段，是整个助跑的关键。最后几步助跑既要保持并发挥最高速度，又要做好起跳准备，还要保持高重心、高步频、跑的动作要自然、放松、协调。

2. 起跳

起跳的任务是利用助跑速度，创造尽可能大的腾空初速度和适宜的腾起角度，起跳动作包括着板、缓冲、蹬伸三部分。

在助跑最后一步，摆动腿积极蹬地，起跳腿大腿向起跳板迅速下压着板时，便开始了起跳动作。起跳腿前摆踏板时，要快速有力地用全脚踏板，经过快速支撑缓冲后，迅速过渡到前脚掌。踏板时要快速有力地踏板，上板后，身体重心继续积极前移。当身体重心刚刚移到起跳腿支撑点上方时立刻蹬伸髋、膝、踝三关节，蹬伸动作越快越充分，腾起初速和腾起角度就越大，跳远成绩也越好。

起跳腿迅速有力地蹬伸，使髋、膝、踝关节充分伸展，上体和头部保持正直，摆动腿大腿积极向前上方摆至水平位置，小腿自然下垂，起跳腿同侧的臂开始向前上方稍向内侧摆动，摆动腿同侧的臂向侧上方摆动。当两臂的肘部摆至与肩平行时，应停止摆动。

3. 腾空

起跳结束后，就进入了腾空阶段。腾空的任务是保持腾空阶段的身体平衡和为落地时向前伸两腿创造最合理的预备姿势（图4-22）。

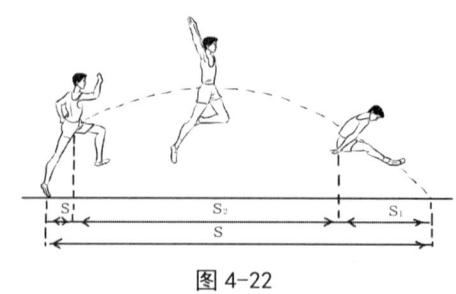

图 4-22

运动员起跳后,向空中飞进过程中,自身任何动作都不能改变身体重心的抛物线轨迹。空中动作的目的是维持身体在空中的平衡,最大限度地利用这一抛物线轨迹争取远度,并为合理落地做好准备。腾空后,起跳腿自然放松,膝关节稍屈,留在身体的后面,小腿放松保持在体前不动。上体正直稳定,通常把这种姿势叫作"腾空步"。跳远腾空后,在"腾空步"基础上,根据动作的形象,可分为"蹲踞式""挺身式""走步式"三种姿势,这里着重介绍"蹲踞式"和"挺身式"两种姿势。

(1)蹲踞式

起跳腾空后,要保持"腾空步"的姿势,达到腾空最高点时,放松拖在身体后面的起跳腿开始屈膝向前上方提举,逐渐和摆动腿靠拢。在空中形成蹲摆的姿势,接着两腿继续上收的同时身体适当前倾。将要落地时,两臂由前向后下方摆动,同时借上收大腿的惯性把两小腿一齐向前远远伸出准备落地(图 4-23)。

图 4-23

(2)挺身式

完成"腾空步"后,摆动腿大腿积极下放,小腿向前、向下、向后呈弧形摆动,两臂向下、向后上方绕环摆动。这时,留在身后的起跳腿与向后摆的摆动腿靠拢,在腾空最高点时,身体充分伸展,形成"挺胸展髋、两臂上举"的挺身式跳远姿势(图 4-24)。

图 4-24

4. 落地

落地的任务是争取更好的跳远成绩(使落地点最大限度地接近理论腾空抛物线的终

点），并防止伤害事故的发生。落地前，上体不要过于前倾，大腿尽量向胸前提举，小腿前伸，脚尖勾起的同时两臂向后摆，脚跟接触沙面时，两腿迅速屈膝，髋部前移，两臂屈肘积极前摆，身体迅速移过支撑点。要完成收（收腹）、举（举大腿）、送（送髋）、伸（伸小腿）、移（身体重心前移过支撑点）的动作要求。

（二）跳远练习方法

1. 快速助跑与有力起跳相结合的技术练习

①起跳的摆臂动作练习。当摆到一定程度时，两肘不超过臂，摆臂要突停，利用其惯性增大起跳力量。同时躯干伸展、目视前方、提肩拔腰。

②跨步跑、高抬腿跑结合起跳。

③连续性一步一跳、三步一跳呈腾空步。

④4 步助跑起跳摸高。

⑤6~8 步助跑起跳呈腾空步。

2. 空中姿势和落地技术的练习

（1）蹲踞式姿势

①原地呈腾空步姿势，接着起跳腿屈膝提举与摆动腿靠拢呈蹲踞式。

②短、中程助跑蹲踞式跳远。

（2）挺身式姿势

①原地纵跳或做挺身动作练习。

②3 步助跑起跳做蹬地摆臂配合练习。

③4~6 步助跑起跳腾空步，随后下放摆动腿落地向前跳出练习。

④从高处（不超过 1 米）迈步起跳成挺身式动作与举双腿准备落地动作练习。

三、推铅球

现代推铅球始于 14 世纪 40 年代，欧洲炮兵闲暇期间进行的推掷炮弹的游戏和比赛，后逐渐演变成现在的推铁球。铅球的制作材料经历了用铁、铅以及外铁内铅的过程。正式比赛男子铅球的重量为 7.26 千克，直径为 11~13 厘米；女子铅球的重量为 4 千克，直径为 9.5~11 厘米。早期推铅球没有固定的方式，可以原地推，也可以助跑推；可以单手推，也可以双手推；还出现过按体重分级别的比赛。

目前，推铅球在国际比赛中主要采用背向滑步推掷和旋转推掷两种方法。比赛时，运动员在直径为 2.135 米的圈内，用单手将球从肩上推出，铅球必须落在落地区 29°扇形角度线以内方为有效。男、女铅球分别于 1896 年和 1948 年被列为奥运会比赛项目。

推铅球教学着重发展学生的力量素质，以原地和侧向滑步推铅球为教学重点。下面主要介绍侧向与背向滑步推铅球的主要技术动作。

（一）推铅球技术概述

推铅球的完整技术可分为握球和持球、预备姿势、滑步（或旋转）、最后用力和维持平衡等技术环节。下面仅介绍前三项技术。

1. 握球和持球（以右手握球推球为例）

握铅球时，五指自然分开，自然弯曲，手腕背屈，把球放在食指、中指和无名指的指根上，大拇指和小指自然扶在球的两侧。球在手中放好后，手指要适当放松（图4-25）。

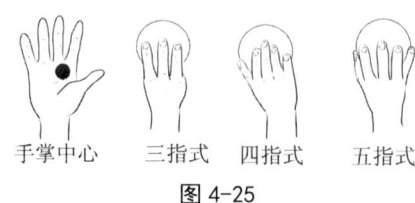

图 4-25

球握好后，把球放在肩上锁骨窝处，贴紧颈部，掌心向前上方，肘低于肩或与肩相平，投掷臂自然放松，在滑步和最后用力的过程中，始终要控制好球（图4-26）。

图 4-26

2. 预备姿势

（1）高姿势

以右手持球为例，持球后背对投掷方向，两脚前后开立，右脚在前，脚尖贴近投掷圈后沿，重心落在右腿上，左脚拖后，放松而自然弯曲，以脚尖点地，距右脚15~20厘米。上体正直放松，持球臂肘低于肩，左臂自然上举而微屈，形成左肩高、右肩低的姿势。两眼看前下方5米左右处，如图4-27①所示。

（2）低姿势

持球后，背对投掷方向，两脚前后开立，右脚在前，脚尖贴近投掷圈后沿，左脚在后，前脚掌或脚尖着地，与右脚相距50~60厘米。上体前屈，左臂自然下垂并稍向内，身体重心落在右腿上，两眼看前下方，如图4-27②所示。

图 4-27

3. 滑步

滑步的目的是使铅球获得一定的水平方向的预先速度，并为最后用力创造良好的条件。滑步与最后用力的衔接是推铅球的难点，要解决这个难点，重点抓低滑（重心平稳）、快滑（左脚快落）中的动作连贯，并要有一定的加速度。

（二）侧向滑步推铅球技术

侧向滑步推铅球动作要领如下（以右手握球推球为例）。

①握好球后身体侧对投掷方向，两脚左右自然开立。
②右腿弯曲，身体重心落在右腿上。
③右臂后伸与肩齐平，左臂屈于胸前。
④然后右脚用力蹬地，送髋转体，重心前移，两腿再自然协调配合蹬地，顺势快速伸臂、甩手腕、拨手指将铅球投出。
⑤接着右腿顺势向前向下，身体重心下降做好缓冲动作（图4-28）。

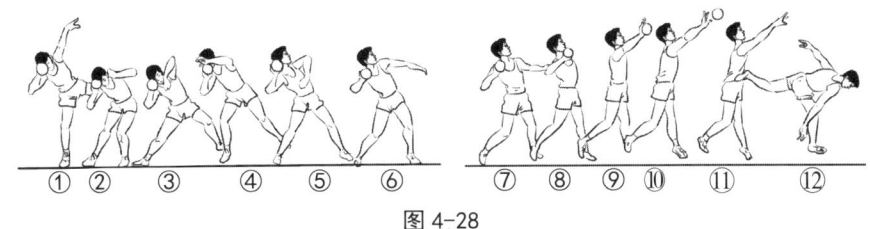

图4-28

（三）背向滑步推铅球技术

背对投掷方向站立，滑步前一般先做1~2次预摆（根据个人习惯也可不做）。摆动腿向后上方摆出，上体自然前俯，左臂半屈伸于胸前，右腿伸直。当左腿摆到一定程度，上体前屈约与地面平行时，收回左腿，同时弯曲右腿，当左腿靠近右腿时，呈"团身"姿势，重心略微后移。

右腿用力蹬伸，左腿快速向抵趾板中间偏右方摆动，使身体快速平稳地向投掷方向移动。紧接着右腿迅速收拉小腿，右脚贴近地面边收边向内转，用右腿前脚掌在投掷圈内中心处着地，与投掷方向呈90°~130°。在身体向投掷方向移动的过程中，右脚、右膝和右髋要向投掷方向移动。随着右脚着地，左脚积极地以前脚掌内侧着地，落在投掷图纵轴线左侧靠近抵趾板处。滑步结束时，身体重心保持在屈膝半蹲的右腿上，上体保持前倾扭转状态，左臂内扣，拉长腰背肌肉，准备最后用力（图4-29）。

图4-29

（四）推铅球的练习方法

①双手向后（向前）抛掷实心球（或轻铅球），要求上下肢协调用力。
②原地正面向上推铅球，体会加大出手角度（50°~60°）。
③原地侧向（背向）最后用力推铅球。
④侧滑练习，徒手（或持轻球）高重心小幅度的连续侧滑。
⑤体会背向滑步前的重心后移团身倒体和两腿蹬摆配合练习。

思 考 题

1. 田径运动项目分类包括哪些？试述田径运动的起源与发展。
2. 简述途中跑的动作方法。
3. 田赛项目的训练方法包括哪些？简述背越式跳高的练习方法。

田径比赛规则

第五章 球类运动

学海导航

1. 熟悉掌握篮球运动的基本技术和基本战术。
2. 熟悉掌握足球运动的基本技术和基本战术。
3. 熟悉掌握排球运动的基本技术和基本战术。
4. 熟悉掌握气排球运动的基本技术和基本战术。
5. 熟悉掌握羽毛球运动的基本技术和基本战术。
6. 熟悉掌握网球运动的基本技术和基本战术。
7. 熟悉掌握乒乓球运动的基本技术和基本战术。

第一节 篮球运动

一、篮球运动概述

（一）起源与发展

1891年，美国马萨诸塞州斯普林菲尔德（旧译"春田"）市基督教青年会训练学校的体育教师詹姆斯·奈史密斯（James Naismith）博士为了解决学生们在寒冷的冬季上体育课的难题而发明的室内投篮游戏活动，后逐渐发展完善成为世界上影响最大的运动项目之一，深受人们的喜爱。由于其主要设备是挂在墙上10英尺（约305厘米）高的篮子（Basket）和需要投中篮子的球（Ball），所以被命名为"篮球"（Basketball）。至1940年前，篮球运动伴随着美国的文化、宗教等的扩张，通过基督教青会组织以及教师、留学生间的交往，先后向世界各地传播推广。伴随着篮球活动的游戏性、健身性和娱乐性等特点，篮球竞赛应运而生并发展完善。

篮球学习视频

（二）特点

篮球运动是一项以篮球为竞赛工具，在特定条件（规则、场地、器材、设备等）下，比赛双方各出5名队员，参加比赛的个人和集体以一定的体能为基础，以掌握特定的专门技术和战术方法为手段，在比赛中争夺球权，力争在攻守交替和对抗中获得球和展开投篮得分，并以得分多少决定胜负的集体运动项目，具有集体性、综合性、对抗性、健身性、商业性等特点。

二、篮球运动的基本技术

篮球技术是篮球运动的基础，是篮球教学的重点，它包括进攻和防守两大部分。进攻有传接球、投篮、运球、持球突破等，防守有防守对手、截球、抢断球等。

（一）脚步动作

篮球比赛中，进攻时的急起、急停、变换方向和投篮，以及防守时的阻截、抢断球等动作，都需要由迅速、灵活、准确的脚步动作来完成。

1. 基本站立姿势

【动作方法】

两脚前后或左右开立，约同肩宽，两膝微屈，重心保持在两脚之间，上体微前倾，抬头含胸，双手持球于胸前、颌下，球贴近身体，两肘张开，便于投篮、传球、突破。徒手时两手放于体侧，两眼注视场上情况（图5-1）。

图5-1　基本站立姿势

【动作要点】

上体微前倾，抬头含胸，屈膝，重心放在两腿之间，降重心，便于起动，两手放于体侧，两眼注视场上情况。

【练习方法】

①根据动作要领和方法，体会基本站立姿势。

②听信号做基本站立姿势。

2. 跨步急停（两步急停）

【动作方法】

队员在快速跑动中急停时，先向前跨出一大步，用脚跟先着地，然后迅速地过渡到全脚掌接触地面，同时迅速屈膝降重心，身体微向后仰，后移重心，紧接着再跨出第二步。脚着地时，脚尖稍向内转，用脚前掌内侧蹬住地面，两膝弯曲（如先跨左脚后上右脚，则身体向左侧转），并微向前倾，重心落在两脚之间，两臂屈肘自然张开，保持身体平衡。

跨步急停

【动作要点】

第一步要大，后仰降重心；第二步要跟得快，用前脚掌内侧蹬住地。

【练习方法】

①以基本姿势站立，看或听信号向不同方向起动快跑。

②在跑动过程中，看或听信号做跨步急停。

3. 跳步急停（一步跳）

【动作方法】

队员在中速或慢速移动中，用单脚或双脚起跳（紧贴地面跳），上体稍后仰，落地时全脚掌着地，用前脚掌内侧蹬住地面，两膝弯曲，两臂屈肘微张，以保持身体平衡。

跳步急停

【动作要点】

重心放两脚之间，两腿弯曲，两臂屈肘在体侧，保持平衡。

【练习方法】

①以基本姿势站立，看或听信号向不同方向起动快跑。

②在跑动过程中，看或听信号做跳步急停。

4. 变向跑

【动作方法】

以从左向右变向跑为例，右脚前脚掌内侧用力蹬地，脚尖稍内扣，迅速屈膝降重心，使身体重心移向左方，同时腰部扭转，左脚向左前方跨出一小步，右脚迅速向左前方跨出一大步，加速前进。

【动作要点】

变方向的瞬间屈膝降重心，快速移动重心，异侧脚前脚掌内侧迅速蹬地，同侧方向的脚迅速跨出，蹬地脚及时跟上。

【练习方法】

（1）3步变向练习，右脚向右迈一步，然后左脚向左侧跨一小步，右脚快速向前进方向跨一大步。

（2）在跑动中，跑至立柱或障碍物前做变向加速跑。

5. 侧身跑

侧身跑是队员在向前的跑动中，为观察场上的情况，侧转上体进行攻防行动的一种方法。

【动作方法】

队员在向前跑动时，头部与上体侧转向球的方向，脚尖朝向跑动的前进方向，内侧腿深屈，外侧脚用力蹬地，内侧肩在前。

【动作要点】

面向球转体，切入方向的内侧腿深屈，外侧脚用力蹬地，重心内倾。

【练习方法】

①站在球场端线靠边线处，向对面端线做侧身跑练习。

②侧身跑结合传接球练习。

6. 滑步

滑步是防守移动的一种主要方法。它易于保持身体平衡，可向任何方

滑步

向移动。滑步可分为侧滑步（横滑步），前滑步和后滑步。

【动作方法】

以侧滑步为例，其动作方法是：滑步前，两脚左右开立约肩宽，膝微屈，上体稍前倾，两臂侧伸，双目平视盯住对手。向左滑步时，右脚前脚掌内侧用力蹬地，同时左脚向左跨出，在落地的同时，右脚迅速随同滑行，然后依次重复上述动作。滑步时身体要保持平稳。

【动作要点】

重心平稳。移动时做到异侧脚先蹬，同侧脚同时跨出，异侧脚再跟，保持原来姿势。

【练习方法】

①看信号，做侧、前、后滑步练习。

②全场1对1徒手练习。防守者始终保持好防守姿势，距进攻者一步远，滑步移动。

③全场1对1攻防对抗练习。2人1组，1人运球突破，1人防守滑步。

（二）传、接球

传、接球是篮球比赛或练习中队员之间相互转移球的过程，也是战术配合寻求进攻机会的方法之一。传、接球主要方式有双手胸前传、接球；单手肩上传、接球；行进间传、接球等。

1. 双手胸前传球

双手胸前传球是传球的基础，是篮球运动中运用最普遍的传球方式。它动作简单，准确性强，又便于转为其他动作，与其他技术动作衔接。

【动作方法】

两脚自然开立，两腿微屈，上体稍向前倾，重心在两脚之间。两手手指自然分开，两拇指成八字形，指根以上部位触球，手心空出，握住球的两侧偏后。手臂经胸前稍向上前举，大拇指下压，转手腕，持球于胸前。传球时，两臂前伸，同时手腕迅速上屈翻转，并由内向外翻转用力，两拇指下压，食、中指用力弹拨，将球传出。球向后旋转并平直地向前飞行。球出手后，两拇指及手心向下，其余四指向前。腿、腰、臂随出球方向自然伸直，脚随之提起（图5-2）。

图5-2　双手胸前传球

【动作要点】

手腕急促地由下而上、由内向外翻，同时拇指下压，食、中指用力拨球。

【练习方法】

①2人1组，相距3米左右，相对站立，进行传球练习。根据掌握动作的熟练程度，逐渐加长传球距离。

②3人1组，三角传、接球，开始用1球，过渡到2球，距离及方向自定。

③2人1组，行进间传、接球。

【易犯错误】

传球方法不正确，用手掌握球，指端没贴住球；肩、腕关节紧张，传球时两肘外展；伸臂和翻腕动作脱节形成挤球；两臂用力不均匀；全身动作配合不协调。

【纠正方法】

学生做好持球准备姿势后，由教师的两手上下握球，让学生做传球时腕翻转和指拨球的动作，使学生从中体会动作方法；多做徒手模仿动作。

2. 双手接球

接球是进攻队员获得球的动作，也是下一个进攻技术的准备动作，每一次投篮、运球、突破等都开始于接球。只有接好球，才能完成好其他进攻动作，因此接球是不可忽视的基本技术。正确的接球可以减少失误，有助于进攻，也有助于抢篮板球和断球。

【动作方法】

两眼注视来球，手指自然分开成半圆形，拇指相对八字形，主动伸臂迎球，肩、臂、腕、指放松。当手指触球后，迅速向后引臂，以缓冲来球的力度，使手接移动中的球，保持身体平衡，为下一动作做准备。

【动作要点】

手指自然分开成半圆形，主动伸臂迎球，肩、臂、腕、指放松，当手指触球后，迅速向后引臂，以缓冲来球的力度。

【练习方法】

①原地接不同距离、不同方向的来球。

②在移动中接不同距离、不同方向的来球。

【易犯错误】

接球手形不正确，手指朝前，拇指向上，形成由两侧或上下去捂球或挟球；伸臂迎球时，臂、腕、指紧张，引球动作不及时，两手掌心触球。

【纠正方法】

多做自抛自接球练习，养成张手、伸臂迎球和及时屈肘引臂的习惯。

3. 行进间传接球

【动作方法】

行进间传接球主要是传接动作和脚步配合要协调、连贯，一般是跨出第一步接球，最迟在第三步落地前传出球。根据接球人的速度，将球传至同伴身前一步左右的距离和胸部位置。

【动作要点】

传接动作和脚步配合要协调、连贯，判断接球人的速度，将球传至同伴身前一步左右的距离和胸部位置。

【练习方法】

①两人相对3米左右，篮球场内移动传球。

②两人相对3米左右，全场往返上篮。

（三）运球

运球是组织全队进攻配合和突破防守的一种手段，包括高运球、低运球、运球急停急起和体前变向运球等。

1. 高运球

【动作方法】

运球时，两腿微屈，双目平视，手用力向前下方推按球，球的落点在身体的侧前方，使球反弹的高度在腰腹之间，手脚协调配合，使球有节奏地向前行进。

【动作要点】

运球手的虎口冲前，注意球的落点。

目视前方，两腿微屈，上体稍前倾，以肘关节为轴，前臂自然伸屈，用手腕、手指推按球，有力地拍按球的后上方。

【练习方法】

原地运球，体会手部拍球的动作。体前运球时，双手交替进行；在体侧运球时，可用左、右手前后运球。

2. 低运球

【动作方法】

两腿弯曲，重心下降，上体前倾，用上体和腿保护球的同时用手短促地拍按球，使球从地面向上反弹的高度在膝部以下。

高低运球

【动作要点】

控制好反弹高度，短促地拍按球。

【练习方法】

练习方法同高运球。

3. 运球急停急起

【动作方法】

在快速运球中，突然急停时，手拍按球的前上方。运球急起时，要迅速起动拍按球的后上方，要注意用身体和腿保护球。

【动作要点】

运球急停急起时，要停得稳，起得快。

【练习方法】

在端线站立，听信号，快速起动运球至罚球线急停，原地运一两下后再突然起动至中线再急停，然后快速运至端线。

4. 体前变向运球

【动作方法】

运球队员从对手右侧突破时，先向对手左侧变向运球，然后突然改变方向向其右侧运球。变向时，右手拍按球的右后上方，把球从自己的右侧拍按到左侧前方，同时，右脚向左前方跨出，上体左转，用肩保护球，然后换手运球加速前进（图5-3）。

图5-3 体前变向运球

【动作要点】

右手变左手运球时,手球配合要合理,变向要及时。

【练习方法】

运球至障碍物前时,做变向运球,然后加速突破。

5.转身运球

【动作方法】

以右手运球为例。变向时,左脚在前为轴,做后转身的同时,右手将球拉至身体的左侧前方,然后换手运球,加速前进。

【动作要点】

运球转身时要降底重心,拉球和转身动作连贯。

【练习方法】

运球至障碍物前时,做转身运球,然后加速突破。

(四)投篮

投篮得分是篮球运动所有技术、战术、技能的最终目的,是篮球比赛中唯一的得分手段。篮球所有的技、战术配合都是为了创造最佳投篮时机,提高命中率,因此投篮是篮球比赛的关键,是攻防对抗的焦点。

1.原地双手胸前投篮

【动作方法】

原地双手胸前投篮时,双手持球于胸前,肘关节自然下垂(不要外展),上体稍前倾,两膝微屈,身体重心放在两脚之间,目视投篮目标。投篮时,两脚蹬地,腰腹伸展,两臂上伸,两手腕同时外翻,指端拨球,用拇指、食指、中指投出(图5-4)。

双手胸前投篮

【动作要点】

动作关键在于掌握好屈膝蹬地,腰腹伸展,手臂上伸和出手时手腕、手指动作的连贯性、协调性和用力的一致性。

【练习方法】

①原地模仿练习,体会最后出手、屈腕、拨球的动作。

②2人1组用1球,相距4~5米相向而立,做原地双手胸前投篮动作,体会球的抛物线及旋转,要求球的落点在对方的头部上方。

图5-4 双手投篮

2. 原地单手肩上投篮

【动作方法】

以右手投篮为例，右手五指分开，向后屈腕，屈肘持球于肩上（或高些），左手扶球，右脚稍前，左脚稍后，重心放在两脚之间，上体稍前倾，两膝微屈，上体肌肉放松，目视投篮目标。投篮时，两脚蹬地，腰腹伸展，抬肘，手臂上伸，手腕、手指前屈，指端拨球，用食、中指投出，手自然伸直（图5-5）。

【动作要点】

原地单手肩上投篮时，单手持球于肩上，另一手扶球侧面，投篮的双膝微屈发力，持球手臂向前上方伸展，手腕前屈，手指拨球，球在食、中指前端离手。

【练习方法】

①原地模仿练习，体会最后出手、屈腕、拨球的动作。

②2人1组用1个球，相距4~5米相向而立，做单手肩上投篮动作，体会球的抛物线及旋转，要求球的落点在对方的头部上方。

图5-5 投篮

3. 行进间单手肩上投篮

【动作方法】

行进间单手肩上投篮时，（以右手为例）在行进中右脚向前上步接球，左脚跟上一步并用力蹬地跳起，右腿抬起，右手将球举到肩上，起跳最高点时，持球手臂向篮筐伸展，扣手腕，将球投出。

【动作要点】

行进间单手肩上投篮时，接球后的一步要小，同时举球于肩上，投篮手在球到最高点时出手。

【练习方法】

①在篮下左、右侧做碰篮板投篮练习，体会碰板点和用力大小。

②距离篮球3~4米处，左脚在前，右脚在后，将球抛出反弹后，跨右脚时接球，用左脚向上起跳，抬右膝，举球单手将球投出。

③在中线左或右侧站立，做运球上篮。

4. 行进间单手低手投篮

【动作方法】

右手投篮时，一般右脚腾空接球落地，接球后的第一步稍大，然后第二步稍小继续加速，降低重心，用左脚向前上方起跳。腾空时间要短，持球手五指自然分开，托球的下部，手臂向上伸展，接近球篮时，手腕柔和上摆，食指、中指和无名指向上拨球，碰板或空心投篮（图5-6）。

【动作要点】

行进间单手低手投篮时，脚步同行进间单手肩上投篮，接球后用手掌托球，左脚用力蹬地起跳，右臂向篮圈伸展，从手掌、指端托球投出。

图5-6 行进间单手低手上篮

（五）持球突破

持球突破是摆脱防守直接运球上篮的一种攻击性很强的进攻技术，包括同侧步突破、交叉步突破等。

1. 同侧步突破

【动作方法】

以左脚做中枢脚为例，右脚向右前方跨出一步，上体向右侧转体探肩，重心向右移动，将球运到右脚外侧，左脚迅速向前跨出，运球突破。

【动作要点】

蹬跨积极，转体探肩保护球，第二次加速蹬地积极。

2. 交叉步突破

【动作方法】

以右脚做中枢脚为例，两脚左右开立，两膝微屈，身体重心降低，持球于胸腹之间。突破时，左脚前脚掌内侧迅速蹬地，上体稍右转，左肩向前下压，重心向右前方移动，左脚向右侧前方跨出，将球引于右侧，接着运球，中枢脚蹬地向前跨出迅速超越防守（图5-7）。

【动作要点】

蹬地跨步有力，起动突然，动作协调连贯。

图5-7 交叉步突破

• 突破的步伐

【练习方法】

①原地徒手或结合球做持球突破的各种脚步动作的练习，可在教师的口令下集体

做（图5-8）。

②每人1球，利用假动作做交叉步、同侧步突破的脚步动作练习，主要体会假动作、蹬跨、转体探肩、推放球加速几个技术环节的衔接和连贯动作（图5-9）。

• 有防守情况下的突破练习

【练习方法】

①在有防守情况下3人连续突破练习。如图5-10所示，①持球做投、突假动作吸引防守，然后做同侧步或交叉步突破，向前运球传给③，并立即防守③。③接球后用同样的方法突破，向前运球传给②，立即调整防守步伐并防守②。3人轮换攻防，依次练习。

②接球急停突破上篮练习。如图5-11所示，④为防守和供球队员，①传球给④后，做跑上一步急停接球，根据④的防守位置，用交叉步或同侧步持球突破上篮。自抢篮板球后运球至队尾。依次进行。

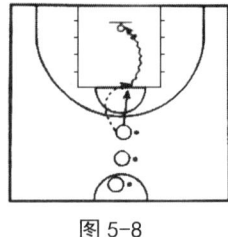 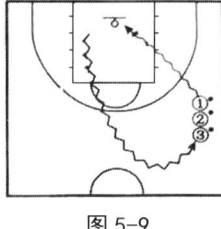  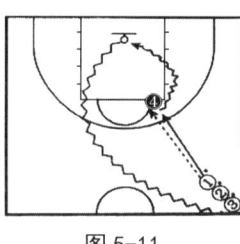

图5-8　　　　　图5-9　　　　　图5-10　　　　　图5-11

【易犯错误】

①交叉步持球突破时，由于跨步脚尖方向不对，造成转体过大。

②突破时侧身、探肩不够，身体重心高，后蹬无力，加速不快。

③运球突破时球的落点靠后，没有放在脚的侧前方。

④中枢脚离地面过早或中枢脚不以前脚掌作轴，突破瞬间未提踵，造成走步违例。

【纠正方法】

①反复示范正确动作，讲清动作关键，明确中枢脚概念，剖析造成错误动作的原因，建立正确动作的表象。

②多做徒手模仿练习，体会正确的要领，再在慢速中做持球突破练习，逐步提高突破速度。

③借助障碍架（或由他人用两手平举站立代替）进行练习。并提醒转身探肩和降低重心，强调加快速度和蹬地力量。

三、防守技术

（一）防守无球队员

【技术要点】

防守无球队员时，选位最重要，应时刻注意人、球、篮筐的位置，根据球的转移随时调整防守位置，集中注意力，张开手臂，随时断球。球近时，防守要面向对手；球远时，防守要侧对对手。

（二）防守有球队员

【技术要点】

防守有球队员时，要随时调整好防守位置和防守距离，对手接到球时，迅速到位防守，手脚紧密配合防守。防善于突破的对手时，平步站立、张开双臂扩大防守面积（图5-12）；防善于投篮对手时，两脚前后站立，一手上举，另一手侧举（图5-13）。

（三）抢断球

【技术要点】

图5-12　防守突破

抢断球的关键是判断准确、动作快捷，把握好时机，避免扑空或失误。抢断的技巧：

①在防守持球者时，要紧逼。每个球员都有自己的习惯的运球手，应紧逼其最习惯的一侧，迫使其背对防守者和篮筐。

②一旦其转身背对防守者时，要紧紧贴住他。同时，张开双臂、手掌，准备断球。

图5-13　防守投篮

③在对手伺机传球时，下手抢断球。如避免犯规，也可以先将球捅掉。

四、攻守战术基础配合

（一）进攻基础配合

1. 传切配合

传切配合是指队员之间利用传球和切入技术所组成的简单配合。它包括一传一切和空切两种。传切配合是一种最基本的简单易行的进攻方法，一般在对方采用扩大盯人防守战术或区域联防时运用。

一传一切配合：持球队员传球后，利用起动速度或假动作摆脱防守，向篮下切入接回传球投篮的配合。如图5-14所示，⑤传球给⑥，⑤向左侧做切入假动用，同时观察❺的移动情况，然后突然从右侧切入，接⑥的传球投篮。

空切配合：无球队员掌握时机摆脱对手，切向防守空隙区域接球投篮或做其他进攻配合。如图5-15所示，④传球给⑤时，⑥利用❻未及时调整位置的机会，突然横切或沿底线切向篮下接⑤的传球投篮。

【练习方法】

⑤、⑥两组每人1球，⑤传球给④后反方向切入接⑥的球投篮，⑥传球后快速横切接④的传球投篮。④、⑥抢篮板球后按顺时针方向换位，依次进行练习（图5-16）。

要求：切入动作规范，速度快，传、投准确，换位及时。

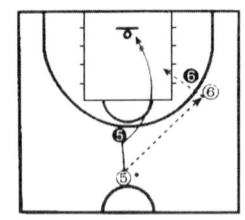  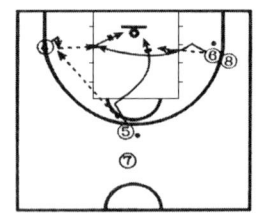

图 5-14　一传一切配合　　图 5-15　空切配合　　图 5-16　传切配合练习方法

2. 突分配合

突分配合是指持球队员突破对手后，遇到对手补防或协防时，及时将球传给进攻位置最佳的同伴进行攻击的一种配合方法。

【技术要点】

①队员在突破中动作要快速、突然，在准备投篮的同时，注意观察攻守队员的位置变化，及时、准确地将球传给进攻位置更好的同伴。

②当持球队员突破后，其他的进攻队员都要摆脱对手，离开原先的位置，切向空隙区域，准备接球进攻或抢篮板球。

【练习方法】

①练习方法 1：⑦接④的传球后，沿底线突破，当遇到固定防守队员❹的阻截时，及时传球给④投篮，⑦抢篮板球并与④交换位置，依次进行练习（图 5-17）。

要求：徒手队员可向不同方向移动，持球队员传球动作要隐蔽、及时、准确。

②练习方法 2：④接⑥的传球后，中路突破，当❻补防时将球传给⑥投篮，防守队员抢篮板球，④和⑥回原位防守⑤和⑦，依次进行练习（图 5-18）。

要求：突破时用身体保护球，无球队员不要过早移动，进攻结束后快速回原位防守，确保练习的连续性。

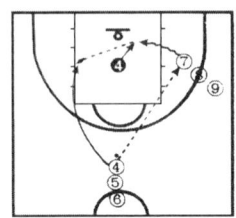 

图 5-17　突分配合练习方法 1　　图 5-18　突分配合练习方法 2

3. 掩护配合

掩护配合是指进攻队员选择正确的位置，借用自己的身体用合理的技术动作挡住同伴防守者的路线，使同伴借以摆脱防守，获得接球投篮攻击或其他进攻机会的一种配合方法。

【技术要点】

①被掩护队员应选择最佳的摆脱角度，以各种进攻动作吸引对方的注意力，隐蔽掩护意图。掩护时被掩护队员身体要靠近掩护者，以防对方挤过。当对方换防时掩护者应立即转身护送，参与进攻。

②掩护时同伴之间应掌握好配合时机，根据防守变化，组织中投、突破或内线进攻。

【练习方法】

①练习方法 1：练习者分成两组，立柱表示固定防守队员。队员⑦给④做侧掩护，④

贴近⑦的身体从右侧切入，⑦随之后转身跟进，④、⑦交换位置，然后⑧给⑤做掩护，依次进行练习（图5-19）。

要求：保持正确的掩护动作，掩护者与被掩护者两肩并紧，不留空隙，练习数次后，改变掩护方向。

②练习方法2：⑦将球传给④，④瞄篮或向左侧虚晃，当⑦掩护到位时，④突然向右运球突破投篮或传球给⑦，⑦后转身跟进准备接回传球或抢篮板球。④、⑦交换位置，依次进行练习（图5-20）。

要求：④突破时不要低头看球，把握好第一进攻机会直接投篮或伺机传球给⑦。

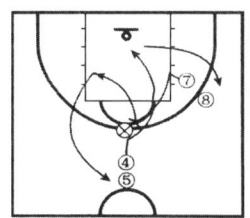 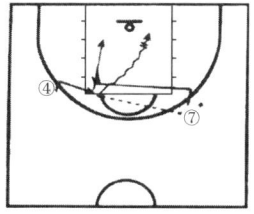

图5-19　掩护配合练习方法1　　图5-20　掩护配合练习方法2

（二）防守基础配合

1. 挤过

挤过配合是指对方进行掩护时，防守队员在掩护队员接近自己的一刹那，迅速抢前横跨一步贴近自己的对手，并从两个进攻队员之间侧身挤过去，继续防守自己对手的配合方法。

当对方距离球篮较近，外围队员想利用掩护投篮或由于身高的差别而不宜交换防守的情况下，运用主动性很强的挤过配合，可以破坏对方的掩护配合。

【技术要求】

①不要过早暴露挤过配合意图，以防止对方反方向切入。

②在两个进攻队员身体靠近以前，果断抢步贴近对手，快速侧身挤过。

③防守掩护者的队员应站在能够兼顾防守两个进攻队员的位置上，及时提醒同伴注意对方的掩护意图，做好可能换防的准备。

2. 交换

交换配合是指进攻队员做掩护配合时，防守掩护者的队员与防守被掩护者的队员及时主动地交换自己所防对手的配合方法。只要换防以后的新对手在身高和技术方面无明显的差别，运用交换配合可有效地遏制和破坏对方的掩护配合。交换配合通常在对方进行横向掩护时采用。

【技术要求】

①防守掩护者的队员应及时发出信号提醒同伴，相互换防堵截进攻队员的攻击路线。

②防守被掩护者的队员应及时撤步，在掩护队员转身切入前抢占有利的防守位置。

3. 夹击

夹击配合是指两个以上的防守队员，利用对手在场地边角运球或运球停止时，突然快速上前封堵和围夹持球者的一种防守配合方法。夹击配合是一种主动性、攻击性很强的防守配合方法，能有效地控制持球队员的活动，迫使对手失误，创造断球反击的机会。夹击配合通常在紧逼人盯人防守、区域紧逼防守或带有夹击式的扩大联防战术中运用。

【技术要求】

①当对手沿边线埋头运球或在场角、中线附近和限制区内运球停止时，是夹击的最好时机。

②夹击时两个防守队员的身体要靠紧，两臂垂直上举，随对方的球摆动，封堵其传球。

4. 补防

补防配合是指当防守队员被对手突破或出现漏防时，邻近的同伴大胆地放弃自己的对手，及时快速地进行补漏防守的一种配合方法。补防可以阻截对方一次直接的投篮和减少对方一次最有进攻威胁的机会。

【技术要求】

①防守队员应全面观察和判断场上出现的漏防情况，补防时应果断、迅速地抢占有利位置，避免犯规。

②被对手突破的防守队员应快速向补防队员方向移动，并观察对方的传球意图，争取抢断球。

5. 关门

关门配合是指邻近的两名防守队员协同堵截进攻队员运球突破的一种防守配合方法，通常在区域联防和半场人盯人防守战术中运用。

【技术要求】

①防突破的队员应及时向侧后方滑步卡位，堵住进攻队员的突破路线。

②邻近突破一侧的防守队员，应快速向同伴移动靠拢进行"关门"配合，同时根据持球队员的停球和传球，决定围堵和回防。

③"关门"配合时，防守队员两肩靠紧，微屈膝，含胸，两臂自然上举或侧举，发生身体接触时要用暗劲，避免受伤。

五、"2-1-2"区域联防与"1-3-1"进攻联防

（一）"2-1-2"区域联防

区域联防是指进攻转入防守时，全队队员迅速退回后场，按区分工各自负责防守一定区域的进攻对手，形成一定的防守阵势，把每个防守区域有机地联系起来，并随球进行协同移动防守的一种全队防守战术，也是篮球两大防守战术系统之一。区域联防战术最突出的特点是守区防人、防球和护篮。随着现代篮球运动战术打法向综合化发展，区域联防战术也有了较大的发展和完善。如扩大防守区域，增加共同防守的职责与区域；当进攻队员运球突破、空切、溜底线时，则打破防守区域界限而采用人盯人护送的方法，加强防守时的换位、补位和协同防守的配合；在半场、全场不同范围内采用区域联防战术配合，或在半场、全场不同范围内采用区域联防和人盯人防守两种战术相结合的配合，从而派生出对位联防和区域紧逼等针对性、攻击性、机动性与伸缩性较强的防守打法。"2-1-2"区域联防阵型如图5-21所示。

（二）"1-3-1"进攻联防

进攻区域联防时，首先以快制胜，不论在何处获得球权，都应抓住时机，发动快攻，力争在对方未落位分区布阵前进行攻击。快攻不成转为阵地进攻时，有以下几点基本要求：

①要有针对性较强的进攻区域联防的阵形，在阵地进攻时要注意对方的防守弱点。

②布置突破口和远投手，外投内抢，内外结合，并针对区域联防重于内线防守的特点，先取外线攻击以扩大其防守区域，形成真空地带，乘机展开移动穿插，投、突攻击，内外结合，使其在跟防、协防、补防的情况下顾此失彼，从中寻找更多攻击机会。

③由于区域联防严防篮下，有利于组织抢防守篮板球，因此，在投篮攻击后应组织拼抢进攻篮板球，并注意攻守平衡。

"1-3-1"进攻区域联防阵型如图5-22所示。

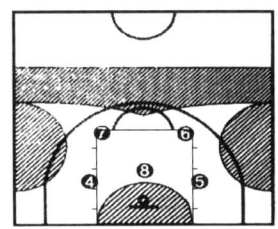

图5-21 "2-1-2"区域联防阵型　　图5-22 "1-3-1"进攻区域联防

篮球竞赛规则

第二节 足球运动

一、足球运动概述

（一）起源与发展

1. 古代足球

足球学习视频

古代足球起源于中国春秋战国时期的齐国，当时被称为"蹴鞠"，汉代开始流行，唐宋时期达到顶峰。蹴鞠曾与佛教一起被传入日本，日语及韩语中仍可见称足球为"蹴球"的用法便是受到中国的影响。到了清代，这项活动走向衰落。相传，希腊人和罗马人在中世纪以前就已经玩一种足球游戏，他们在一个长方形场地上，将球放在中间的白线上，用脚把球踢滚到对方场地上，当时称这种游戏为"哈巴斯托姆"。

2. 现代足球

世界各国公认现代足球起源于英国。1846年，英国剑桥大学为了适应本国各学校比赛而综合制定了一个简单的规则——"剑桥规则"。伦敦会议后，修改了这项规则，并制定了最早的足球竞赛规则，这是现代世界足球史上最早的足球竞赛规则。1863年，英国成立了世界上第一个足球组织——英国足球联合会，并制定了统一的足球规则，这一天被公认为现代足球的诞生日。此后，一些欧洲国家纷纷成立足球协会。

1885年，英国最先实现足球职业化，随后，西班牙、巴西、澳大利亚等国的足球也开始职业化，我国也于1994年开始了足球职业化进程。

目前，国际足球联合会已接纳了206个国家和地区的会员，是国际上规模最大的单项体育组织。

（二）特点

足球运动是以脚支配球为主，两队互相进行攻守对抗的一项体育运动项目。它是世界上开展最广泛、影响最大的体育项目之一，被誉为"世界第一运动"。足球运动是富有战斗性的、激烈对抗的项目；技、战术复杂，掌握动作难度大；比赛时间长、场地大、体能消耗大；竞赛规则和器材设备都比较简单。

二、基本技术

（一）颠球

颠球是指运动员用身体的各个有效部位连续地触击球，并加以控制，尽量使球不落地的技术动作。颠球是运动员熟悉球性的一种练习手段，以增强对球的弹性、重量、旋转及触球部位、击球时用力轻重的感觉。

【分类及技术】

1. 挑球

挑球是将地面静止的球挑起到空中进行颠球练习的第一步。对初学者来说是进行颠球练习入门的第一步。其方法是将支撑脚踏在球的侧后方25~30厘米处，膝关节微屈，牢固支撑身体重心，挑球脚脚前掌轻轻放在接近球顶部位，屈小腿（大腿微伸）将球轻轻拉向身体。当球被拉动后，前脚掌迅速地向往回滚动的球下伸去，在球滚至趾背的同时，脚趾伸（脚尖翘）、小腿微伸、大腿屈，并向前上方轻轻用力将球挑起（图5-23）。

图5-23 挑球

2. 双脚脚背颠球

脚向前上方摆动，用脚背击球，击球时踝关节固定，击球的下部。两脚可交替击球，也可一只脚支撑，另一只脚连续击球。击球时用力均匀，使球始终控制在身体周围（图5-24）。

图 5-24　脚背颠球

3. 双脚内侧、外侧颠球

抬腿屈膝，用脚的内侧或外侧向上摆动，击球的下部，两脚内侧或外侧交替击球（图 5-25）。

4. 大腿颠球

抬腿屈膝，用大腿的中前部位向上击球的下部，两腿可交替击球，也可一只脚做支撑，用另一侧的大腿连续击球（图 5-26）。

脚内侧颠球

图 5-25　脚外侧颠球　　图 5-26　大腿颠球

【易犯错误】

①脚击球时踝关节松弛，造成用力不稳定。

②击球时脚尖向下或向上勾，造成球受力后向前或向后触碰身体，使球难以控制。

③颠球时身体其他部位不够放松，以至于动作僵硬。

④头部颠球时腿部、躯干、颈部配合用力不协调，仅靠颈部。

大腿颠球

【练习方法】

① 1 人 1 球颠球。体会触球的时间、部位、力量和整个动作的协调配合。

② 2 人 1 球颠球。用脚背、大腿、头部以及身体各部位触球，掌握好触球的力量，尽量不让球落地。每人可触球 1 次颠给对方，也可触球多次互颠。

（二）踢球

踢球指运动员有目的地用脚把球击向预定目标的技术。踢球是足球技术中最重要的技术，主要用于传球和射门。

【技术环节】

踢球的方法很多，动作要领也有所不同，但是每一种踢法都是由助跑、支撑脚站位、踢球腿的摆动、脚触球和弧线球（香蕉球）踢法 5 个环节组成。

1. 助跑

助跑的作用在于调整人与球的方向、距离，以便在踢球时使支撑脚能够处于所需要的正确位置，从而增加击球的力量。助跑最后一步要大一些，这为踢球腿的充分摆动、增大摆腿速度、制动身体的前冲和提高击球的准确性创造了条件。

2. 支撑脚站位

支撑脚的位置要以踢球腿的摆动能达到最大的摆幅、发挥最大的速度和有利于踢球脚准确地接触球的合适部位为原则。支撑脚的位置一般是由所使用的踢球方法（脚法）来决定，凡采用的踢法需要踩在球侧后方的，一般距离球 25~30 厘米。踢活动球时，更要掌握好支撑脚的位置。因支撑脚落地球仍在继续运行之中，要把踢球脚后摆的时间计算在内。如追踢向前滚动的球时，支撑脚落地的位置要稍靠前，这样才能与球保持合适的距离。支撑脚要积极踏地以制动身体的前冲力量；膝关节要微屈，以维持身体的平衡和保证充分地摆腿和自如地踢球，因此，支撑脚实际上起着固定支点的作用。

3. 踢球腿的摆动

摆幅大、摆速快，踢出去的摆动动作是否正确，直接关系到踢球的力量、击出球速度和球的运行距离。踢球腿的摆动是在支撑脚跨步时（助跑最后一步）顺势由后向前摆。当膝盖摆到接近球的垂直上方或球内侧的垂直上方时小腿加速前摆。

4. 脚触球

包括踢球脚的部位和击球的部位。一般来说，用脚的某一部位击球的后中部，作用力通过球心，出球平直。当踢各种活动来球时，应准确判断来球的速度、方向等，根据出球目标，合理选择踢球脚及脚与球的部位。

5. 弧线球（香蕉球）踢法

主要运用脚背内侧或外侧击球，击球的作用力不通过球心，使球产生旋转，并沿着一定弧线运行。这种球具有一定的隐蔽性。

（三）各种踢球技术

【分类及技术】

踢球的方法很多，但主要有脚内侧踢球、脚背正面踢球、脚背内侧踢球、脚背外侧踢球和脚跟踢球等。

1. 脚内侧踢球

脚内侧踢球是用脚内侧部位踢球的一种方法。其特点是脚与球接触面积大，出球准确平稳，且易于掌握。但由于踢球时要求大腿前摆到一定程度时需要外展且屈膝，故大腿与小腿的摆动都受到限制，因此出球力量相对较小。

脚内侧踢球

（1）脚内侧踢定位球

直线助跑，支撑前的最后一步稍大些，支撑脚站在球的侧面约 15 厘米处，脚尖正对出球方向，支撑腿膝关节微屈。在支撑脚着地时，踢球腿大腿带动小腿由后向前摆动，在前摆的过程中大腿外展，当膝关节的摆动接近球的正上方时小腿做爆发式摆动，在触球前将脚跟送出使得脚内侧部位所形成的平面与出球方向垂直，踢球脚脚底与地面平行，脚尖微微翘起，踝关节功能性地紧张使脚型固定，触（击）球后身体跟随移动，髋关节向前送。

（2）脚内侧踢空中球

根据来球速度和运行轨迹及时移动到位，踢球腿大腿抬起（屈）并外展，小腿屈并绕额状轴后摆，利用小腿绕额状轴由后向前摆动。当摆至额状面时与球接触，击球的后中部。

（3）脚内侧踢各种方向来的地滚球

脚触球瞬间，支撑脚与球的相对位置能否保证与踢定位球时基本相同。出球方向应考虑与脚接触时的入射角及球运行的速度。由于来球方向不同，踢球腿摆动多数依靠小腿爆发式地摆动。

（4）脚内侧踢反弹球

根据来球落点及时移动到位，支撑脚的站位与球的落点应保持踢定位球时的相对位置。踢球腿摆动与踢定位球时相同。在球着地后刚弹离地面的瞬间用脚内侧击球的中部。

2. 脚背正面踢球（正脚背踢球）

脚背正面踢球由于其解剖特点，摆幅相对较大，加之用脚背踢球接触面（与球）相对较大，因而踢球力量也大，准确性也较强。但受以上的因素影响，出球的方向及性质相对变化较小。在比赛中经常使用脚背正面踢定位球、地滚球、空中球、反弹球及倒勾球。球的性质多为不旋转的直线球，但也可用来踢抽击性前旋球。

脚背正面踢球

（1）脚背正面踢定位球

直线助跑，最后一步稍大些，支撑脚积极着地支撑。在球的侧面10~12厘米处，脚尖正对出球方向，膝关节微屈，踢球腿随跑动向后摆动，小腿屈曲，支撑的同时踢球腿以髋关节为轴，大腿带动小腿由后向前摆动。当膝关节摆至接近球的正上方时，小腿做爆发式的摆动，脚趾屈，以脚背正面部位击球的后中部。击球后身体及踢球腿随球前移（图5-27）。

图5-27　脚背踢球

（2）脚背正面踢侧面半高球

根据来球速度及运行轨迹，选好击球点，身体侧对出球方向，身体向支撑脚一侧倾斜展腹，踢球腿抬起，大腿伸、小腿屈，大腿带动小腿由后向前急速摆动，用脚背正面击球的后中部，同时身体向出球方向扭转。击球后踢球脚随球前摆着地以维持身体平衡。

（3）凌空踢倒勾球

根据来球的速度、运行轨迹，选好击球点，及时移动到位。以踢球腿为起跳腿蹬地起跳，同时另一腿上摆，身体后仰腾空，眼睛注视来球，蹬地腿在离地后迅速上摆的同时，另一腿则向下摆动（以相向运动来保证身体在空中的平衡），以脚背正面击球的后部。踢球后，两臂微屈，手掌向下，手指指向头部相反方向着地，屈肘，然后背、腰、臀部依次滚动式着地。

（4）搓击球

搓击球是使用脚背正面与脚趾连接部位接触球的一种踢球方法。踢球腿的摆动主要依靠小腿的前摆。助跑和支撑与脚背正面踢定位球相同。当脚插入球下部触球的一瞬间，脚背屈，小腿做急速向下提摆动作，施加给球的力量不通过球的重心，使球产生回旋。

由于这种踢球可以使球产生强烈的回旋，并可在较近的距离达到一定的高度（越过头顶），落地后几乎不再向前反弹，故多用于越过近距离堵截后，对方补位队员来不及补位，同队队员可立即控制球的情况。也用于罚任意球（越过"人墙"传给"人墙"后的同伴）。

（5）抽击球

抽击球是一种用脚背正面踢下落的空中球（膝关节以下）及地面球（多为定位球）的方法。由于踢球的力量不通过球的重心，能使球产生强烈的前旋，球飞行一段后出现迅速下坠的现象，给对手造成错觉，故抽击球多用于远射，尤其当守门员弃门在外活动时。

3. 脚背内侧踢球（内脚背踢球）

这是一种用第一跖骨及跖趾关节部位触击球的踢球方法。其技术结构与前两类踢球方法相同，但技术细节则有所区别。

（1）脚背内侧踢定位球

斜线助跑，助跑方向与出球方向约成45°，最后一步稍大，以支撑脚底积极着地，脚尖指向出球方向，距球内侧后方20~25厘米，膝关节微屈。在支撑同时，踢球腿已完成后摆，并开始以髋关节为轴大腿带动小腿由后向前摆动，当大腿摆至与支撑腿接近同一平面时，小腿做爆发式摆动，此时脚尖外转、脚背绷直，以脚背内侧部位触击球。击球后踢球腿及身体继续随球向前（图5-28）。

图5-28 脚背内侧踢球

（2）脚背内侧踢各种方向来的地滚球

根据来球的速度、运行轨迹，选好击球时的位置并及时移动到位。在选择支撑点时应考虑到来球的情况和摆腿的速度，以保证脚触球的瞬间，球与脚的相对位置仍能保持规格要求。

（3）脚背内侧踢反弹球

根据来球的落点及时移动到位，在球离地（反弹）的瞬间踢球，其他的动作要求与踢定位球相同。这种踢球方法多用于踢侧方或侧前方来的空中下落的球。

（4）脚背内侧踢空中球（侧面半高球）

根据来球速度、运行轨迹，选好击球点并及时移动到位，身体侧对出球方向，用来球方向的异侧脚支撑，支撑脚脚尖指向出球方向，身体向支撑脚一侧倾斜，展腹。支撑脚站位后，大腿带动小腿由后向前摆动，当大腿摆至接近与击球点成一直线时，小腿做爆发式摆动，用脚背内侧击球的后中部。同时，身体向出球方向扭转，眼睛始终注视球。击球后，踢球腿顺势前摆以维持身体平衡。

（5）脚背内侧削踢定位球（香蕉球）

踢弧线球时，脚背内侧部位击球的后中部，摆腿的方向不通过球心，沿弧线前摆，在击球的瞬间，踝关节用力向内转，使球侧旋沿弧线运行。

4. 脚背外侧踢球（外脚背踢球）

脚背外侧踢球是用第三、四、五跖骨部位接触球的一种方法。由于踢这种球的脚踝灵活性较大，摆腿方向变化较多，且助跑时又是正常的跑动姿势，故其出球隐蔽性较强，足球比赛中各种距离的弧线球及非弧线球均可使用。

脚背外侧踢球

（1）脚背外侧踢定位球

助跑、支撑脚站位及踢球腿摆动均与脚背正面踢球技术的3个环节相同，脚触球是用脚背外侧部位。此时要求膝关节和脚尖内转，脚背绷紧，脚趾紧屈并提膝，触（击）球后身体随踢球腿的摆动前移。

（2）脚背外侧踢地滚球

可用于踢前方、侧前方及正侧方、侧后方来的地滚球。踢球的动作规格要求与踢定位球相同，但支撑脚站位时应考虑球的滚动速度，以保证在脚触球的瞬间支撑脚与球的相对位置符合规格要求。

（3）脚背外侧削踢定位球（香蕉球）

用脚背外侧部位击球的后中部，摆腿的方向不通过球心，沿弧线前摆，使球侧旋沿弧线运行。

5. 脚跟踢球

这是用脚跟（跟骨的后面）接触球的一种踢球方法。球在支撑脚外侧时，踢球脚在支撑脚面交叉摆到支撑脚外侧用脚跟击球。

【易犯错误】

1. 踢定位球

①支撑脚位置偏后，踢球时身体后仰或臀部后坐，脚触在球的后下部，踢出球偏高。

②踢球腿的后摆较小或没有后摆，而仅是将球踢出以致前摆过分，造成踢球无力或出球较高。

③在前摆过程中小腿爆发式地摆动过早，使得脚触球时并非是小腿摆速最大之时，因而出球无力（对出球方向也有影响）。

④踢球腿摆动方向不正，以致踢球施力方向没通过球的重心，出球旋转。

⑤脚趾屈得不够，以致不能用脚的正确部位触球，出球力量和方向均受到影响，且易损伤脚趾。

⑥踢球脚与球接触时未能按要求接触球的合理部位，影响了出球的准确性，对出球力量及性质也相应产生影响。

2. 踢地滚球

①支撑脚部位不当，没有根据来球的方向、速度、性能等选择支撑脚的位置，也没有

对自己踢球腿的摆动速度加以控制。

②没有根据来球的方向和速度合理选择助跑路线和脚法。

3.踢空中球

①支撑脚位置或摆腿击球时间不当，造成出球踢空现象。

②踢球的部位不准，出球偏离预定目标。

4.踢旋转球

①削球太"薄"，出球乏力。

②削球太"厚"，球的转速差，弧度小。

③踢球时不会做沿球面弧形摆动，影响球的旋转效果。

【练习方法】

1.各种踢球技术动作的模仿练习

在地面设想有一目标（足球），跨步上前做踢球动作，然后过渡到几步慢速助跑的踢球模仿动作练习，最后可做快速助跑踢球的模仿动作练习。练习中应注意要求有设想球，尤其注意设想触球一瞬间踢球脚踝关节的固定和脚背绷紧。

2.利用足球墙和标杆做踢旋转球的练习

可将标杆插在踢球者与墙之间，标杆与人及墙的距离视需要而定，开始可大些，当技术掌握后再逐步缩小。各种旋转球的练习都可以利用足球墙进行，尤其对初学者，使用足球墙既可充分利用练习时间增加练习次数，又能使练习者较好地集中注意力掌握技术规格。对于要求提高技术的练习者，足球墙同样也是一个有力的帮手。

3.各种脚法的两人练习

不论是传球还是射门的练习，都可两人进行，若两人练习踢定位球，则辅以接球练习；若进行踢活动球练习，则可相隔一定的距离进行不停顿的连续传球练习。可一人用脚底挡球，另一人踢球。两人进行射门练习时，可采取一人传球一人射门，可根据需要传出各种性能和各种类型的球供射门练习。两人一组的练习还可以进行有对抗的传射练习。

（四）接球

接球是指运动员有目的地用身体的合理部位把运行中的球接下来，控制在所需要的范围内，以便更好地衔接下一个技术动作。接球是为下一个动作服务的，接球质量的好坏直接影响下一个动作的顺利完成。

【技术环节】

无论采用哪一种接球方法，动作结构都是由以下4个环节组成。

1.观察和移动

为了完成接球动作，事先要注意观察来球的情况。从球的运行路线、球的旋转与速度等情况中，迅速判断落点，及时移动，使自己能处于做接球动作时所需要的最佳位置。

2.选择接球的部位和接球方法

接球的不同部位和采用不同的方法，各有其不同的作用。

3. 改变来球的力量

根据来球力量大小和接球实际需要，可分别采取加力或减力（缓冲）方法。

4. 随球移动

接球动作做完后立即随球移动，紧密衔接下一个动作，在接球与处理球的动作之间不能有停顿。

【分类及技术】

接球的方法有多种，常用的有脚内侧、脚背外侧、脚背正面、脚底、大腿、腹部、胸部、头部等部位的接球。

1. 脚内侧接球

由于脚内侧触球面积大，动作简单，较易掌握，比赛中经常使用这种技术接各种地滚球、平球、反弹球、空中球（图5-29）。

（1）脚内侧接地滚球

支撑脚脚尖正对来球，膝关节微屈，同侧肩正对来球。接球腿提膝大腿外展，脚尖微翘，脚底基本与地面平行，脚内侧正对来球并前迎，当脚内侧与球接触的一刹那迅速后撤，把球接在脚下。若需要将球接在侧面时，支撑脚脚尖应向同侧斜指，脚内侧与来球方向成一定角度触球，同时支撑脚提踵，以前脚掌为轴做适当转动，身体移动。当来球力量不大时，只需将脚提到一定的高度，并使脚内侧与地面形成锐角轻触球。也可在触球时用下切动作使球前进之力部分转变为旋转力，而将球接在脚下。

（a）接滚地球　　（b）接反弹球　　（c）接空中球

图5-29　脚内侧接球

（2）脚内侧接反弹球

根据来球的落点，及时移动到位，支撑脚与球落点的相对位置在球的侧前方，支撑腿膝关节微屈，身体向接球后球运行的方向偏移。接球腿提起小腿且放松，脚尖微翘，脚内侧对着接球后球运行的方向并与地面成一锐角。当球落地反弹刚离开地面时，大腿向接球后球运行的方向摆动，用脚内侧部位轻推球的中上部。

（3）脚内侧接空中球

根据来球的速度及运行轨迹，及时移动到位。若为抛物线较小的平空球则应根据临场的实际情况选择适当高度的接球点，将接球腿抬起，使脚内侧部位对准来球的方向并前迎，脚在接触球的一瞬间后撤，并将球接在所需的位置上。

2. 脚背外侧接球

（1）脚背外侧接地滚球

将接球点放在接球腿一侧，支撑腿膝关节微屈。接球腿提起屈膝，脚内翻使小腿和脚背外侧与地面成一锐角，并对着接球后球运行的方向，脚离地面的高度应略等于球的半径，然后大腿向接球后球运行的方向推送，同时身体随球移动。

（2）脚背外侧接反弹球

根据来球的落点及时移动到位，支撑脚站在来球落点的侧后方，除触球部位外，其他环节均与脚背外侧接地滚球相同。

3. 脚背正面接球

这种方法多用于接有较大抛物线的来球。根据球的落点，及时移动到位，脚背正面上迎下落的球，当球与脚面接触的一瞬间，接球脚与球下落的速度同步下撤，此时大腿、膝关节、踝关节、脚趾均保持适度的紧张，脚尖微翘将球接到需要的地方。

4. 脚底接球

由于脚底接球技术便于掌握，易于将球接到位置，故常被用来接各种地滚球和反弹球。

（1）脚底接地滚球

身体正对来球方向，移动前迎，支撑脚站在球的侧面（或前或后均可），脚尖正对来球方向，膝关节微屈。同时接球腿提起，膝关节微屈，脚略背屈，使脚底与地面成约小于45°角（且脚跟离开地面），一般以前脚掌接触球的后上部为宜。在触球瞬间接球脚可轻微跖屈（前脚掌下点）将球停住，也可根据需要在接球同时将球推向前方或拉向身后。

（2）脚底接反弹球

根据来球落点，及时前移迎球，支撑脚站在落点侧后方，脚尖正对来球方向，球落地瞬间，用前脚掌去触球的中上部，微伸膝，用脚掌将球接在体前。若需接在身后则应在触球瞬间继续屈膝，将球回拉，并伴随支撑脚以前脚掌为轴旋转90°以上。

5. 大腿接球

大腿接球一般可以用来接抛物线较大的高空球和略高于膝的低平球。

（1）大腿接抛物线较大的下落球

面对来球方向，根据球的落点迅速移动到位，接球腿大腿抬起，当球与大腿接触的瞬间大腿下撤将球接到需要的位置上。

（2）大腿接低平球

面对来球方向，根据来球高度，接球腿大腿微屈，送髋前迎来球，当球与大腿接触瞬间收撤大腿，使球落在所需要的位置上。

6. 腹部接球

在激烈的比赛中为了抢点控制球，根据比赛的需要也可使用腹部接球。

（1）腹部接反弹球

接球者的身体正对来球方向跑动，判断好球的落点，身体前倾，腹部对准落地反弹的球，腹直肌保持紧张，推压球前进。也可在触球瞬间身体侧转，将球接向所需要的侧面。

（2）腹部接平空球

来球较突然且与腹部同高时，应先挺腹，在腹与球接触瞬间迅速含胸收腹，将球接下来。

7. 胸部接球

由于胸部接球部位较高，加之胸部面积大、肌肉较丰满等特点，易于掌握，故是接高球的一种好方法。胸部接球包括挺胸式、收胸式两种方法。

（1）挺胸式接球

面对来球站立（两脚左右或前后开立），两膝微屈，重心置于支撑面内，上体后仰，下颌微收，两臂自然张开，维持身体平衡。接触球瞬间，两脚蹬地，膝关节伸直且胸部轻托球的下部使球微微弹起于胸前上方。

对于较高的平直球也可采用这种方法将球接于胸前，但触球瞬间膝关节应由直变屈，脚由提踵状态变全脚掌落地，整个身体保持接球时的姿势，下撤将球接在胸前。

（2）收胸式接球

多用于接齐胸高的平直球。面对来球，两脚左右或前后开立，两臂自然张开，挺胸迎球，触球瞬间收胸、收腹、臀部后移将球接在体前。若需要将球接在体侧时，则触球瞬间转体将球接在转体后相应的一侧。

8. 头部接球

高于胸部的来球可用头部接球。根据球的运行路线，面对来球，用前额正面接触球的中下部。下颌微抬，两臂自然张开，提踵伸膝，触球瞬间全脚掌着地，屈膝、塌腰、缩颈，全身保持上述姿势下撤将球接在附近。

【易犯错误】

1. 接地滚球

①球从脚下漏过。主要原因是未掌握好脚的触球部位距离地面的高度。

②接球时将球卡死在接球地点（本想接成活动球），触球的部位过高（接近球的直径）。

③接球后，球未能到达理想的位置，缓冲、加力或触球时所形成的反射角不当。

④接球后身体不能及时跟上，影响控制球。

2. 接反弹球

①球从脚下漏过，未能准确判断球的落点和从地面反弹的路线。

②接球时将球卡在触球点，影响下一个动作的衔接。

3. 接空中球

①对球在空中运行的速度与轨迹判断不准确，或迟或早、或高或低而造成漏接。

②未能将球接到理想的位置。

4. 接旋转球

①对运行中旋转球速度轨迹判断不准确，造成接球时间和接球点选择失误。

②接触球时未考虑旋转球的特点，完全按不旋转球的技术处理，或者对旋转球的转速估计不准确，造成接球力量和方向的错误，不能将球接到理想的位置上。

【练习方法】

1. 个人接球技术练习

①利用足球墙进行练习。采用足球墙练习各种方法接地滚球。由开始原地接逐渐过渡到迎上去接，或开始接在脚下，逐渐过渡到接到所设想的适宜的位置上去。根据需要可加大踢球力量，提高反弹球速，增加接球难度。另外，也可练习接反弹球与空中球，但利用

足球墙进行接旋转球的练习效果不佳。

②个人将球踢高，然后进行接反弹球的各种练习（也可以用手抛起后再进行练习）。

2. 多人接球技术练习

①正面接地滚球。2人对面站立，相距10米左右，一人踢地滚球，另一人迎上去接球。

②2人在跑动中进行传接球练习。2人1组使用1球，在一定范围内跑动中练习，要求接球时尽量使用多种方法，传球时可传出各种性质的球，距离近时以地滚球为主，距离远时以空中球为主，以提高接球能力。

③2人1组对面站立，相距5米左右，一人用手抛球，一人接各种空中球的练习（如大腿、腹部、胸部、头部），可逐渐加大距离、加大力量（或增加旋转）以适应各种变化的来球。

（五）运球

运球技术从狭义上讲，仅指运球的方法，即指用身体的某一部分触球，使球能随运球者一起运动；从广义上讲，则不仅让球随人运动，还必须越过对方的防守，也就是说如何使用这些运球方法达到越过对方防守的目的。这里就包含了运球方法的运用问题。

【技术环节】

运球技术动作通常是由运球方法的选择与准备、跑动中间断触球、为下一动作的连接做好准备3个环节组成。

1. 运球方法的选择与准备

这一环节的进行是根据临场情况瞬间做出，而且随时根据需要改变运球方法，所以仅指开始实施运球技术时所应进行的。

2. 跑动中间断触球

这一环节是运球技术的最关键部分，当开始实施运球技术后，应根据临场情况的需要使用适宜部位去间断触球，并使球始终处在自己的控制范围内。为了达到这个目的，必须注意如何避开（或越过）对手，注意触球时的力量及球运动的方向。运球跑动要协调自然、重心低、步幅小、频率快，这些要求是根据比赛的实际提出的。协调自然的跑动能使动作自如，变向、变速较易进行。重心低便于突停突起，变换方向，而且不易在对抗中失去平衡。频率快是为了利于动作随时变换，并能随时触到球以保持对球的控制权。运球过程中眼睛不要只注视在球上而应注意周围情况，这样才能在临场情况发生突然变化时迅速采取措施，并将球控制到所需要的位置上去。

3. 为下一动作的连接做好准备

这里主要是指运球的任务已经结束，接着需要传球和射门时，球所处的最佳位置，以及身体应处于何种状态更有利于下一个动作。

【分类及技术】

常用的运球技术有脚内侧、脚背正面、脚背外侧、脚背内侧运球，以及其他运球。

1. 脚内侧运球

要求在运球前进时支撑脚始终领先于球，位于球的侧前方，肩部指向运球方向，支撑腿膝关节微屈，重心放在支撑腿上，另一条腿提起屈膝，用脚内侧推球前进。由于肩部指向运球方向，身体侧转，虽然移动速度较慢，但身体前倾有利于将对方与球隔开，因而这种技术多用在运球寻找配合传球时，或有对方阻拦需用身体做掩护时。

脚内侧运球

2. 脚背正面运球

运球时身体保持正常跑动姿势，上体稍前倾，步幅不宜过大，运球脚提起，膝关节稍屈，髋关节前送，提踵，脚尖下指，着地前用脚背正面部位触球后中部将球推送前进。由于脚背正面运球时身体持正常跑动姿势，故可以发挥出较快的速度，因而这种技术多用在运球前方一定距离内无对手阻拦时。

3. 脚背外侧运球

运球时身体保持正常跑动姿势，上体稍前倾，步幅不宜过大，运球腿提起，膝关节稍屈，髋关节前送，提踵，脚尖绕矢状轴向内旋转，使脚背外侧正对运球方向，在运球脚落地前用脚背外侧推拨球的后中部。

4. 脚背内侧运球

身体稍侧转并自然协调放松，步幅小，上体前倾，运球腿提起外展，膝微屈外转，提踵，脚尖外转，使脚背内侧正对运球方向。在运球脚落地前用脚背内侧推拨球，使球随身体前进。脚背内侧运球由于身体稍侧转，不能采用正常跑动姿势，因而不适用于高速运球。但由于接触部位和支撑位置的特点易于完成向支撑脚一侧的转动，故多用于向支撑脚一侧的转动变向运球。

5. 其他

（1）拨球

利用脚踝关节侧向的转动，以达到脚背内侧或脚背外侧触球，将球拨向身体的侧前方、侧方、侧后方的目的。在过人时若使用拨球，还要在拨球后立即跟上推球，使球按预定方向运行。

（2）拉球

将前脚掌放在球的上部或侧上部，另一脚在球的侧后方支撑，然后触球脚向后下方用力将球拉回。回拉球一般都是在躲开或引诱对方出脚抢球的瞬间将球拉回造成对方抢球落空，使其重心随抢球脚前移，乘对手难以返回的瞬间将球迅速推送出去越过防守者。拉球时，除了往回拉以外，也常使用接触球的上部向左右侧拉球。

（3）扣球

这种方法与拨球相同，不同的是它的用力是突然的并伴随着突然转身或急停，使对手在来不及调整重心的瞬间，突然从反方向推送球越过对手的防守。

（4）挑球

用脚背部位触球的下部并突然向上方挑起，在对手来不及实施挡球动作时球已越过，运球者随球迅速跟进。注意球一般不要挑得太高。

【运球过人方法】

前面所述仅是运球的基本方法，掌握这些基本方法后，在无对手阻拦时可以将球控制在自己的周围。但若遇到对手阻挡时，必须恰当地综合使用这些方法，抓住对手瞬间出现的漏洞，才能达到越过对手的目的。

1. 利用速度强行过人

持球者以突然的快速推拨球（力量较大）并与快速的奔跑相结合越过对手的阻挡。这种方法主要是利用自己的起动速度或抓住对手突停突起时所耽误的时间。

2. 利用身体的掩护强行过人

当持球者接近对手时双方速度减慢，持球者侧身用身体靠住对手以另一侧脚将球拨出，同时转身将对手倚在身后并随球越过对手。

3. 利用变速运球过人

对手在持球者侧面，持球者用另一侧脚运球，利用运球速度的变化达到甩掉对手或越过对手的目的。这种方法主要针对防守者是被动的，容易被运球者甩掉达到过人的目的。

4. 恰当地组合推、拨、挑、扣、拉、颠等动作过人

以单脚或双脚轮流选用上述动作，使组合起来的动作适时地变化运球的方向与速度，使对手难以判断过人的方向与时机，或造成对手重心出现错误的移动，运球者抓住其漏洞而越过对手。

5. 利用穿裆球过人

当运球者遇到对手从正面阻挡时，发现对手两脚开立较大，而且重心在两脚之间，运球者应侧身运球接近对手，抓住时机将球从对手两脚之间推（拨）过，身体也随着从防守者侧面越过并控制球。还可以用假动作引诱防守者使其两腿分开较大，然后再使球穿裆而过。这种过人的方法有时可以收到奇效。

6. 人球分路过人

当防守者出脚抢球时，运球者抢先将球推（拨）到前方，而防守者的抢球脚未触到球着地时，身体重心也移过来了，这时运球者迅速从防守的另一侧越过去控制球，防守者再转身起动很难追上。若以推球时使用"蹭"的方法，蹭出弧线球来，就更有利于运球者越过防守者后控制球。

比赛中运球过人的方法很多，只有熟练地掌握上述各种运球方法和动作，并注意处理好下面两点因素，才能在比赛中较有把握地完成运球过人。

①注意观察对手所处的位置，然后再决定自己所采取的过人方法。运球者应根据临场防守者所处的位置及状态来决定自己应采取的过人方法。

②掌握好过人时机。过人的时机要根据临场防守者的情况而定。如运球行进速度很快时，则应离对手距离近些再实施过人动作，否则对手将有时间转身起动将球追上。用假动作过人时，应善于利用对手因判断错误而造成重心移动的时机实施过人动作，这样对手再调整重心已为时过晚。

【易犯错误】

①眼睛只盯着球，不能随时观察周围情况，因而不能根据临场情况及早采取措施。

②身体僵硬影响了动作的协调自如，造成不恰当地触球，或触球时力量过大。
③运球技术运用不合理，造成脚尖捅球。
④运球时步幅过大，重心偏高，不能随心所欲地触球控球。
⑤由于触球部位不恰当，运球时球不能按照运球者的意图运行。

【练习方法】

①在慢跑中分别用单脚脚内侧、脚背正面、脚前外侧运球，运球方向沿直线进行。

②在慢跑中沿弧线运球，用脚内侧、脚背内侧、脚背外侧沿中圈线做顺时针、逆时针运球练习。

③慢跑中单脚交替用脚背内侧和脚背外侧运球沿折线进行。

④在慢跑中双脚交替用脚背内侧运球沿折线进行。

⑤拨球练习。在一定范围内自由运球，按手势用一只脚做支撑，另一只脚用脚背内侧或外侧拨球绕支撑脚做圆周运球，两脚轮流练习。

⑥拉球练习。在一定范围内自然运球，听哨音后用一只脚做支撑脚，另一脚用脚前掌触球顶部，接球绕支撑脚做圆圈运动，一步一步拉球。

⑦接球转身180°运球练习。在一定范围内自由运球，听哨音后用一只脚支撑，另一只脚拉球至身后，沿拉球脚一侧转体180°继续运球。

⑧扣球转身变向运球练习。在一定范围内自由运球，听哨音后用一只脚支撑，一脚用脚背内侧做扣球，使球改变方向应在90°以上，身体随其转动沿改变后的方向继续运球。

⑨单脚交替后拉球转体180°练习。如先用左脚支撑，右脚拉球向后转体180°，右脚迅速着地做支撑，左脚踏在球顶部，如此交替进行。

⑩扣拨组合练习。每人1球沿折线向前运球，运球中用右脚脚背内侧扣球，扣球后用右脚支撑，接着左脚脚背外侧立即向斜前方拨球，可继续运2步球（或不运球），然后右脚支撑，左脚脚背内侧向右斜前方扣球后成左脚支撑，接着用右脚脚背外侧向斜前方推拨球，依此进行。进行这种练习应注意扣球方向能保证运球路线沿折线行进，扣球变向的角度不可太大，扣球后另一只脚应立即用脚背外侧拨球。

⑪扣推组合练习。运球中，右脚脚背内侧侧向（或侧后向）扣球，左脚脚内侧推直线球，依此交替进行。

⑫拉推（拨）组合练习。用右脚将身前的球接到身后，接着用脚内侧（或脚背外侧）向同侧斜前方推（拨）出，跟上后继续运球，重复上述动作，两脚轮流进行。

（六）抢截球

抢截球技术是指运动员在规则允许的范围内，使用身体的合理部位将对手的控球权夺过来或破坏掉。

【技术要点】

抢截球技术的动作结构是由选位、抓住时机实施抢截动作、实施抢截动作后与下一动作紧密衔接3个环节组成。

1. 选位

选位包括对对方控制球情况和接应队员情况的观察，对对方意图的分析、判断，根据观察、分析和判断，及时移动到实施抢截球最有利的位置上。这一环节虽短暂，但它是成功实施抢截球的先决条件，不具备这些条件，抢截球则是盲目的。有时为了抢截成功，在条件允许的情况下，可以拖长这一环节的时间和过程，甚至引诱控球队员作出错误的决定，以达到抢截球的成功。

2. 抓住时机实施抢截动作

在实施抢截动作时，时机是最重要的因素，过迟或过早都会影响抢截的效果，甚至造成失败。一般来说，抢截的时机可分为两种：一种是对个人控球企图越过防守时的抢截时机，这种情况多是在控球者做触球动作后，触球脚即将落地或重心已移至即将落地的触球脚时，此时实施抢截动作，持球者已无法再改变球的运行路线。另一种为对方传接球过程中的抢截时机，这种时机都是在对方将球传出后未被同伴接到前，抢先出击截获或触及球。时机的选择与选位直接有关，而使用的抢截动作又与时机的选择有密切的关系。

3. 实施抢截动作后与下一动作紧密衔接

在实施抢截动作后，应迅速使身体恢复到下一个动作所需要的状态和位置。抢截技术需要在不同情况下使用不同的抢截动作，有时在实施抢截动作时会使身体呈现各种状态，可能不利于下一个动作的连接（例如，倒地铲球后身体已失去正常状态），为保证与下一动作的紧密连接，应使身体恢复到所需要的状态和位置。

【技术动作】

1. 正面跨步堵抢

抢球者两脚前后开立，迎着运球者而站，两膝微屈，身体重心下降并置于两脚间。当运球者与抢球者间的距离缩小到一定范围（即抢球者上前跨一大步可能触及球），运球者脚触球后即将落地或刚刚落地时，抢球者后脚用力蹬地并跨步向前，以脚内侧去堵截球，当已堵住球时，另一只脚应迅速上步。若抢球脚堵住球，对手也堵住球时，则抢球者应将另一只脚迅速前移做支撑脚，抢球脚在不脱离球的情况下迅速向上提拉，使球从对手脚面滚过，身体重心也迅速跟上并将球控制好。

2. 合理冲撞抢球

当防守者并肩与运球者跑动追球时，防守者重心稍下降，靠近对手一侧的手臂紧贴身体，利用对方同侧脚离地的过程，用肘关节以上部位适当冲撞对手同样部位，使对手身体失去平衡，乘机将球控制住。

3. 正面铲球

移动接近控球者，膝关节微屈，重心下降，当控球者触球脚触球后尚未落地时，抢球者双脚沿地面向球滑铲，随即用手扶地做向一侧的翻滚，并尽快起身。

4. 异侧脚铲球

当双方都不能用正常的动作触球时（指跑动中），防守者应根据与球的位置，同侧脚用力蹬地使身体跃出，异侧脚向前沿地面对着球滑出，脚底将球铲出，然后小腿外侧、大腿外侧、手依次着地。或铲出球后身体向铲球腿一侧翻转，手撑地后立即起身，使身体恢复到与下一动作衔接的状态和位置。

5. 同侧脚铲球

防守者在跑动中根据双方离球的距离作出判断,当对手不能立即触球时,用异侧脚用力蹬地,使身体向前方跃出,同侧脚沿地面向前滑出的同时向外摆踢(脚踝应有向外的动作),用脚背外侧将球踢出,也可用脚尖将球捅出。接着向对方一侧翻转,手撑地迅速起身恢复到下一个动作所需要的位置。

在激烈的比赛中,由于铲球可以更大限度地争取时间和扩大控制面而被广泛地运用到踢球、接球、运球、抢球技术中去。这项技术应引起高度的重视。

(七)头顶球

【分类及技术】

1. 前额正面头顶球

这是由额肌覆盖着的额骨正面部分去击球的一种动作方法,接触部位为前额部位。

(1)原地头顶球

身体正对来球方向,眼睛注视运动中的球,两脚左右开立(或前后开立),膝关节微屈,重心置于两脚间的支撑面上(或后脚上),两臂自然张开。当球运行到将垂直于地面的垂线时,两腿用力蹬地,迅速向前摆体,微收下颌。在触球瞬间颈部做爆发式振摆,用前额正面击球中部,上体随球前摆。

(2)跑动头顶球

顶球的动作要领与原地顶球相同,只是第一环节应正对来球跑出抢点。球顶出后,由于跑动速度较快,为保持平衡身体须随球向前移动。

(3)原地跳起头顶球

这种技术用在本方或对方传来高球时运用。两膝屈,重心下降,然后两脚用力蹬地起跳,同时两臂屈肘上摆,在身体上升阶段展腹挺胸,两臂自然张开,眼睛注视来球,身体自然成背弓。当球运行至身体额状面时,迅速收腹,上体前摆,触球瞬间颈部做爆发性振摆,用前额正面将球顶出。同时,两腿向前做振摆,球顶出后两腿屈膝、屈踝落地。

(4)跑动跳起头顶球

一般助跑跳起顶球时都使用单脚起跳。根据来球的速度、运行轨迹,选好起跳位置,及时跑到起跳点。起跳前一步稍大些,起跳脚用力蹬地跳起,同时另一腿屈膝上摆,两臂屈肘自然上提。其余各环节与原地跳起头顶球相同。

(5)鱼跃头顶球

对于离身体较远的低空球来不及移动到位处理,必须抢点击球时(如抢救险球、射门等)可使用鱼跃头顶球技术。当判断好来球的路线和选择好顶球点后,以单脚或双脚用力向前蹬地,身体接近水平状态向前跃出,同时两臂微屈前伸,手掌向下,眼睛注视来球,利用身体向前跃出的冲力,以前额正面顶球。顶球后,两手先着地,手指向前,接着以胸部、腹部和大腿依次着地。

2. 前额侧面头顶球

(1)原地头顶球

根据来球的运行速度、运行轨迹,及时移动到位。两脚前后开立(或左右开立),出球方向的异侧脚在前，重心逐渐过渡到前脚上，眼睛注视来球，前膝微屈，两臂前后自然张开。当球运行至体前上方时，用力蹬地，前脚掌适度旋转，上体随着向出球方向扭摆，同时用力向击球方向甩头，以前额侧面击球的后中部。

（2）跑动头顶球

与原地额侧头顶球动作要领相同，不同的是此动作是在快速跑动中开始和完成的，注意完成动作后的身体平衡。

（3）跳起头顶球

分为原地跳起顶球和助跑跳起顶球。起跳动作及第一环节与前额正面跳起头顶球相同。在起跳后的身体上升阶段，上体向出球的相反方向侧摆，在身体达到最高点时，上体急速向出球方向摆出，颈部扭摆甩头，用前额侧面击来球的后中部，将球击向预定的目标。落地时，屈膝以缓冲落地力量并保持身体平衡。

（八）假动作

假动作渗透在各种技术中，如踢球、接球、顶球、运球、抢截球、掷界外球及守门员技术等。

【技术特点及应用】

由于各类技术中均有假动作，为了分析方便，下面将按照假动作的特点，从两个方面进行概括分析。

1. 决定使用何种假动作并加以实施

比赛中根据临场的需要及时作出使用何种假动作的决定。如在运球过人时，要根据对手的技术特点、当时所处状况、周围对手的状况及同伴的情况，选择运球过人假动作并加以实施。在实施假动作时动作必须逼真，假动作暴露的程度及实施假动作的速度要适当。假动作的实施并非都是一次性的，有时为了使对手重心产生不适当的移动，需要连续做几个假动作才能奏效。特别要注意的是，实施假动作时最好能在运动中进行。

2. 假动作实施后的衔接动作

实施假动作后应根据对手的反应，迅速决定自己所采取的对策。当假动作实施成功后，即对手已经上当，重心发生了不适当的偏移时，应迅速实施真动作；当假动作实施后，对手并未上当，重心未发生偏移，则可将实施的假动作当成真动作或继续实施假动作，以达到真真假假、真假结合的效果。

【分类及技术】

1. 传球前的假踢

如传球前为了使堵住传球路线的对手闪开空当，可先向一方做假踢动作，当对手去堵假踢的传球路线时，突然改变踢球脚法将球从另一方向传出。

2. 接球前的假接

如对手在体侧紧逼的情况下，可先向一侧做假接球动作，当对手重心发生不适当的偏移时，突然改变向另一侧接球。

3. 接球前的假顶

接高度在胸或头部的空中来球，对手迎面上来准备在自己接球后立即抢截时，接球者可做出假顶的动作，迫使对手减速或停下，远离自己准备截获顶出之球，此时突然用头或胸接球。

4. 顶球前的假接

面对高空来球，做出胸部接球的假动作，诱使对手逼近准备抢球，等对手逼近时，突然用头将球传出，使对手来不及去防守接球的队员。

5. 运球过人假动作

①运球过人时的虚晃假动作。如控球过人时，对手逼得较紧，可向一侧用身体或腿部做虚晃动作（或是身体与腿同时并用）诱使对手跟随运球虚晃动作发生重心的偏移，然后迅速用另一侧脚背外侧向同侧拨球，并转身越过对手。

②用减速或停顿的假动作，再突然起动的方法越过对手。快速运球时，对手在自己一侧紧追不舍，待与自己跑平时，做一个减速或停顿的假动作，使对手产生错觉。当对手也减速或停顿时，突然加速推球向前甩掉对手。

③当对手在侧后追抢时，运球者上前用异侧脚向前从球上跨过，诱使对手堵抢，然后用同一脚脚背外侧将球向另一侧扣回（或用另一脚脚背内侧将球扣回），甩掉对手。

④防守者从正面迎上准备抢球，运球者用一只脚假做向另一侧前方踢球，诱使对手上前堵截，此时改假踢脚为支撑脚，用另一脚内侧将球向另一侧推出或向对手胯下将球推过，接着迅速绕过对手运球前进。

6. 抢球假动作

作为防守者，当对手运球向自己跑来时，如果防守者能调动进攻者，就可以变被动为主动，而抢截假动作就是达到此目的的一种手段。如先使用假动作去堵截某一方向，使进攻者不敢从这一方向出球或运球，而从另一方向出球或运球，却正是抢截真动作实施的方向，就可将球截获。

由于高速运球较难抢截，稍一错移重心就会被运球者越过，因而防守者对于高速向自己运球而来的进攻者可采取假动作前扑，当对手看到防守者猛扑时会一拨而过，但防守者假扑后立即转身将运球者拨出之球夺下来。使用这种假动作时应注意距离，离进攻者太远时对方不易上当；离进攻者太近易弄巧成拙，反被进攻者突破。

【易犯错误】

①假动作不够逼真，易被对方识破。

②真动作衔接太慢不易收到意想的效果。

③缺乏观察判断和随机应变能力，不善于真假结合迷惑对手。

【练习方法】

1. 在无对抗的情况下1人1球做假动作练习

①向右（左）假踢，向左（右）拨球前进。

②向右（左）假拨，向左（右）拨球前进。

③向右（左）假踢触球，瞬间改用前脚掌将球拉回，再向左（右）推拨球前进。

④向右（左）跨过球，向左（右）拨球前进。

以上各种假动作练习与真动作的实施可用同一条腿，也可不用同一条腿。

2. 在对抗情况下练习

①2人1组，其中一人进行消极防守，两人轮流进行假动作练习。

②在掌握一定的假动作技术基础上，可结合进行假动作后的传球和射门练习，也可利用3对3或4对4的传抢练习或用小比赛进行练习。

（九）掷界外球

由于掷界外球时接球人不受越位规则的约束，因此，其不仅可以用于恢复比赛，而且可以为进攻创造有利条件。尤其是在前场30米内掷界外球，将球直接掷到门前，可以给对方造成很大威胁。

【技术要点】

①掷界外球的动作是一个下端固定的爆发式的平摆运动，需要稳固的支撑。

②根据身高和臂长掌握合理的掷出角（不超过45°），是影响远度的重要因素，一般球出手早则掷出角大，反之则小。

③球出手速度快则掷得远，这需要力量基础和协调用力能力。

④充分利用助跑的初速度有助于将球掷远。

【动作要领】

1. 原地掷界外球

面对出球方向，两脚前后或左右开立，每脚均应有一部分站立在边线上或边线外。膝关节弯曲，上体后仰成背弓，重心移到后脚上（左右开立时，重心在两脚间），两手自然张开，拇指相对，持球的侧后部，屈肘将球置于头后。掷球时，后脚用力蹬地（或两脚用力蹬地），两腿迅速伸直，身体重心由后脚移到前脚，收腹屈体，同时两臂急速前摆。当球摆到头上时，用力甩腕将球掷入场内。掷球时，后脚可沿地面向前滑动，两脚均不得离地。

2. 助跑掷界外球

两手持球放在胸前，在助跑迈出最后一步时，上体后仰成背弓，同时将球上举至头后，掷球时的动作与原地掷界外球动作相同。将球掷出后，后脚可在地面上向前滑行，但不得离地。

【易犯错误】

①掷界外球时动作不符合规则要求，造成犯规。

②用力不协调，掷出角不合理而影响出球的远度。

【练习方法】

①2人1球，相距15米，原地掷球。

②2人1球，相距25米，两端设平行线，助跑对掷界外球。

③前场界外球练习。

a. 选择掷球力量较大的队员，将球直接掷入罚球区内攻门。

b. 将球掷向近门柱的罚球区线附近，由身材高大的前锋将球蹭顶给罚球点附近的同伴攻门。

c. 通过队员跑动，调动对方的防守，将球掷入空当，继续组织进攻。

三、基本战术

足球战术就是在足球比赛中为了战胜对方，根据主客观情况而采用的个人行动和集体配合的组织方法和组织形式。其可以分为进攻战术和防守战术两大系统。

整体战术是指为了完成整体的战术任务所采用的全队配合方法。

（一）进攻战术

进攻战术的方法主要有快速反击，边路、中路、转移、破密集防守进攻等。

1. 快速反击

快速反击是近几年来最盛行的一种进攻战术。在本队快速收缩半场防守而对方全部压出，造成对方后场空虚的有利条件下，一旦断球后，以最快速度进行突然袭击的一种进攻方法。

快速反击的配合方法：一是中、后场抢断球后，利用准确的中长传，把球传到对方后卫背后空当，让本队突前前锋高速切入突破射门，或传给快速插上的同伴配合突破射门；二是把球传给中前场跑位策应的同伴，然后利用个人运球突破或配合突破射门。快速反击要求中后场传球及时、准确，突前队员意识好、切入及时、快速，个人应变能力强。

2. 边路进攻

路边进攻是指在对方半场两侧地区发展的进攻。现代足球比赛倡导全攻、全守"总体式"的打法，各队在防守时都力求以多防少，中路地区的防守队员比较集中，而边路地区的防守队员相对少些，空隙较大，这是边路进攻的有利条件。

边路进攻一般是围绕边锋进行的配合方法，因此边锋的速度要快，个人突破能力强，传中技术也要突出。其方法是由守转攻时，获球队员可将球传给边锋或其他边路上的队员，从边路发起进攻，经过局部配合突破后，一般采用下底、外围、内切回扣传中方法，将球传到中央，由其他队员包抄射门。

边路突破后的传球路线：一是长传过顶，球落到远离门柱10米的附近地区，或者运球至罚球区附近，用低平球传中；二是快速切底，在接近端线处（尽量靠近球门）传回扣球。

边线突破后的传、射配合，一定要掌握传中的时机。最好时机是在防守队员面向自己球门跑动阵脚未稳时。同时，中间必须组织力量争取直接射门，在一侧的边锋也应及时内切包抄、射门。一般采用中锋抢前点、边锋抢后点、内锋或前卫抢中点。

边锋突破的方法一般有：边锋个人运球突破；边锋与中锋或前卫配合突破；边锋内切后，前卫、后卫插入边锋位置突破等。

3. 中路进攻

中间地带正面对着球门，一旦突破防线，能直接威胁球门，射门角度也大。因此，中路进攻威胁性较大，但是中间防守队员密集，力量集中，往往给进攻造成一定困难。

中路进攻时，必须要求两边锋拉开，借以牵制对方的两个后卫，诱使对方中间区域闪出较大的空隙，为中路进攻创造有利条件。

常用的中路突破方法有：中路3人连续"二过一"突破、两内锋（或中锋与前卫）一拉一插、两内锋快速"二过一"突破、中锋或前卫运球强行突破、中锋或边锋传切配合的快速突破，以及中卫、前卫插上，中路快速反击等。

4. 转移进攻

转移进攻是指一侧进攻不能奏效，而改变进攻方向的进攻战术。转移进攻有边转中、中转边、左（右）边转右（左）边的大转进攻等。运用转移进攻时，要突然快速，才能使对方来不及调整防守位置，乘隙而入，突破防线。转移进攻方向时，一般采用中长距离的斜横传球，既可以控制对方，又可以声东击西。

在比赛中边路进攻和中路进攻必须结合运用，但也可以打边路进攻为主，中路进攻为辅。只有这样，才能更好地发挥进攻的威力。单纯采用某种进攻方法就显得呆板，对方也容易防守，进攻的威胁就不大，效果也不好。

5. 破密集防守的进攻战术

破密集防守的进攻战术是指破密集防守时所采用的系列的进攻方法。它包括抓住时机快攻快打、拉开防区、从两侧展开进攻；左右转移，制造空当；远射；外围传中，利用高大前锋占据空中优势争取配合射门等。

（二）防守战术

防守战术方法主要有区域防守、人盯人防守和综合防守。

1. 区域防守

区域防守是由攻转守时，根据场上队员位置的分布，每个防守队员防守住一个区域，在对方某一队员攻入本区时就进行积极防守，限制对方进攻活动的配合方法。

这种防守方法虽然能节省体力，能防守住进入本防区的攻方队员，但是对方可以任意交叉换位，容易造成局部地区以少防多的被动局面。目前这种防守方法，在比赛中已很少采用。

2. 人盯人防守

人盯人防守是指由攻转守时每个防守队员盯住一个对手，封锁对方的进攻路线，控制对手的活动和传控球时机的配合方法。

这种防守方法的优点是分工明确，缺点是某一点被突破就会使整个防线出现很大漏洞，体力消耗也很大。因此，在比赛中单纯采用人盯人防守方法也是不利的。

3. 综合防守

综合防守是指人盯人与区域防守相结合的防守方法。由于区域防守和人盯人防守各有优缺点，因此为了克服这些弱点，目前在比赛中普遍采用综合防守的方法。即对有球队员要紧逼盯抢，对有球的局部地区要紧逼盯人，距球远的防守队员可采用区域防守，两个中卫、一个前卫以盯人为主，一个拖后（或叫"自由人"）进行区域防守；对特别有威胁的进攻队员可由专人盯死，距球门越近越紧逼，特别是在罚球区附近对插上与切入的队员要紧逼盯人。

①防快速反击。主要是离球最近的队员，阻碍或破坏对方快攻的第一传，其他队员快速回防到位。当形成1对1的局面时要以堵截、边退边抢来延缓对方的进攻速度，争取同伴回防。另外，当本队反攻到前场时，应该注意保持进攻的纵深，后卫插上时应有人填补

他的空位，中卫不要压得太大等。

②防边路进攻。在由攻转守时，边后卫应紧盯对方的边锋，不给边锋得球和运球突破的机会。同时，对对方边路地区的接应队员和插上、切入的队员，也要采取紧逼盯人，防止对方从边路配合突破和运球突破。无球的一侧则进行区域防守。一旦边路被突破，要防止对方包抄射门，还要争抢传中球和紧逼门前的对方队员。

③防中路进攻。盯人中卫紧逼对方中锋，如果对方采用双中锋突前时，应有一个前卫回撤（或一个后卫）盯另一个中锋，自由中卫在后面保护。后卫快速回收，进行区域防守。前卫要紧跟对方插上的进攻队员。当对方从中路或边路进攻时，无球一侧地区的防守队员，既要看球，又要注意选位，监视该地区的进攻队员。如果对方转移进攻，应迅速紧逼对方，防止对方声东击西。

④密集防守。个别队员留在中场进行抢截以待机反击，其他队员都回到罚球区附近，严密封堵射门区，自由中卫拖在后边填补漏洞和抢断对方的直传球，其他队员实行紧逼盯人战术，迫使对方中场进行横回传球。

足球比赛基本规则

第三节 排球运动

一、排球运动概述

（一）起源与发展

排球运动始于1895年，在美国马萨诸塞州霍利约克城，一位名叫威廉·G.摩根的天主教青年会体育教育督导认为当时流行的篮球运动过于剧烈，不太适合年纪大的人，因此创造了一种新游戏。1896年，美国斯普林菲尔德市立学校的艾特哈尔斯戴特博士把摩根游戏起名为"volleyball"，并沿用至今。1896年在斯普林费尔德体育专科学校举行了世界上最早的排球比赛。1897年，摩根制订了排球比赛规则，它有力地推动了排球运动的发展。1905年排球传入中国，1906年一名美国军官约克把排球带到了古巴，1908年传到日本，1910年传入菲律宾。亚洲最早的排球比赛是1913年在菲律宾马尼拉举行的。1947年，排球运动世界性组织——国际排球联合会成立。随着技术水平的不断提高，规则也逐步完善。1964年排球被列为奥运会正式比赛项目。沙滩排球在20世纪20年代初在加利福尼亚州圣莫尼卡海滩兴起。

1930年，在圣莫尼卡举行了第一场双人配合的沙滩排球赛，这种阵形成为现在最普及的打法。1996年沙滩排球首次成为奥运会的比赛项目。

（二）排球的特点

排球具有广泛的群众性、技术的全面性、高度的技巧性、激烈的对抗性、攻防技术的两重性、严密的集体性等特点。

二、基本技术

（一）准备姿势

准备姿势与移动是排球基本技术之一，属于无球技术，是完成发球、垫球、传球和拦网等各项有球技术的前提和基础，并对各项有球技术的运用起串联和纽带作用。为了便于完成各种技术动作而采取的合理的身体姿势称为准备姿势。为完成某项有球技术之前的准备姿势，称为专项技术准备姿势，例如，拦网、发球、传球等都采用不同的准备姿势。

一般按照身体重心的高低，准备姿势可分为半蹲准备姿势（图5-30）、稍蹲准备姿势（图5-31）和低蹲准备姿势（图5-32）三种。

【动作要领】

两脚左右开立，稍比肩宽，两脚尖内收，脚跟稍抬起，上体自然前倾，膝关节保持一定的弯曲，两臂自然放松置于腹前，重心稍靠前，全身肌肉适当放松。低蹲（图5-32）较半蹲、稍蹲身体重心更靠前，膝关节弯曲程度更大一些。

图 5-30　　　　图 5-31　　　　图 5-32

（二）移动

从起动到制动的过程为移动。移动的目的主要是及时接近球，保持好人与球的位置关系，以便击球。移动由起动、移动步伐和制动三个环节组成。

【动作要领】

1. 起动

起动是移动的开始，它是在准备姿势的基础上，变换身体重心的位置，破坏准备姿势的平衡，使身体向目标方向移动。

2. 移动步伐

起动后应根据临场技战术的需要，灵活的采用各种移动步伐进行移动。

①并步与滑步：如向前移动，则后腿蹬地，前脚向来球方向跨出一步，后腿迅速跟上做好击球准备。连续并步就是滑步。

②跨步：如向前移动，则后腿用力蹬地，前脚向来球方向跨出一大步，膝部弯曲，上

体前倾，身体重心移至前腿上。

③交叉步：以向右交叉步为例，上体稍向右转，左脚从右脚前面向右交叉迈出一步，然后右脚再向右跨出一大步，同时身体转向来球方向，保持击球前的姿势。

（三）制动

在快速移动之后，为了保持稳定的击球姿势和克服身体惯性的冲力，必须运用制动技术。

【动作要领】

一步制动法：一步制动时，移动最后跨出一大步，同时降低重心，膝和脚尖适当内转，全脚横向蹬地，抵住身体重心继续移动的趋势，并用腰腹力量控制上体完成制动。

【练习方法】

①成两列横队，在教师指导下做各种准备姿势。

②两人一组，一人做准备姿势，另一人观察找出其错误动作。两人交换练习。

③原地跑步，在跑的过程中根据教师的手势、口令、哨音做不同的准备姿势。

④成半蹲准备姿势，向教师手指的方向做各种步伐的移动。

⑤两人一组相对站立，一人跟随另一人做同方向的移动。

⑥以滑步和交叉步进行 3 米往返移动，手触及两侧线。

⑦两人一组，一人持球向不同方向抛出 2~3 米，另一人移动对准球，在腹前用双手接住球。

【易犯错误】

①起动慢。

②移动时身体起伏大，重心过高。

③制动不好，制动后不能保持准备姿势。

【纠正方法】

①做起动辅助练习，如各种姿势下的起跑。

②讲清动作原理，多做穿过网下的往返移动。

③脚和膝内扣，最后一步稍大。

（四）发球

发球是排球基本技术之一，也是排球比赛中一项重要的进攻技术。发球是比赛的开始，也是进攻的开始，准确而有进攻性的发球可以直接得分或破坏对方的战术组成，减轻本方防守压力，为反击创造有利的条件。

1. **正面上手发球**

【动作要领】（以右手发球为例）

弧线挥臂，包击推压。

站位：面对球网，两脚前后自然开立（图 5-33）。

抛球：垂直抛于右肩前上方（图 5-34）。

正面上手发球

击球：半握拳、全手掌或掌根击球中下部。

用力：以腰为轴，身体转动，在肩上方伸直手臂的最高点，快速挥臂击球（图 5-35）。

图 5-33　　　　　图 5-34　　　　　图 5-35

2. 正面下手发球

【动作要领】（以右手发球为例）

站位：面对球网，上体稍向前倾（图 5-36）。

抛球：体前平稳抛球，离手约 30 厘米（图 5-37）。

击球：直臂，掌根或全掌击球的后下部（图 5-38）。

用力：以肩为轴挥臂，依靠蹬地和身体重心前移，挥臂击球（图 5-39）。

正面下手发球

图 5-36　　图 5-37　　图 5-38　　图 5-39

3. 侧面下手发球

【动作要领】（以右手发球为例）

站位：左肩对网，上体稍前倾。

抛球：平稳抛球至胸前，距身体一臂距离。

击球：全手掌、掌根或虎口击球的右下方。

用力：以肩为轴挥臂，依靠蹬地和身体重心前移，挥臂击球。

【练习方法】

（1）徒手模仿练习

①徒手抛球练习。

②对固定目标做挥臂击球练习。

（2）结合球的练习

①自抛练习，抛球高度和位置应符合发球动作的要求。

②结合抛球进行引臂和挥臂练习，解决抛球引臂与挥臂击球动作的配合问题。

③近距离的对墙发球练习，将抛球、挥臂、击球、用力等环节有机地衔接起来。

④2 人一组相距 9 米发球。

（3）结合球网的练习

①近距离的隔网发球练习。

②站在端线向对区发球。

③站在端线向远、中、近不同距离发球。

【易犯错误】

①击球点偏前或偏后。

②转体过大。

③没有推压带腕。

④全身协调用力不好。

【纠正方法】

①找一高度位置合适的悬挂物，或设一圆圈，反复向上抛球，使垂直上抛的球击中悬挂物或落入圆内。

②击固定球，徒手练习挥臂动作。

③对墙近距离发球，要求手包住球，使球旋转。

④上手抛羽毛球或实心球，注意抛和挥的配合。

（五）垫球

垫球是排球最基本技术之一。通过手臂或身体其他部位的迎击动作，使来球从垫击面上反弹出去的击球动作，称为垫球。垫球主要用手接发球、接扣球和接拦回球，是组织进攻的基础。

正面双手垫球

【动作要领】

站位：两脚开立，距离比肩稍宽（男子比女子更宽），上体前倾，重心在前脚掌，两肩前探超出膝关节，抬头看球，随时准备移动（图5-40）。

击球：利用腕关节上10厘米左右处的挠骨内侧平面击球的后下部（图5-41）。

击球点：腹前一臂距离。

用力：两臂夹紧，前伸，插到球下，蹬地压腕抬臂击球（图5-42）。

图5-40　　图5-41　　图5-42

【练习方法】

（1）徒手模仿练习

①原地徒手模仿完整的垫球动作。

②随教师信号做多种移动步法后的徒手模仿练习。

（2）垫击固定球的练习

①一人持球固定在小腹高度，另一人从准备姿势开始，做垫击模仿动作。

②将球置于垫球者手臂垫击处轻轻的扶住，垫球者做垫球模仿练习。

（3）垫击抛来的球的练习

①两人一组，相距4～5米，一抛一垫；或一人向另一人两侧1.5米处抛球，使其移动垫球。

②三人一组，两人相距3米左右抛球，另一人移动接球。

（4）对垫练习

①两人一组，相距4～5米连续对垫。

②两人一组，一人固定，一人移动。固定者把球垫向另一人两侧1.5米左右，另一人移动将球垫回。

【易犯错误】

①垫球时手臂未并拢、伸直。

②臀部后坐，主要用抬臂力量垫球。

③垫球不抬臂，身体向上顶或向前冲。

【纠正方法】

①两手手指交叉轻握，垫抛球或垫固定球。

②两手并拢用手绢绑住，臂与胸之间夹一球，然后垫抛球或垫扣球。

③坐在凳子上垫抛来球，教师将手置于垫球者后头顶上，给其一个高度信号。

（六）传球

传球是利用手指、手腕的弹击动作将球传至一定目标位置的击球动作。传球技术主要用于二传，为进攻创造条件，在比赛中起着组织进攻的作用。

按照传球的方向，把传球动作分为正面传球、背传球和侧传球，这三种传球技术是在原地完成的。跳起在空中完成的传球动作称为跳传。

正面传球

【动作要领】

手型：两手自然张开呈半球型（图5-43、图5-44）。

击球点：在额前上方约一球距离处（图5-46）。

用力：主要靠蹬地、伸臂、伸腕和手指上的弹力把球传出（图5-47）。

图5-43

图5-44

【练习方法】

（1）徒手模仿练习

①成两列横队，随教师口令做徒手传球。

②自然站立做好正确手型，反复做传球时手指、手腕的模仿动作。

③两人一组，一人做徒手传球练习，另一人纠正错误动作。

图 5-45　　图 5-46　　图 5-47

（2）结合球的练习

①每人一球，向自己头顶上方抛球然后用传球手型接住，自我检查手型。

②连续自传，传球高度不低于 50 厘米，传球时尽量少移动。

③距墙 50 厘米，对墙连续传球，以建立正确的手型，体会手指、手腕的发力。

④两人一组，相距 3～4 米，传对方抛到额前的球。

⑤两人一组，相距 3～4 米，对传。

⑥三人三角传球。

⑦移动传球。

【易犯错误】

①手型不正确，未形成半球状。

②击球点过前或过高。

③传球时臀部后坐，用不上蹬地力量。

④传球时上体后仰。

⑤传球时有推压或拍打动作。

【纠正方法】

①一抛一接轻实心球，自抛自接，接住后自我检查手型。

②击球点过前多做自传；击球点过后多做平传或平传转自传。

③讲解协调用力的重要性；一人手压球，另一人做传球的模仿练习。

④两人对传中，一传出球，立即用双手触及地面。

⑤多做原地自传或对墙传球，增加指、腕力量，体会触球感觉。

（七）扣球

扣球是队员跳起在空中，将高于球网上沿的球有力地击入对方场区的一种击球方法。扣球在比赛中是得分的主要手段，是进攻中最积极有效的武器。

正面扣球

正面扣球

【动作要领】

1. 助跑起跳

步法：采用一步、两步、多步或原地垫步等。助跑前注意观察二传的传球方向和高度，据此寻找起跳时机和起跳点。

节奏：步幅由小到大，速度先慢后快，最后一步左脚及时跟上，踏在右脚侧前方，制动身体，增加弹跳高度，同时避免前冲力过大而触网。

起跳：左脚跟上，两脚用力蹬地，踏跳，加强摆臂以增加弹跳高度。

2. 空中击球

手型：五指张开呈勺型。

击球：全掌击球后中部，击球保持最高点，手掌包满球，用推裹动作击出前旋球。

用力：鞭甩挥臂，展腰腹发力。

【动作要点】

①准确判断二传球落点。

②加大摆臂，增加高度。

③挥臂放松，如鞭甩。

④高点击球，手掌包满球。

【练习方法】

（1）挥臂击球和助跑起跳练习

①学生成横队散开，按照教师的口令做原地起跳、一步助跑起跳、两步助跑起跳，注意动作协调性。

②网前助跑起跳练习，学生成横队列于进攻线后，听口令一起做两步助跑起跳。

③集体徒手挥臂练习。

④两人一组，一人手持球高举做固定球，另一人扣该固定球。

⑤距墙3～4米，连续对墙扣反弹球。

⑥自抛自扣，原地对墙自抛自扣或自抛跳起扣球。

（2）扣固定球练习

教师站在网前高台上，一手托球于网上沿，学生助跑起跳扣固定球。

（3）扣抛球练习

①扣球者在4号位助跑起跳，把由3号位抛来的球在高点轻拍过网。

②扣球者在4号位助跑起跳，扣顺网抛来的球。

【易犯错误】

①助跑起跳时间不准。

②起跳前冲，击球点偏后。

③屈肘击球，击球点偏低。

④手包不住球。

【纠正方法】

①开始时轻拍扣球者的背，或给予语言信号。

②练习助跑，最后一步跨大，在网前起跳接抛球或扣固定球。

③降低球网，原地隔网甩小网球，连续甩臂击高度适中的树叶。

④包球固定在击球高度上反复挥臂击球，练习击球手法，原地对墙自抛自扣。

（八）拦网

拦网是队员靠近球网，将手伸向高于球网处阻挡对方来球的行为，拦网具有强烈的攻击性，可直接拦死、拦回对方的扣球。拦网可分为单人拦网和集体拦网，集体拦网又分为双人拦网和三人拦网。

【动作要领】

准备姿势：站在距球网30～40厘米处，两臂置于胸前并屈肘，手指张开。

移动起跳：采用移动步伐，选好起跳点，重心降低，两膝弯曲，用力蹬地，垂直起跳。

空中击球：双臂尽力过网，向对方上空，两手自然张开，当手触球时，突然紧张，手腕用力下压盖住球的前上方（图5-48）。

注意：避免触网、脚过中线的犯规；避免起跳过早，否则身体下降时对方才会扣球；避免拦网时低头或闭眼睛不看扣球动作和球的盲目阻拦。

图5-48

【练习方法】

①徒手练习：原地做拦网的徒手动作练习。

②低网扣拦练习，两人一组，原地一扣一拦。

③在网前徒手做有助跑的拦网练习。

【易犯错误】

①起跳过早。

②手下压触网。

③拦网时低头或闭眼睛。

④身体前扑触网。

【纠正方法】

①按照拦网节奏给予起跳信号，起跳前深蹲慢跳。

②一对一原地扣拦练习，结合矮网，提肩屈腕把球拦下。

③隔网拦对方抛来的球，逐步过渡到拦轻扣球。

④多练顺网移动起跳。

三、基本战术

（一）基本理论

1. 排球战术的定义

排球战术是在比赛中根据排球规则、排球运动的规律及比赛双方的具体情况和临场的发展变化，有意识的运用技术所采取的有目的、有预见性的行动。

2. 排球战术的阵容配备

阵容配备可以合理搭配场上队员，提高攻防能力。

①"四二"配备：4名攻手（2名主攻手，2名副攻手），2名二传，适用于一般水平球队（图5-49）。

②"五一"配备：5名进攻队员，1名二传队员，水平较高的球队普遍采用（图5-50）。

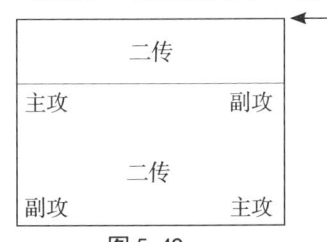

图5-49

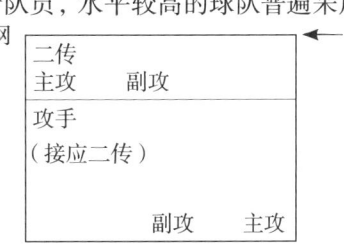

图5-50

(二)基本战术阵型

1. 边跟进防守阵型

防守队员取位呈半圆,边上1号位的队员重点防守心和边的吊球,这种阵型有利于防守对方大力扣杀,其弱点在于防吊球(图5-51)。

2. 心跟进防守阵型

在本方拦网好,对方运用吊球多的情况下采用(图5-52)。

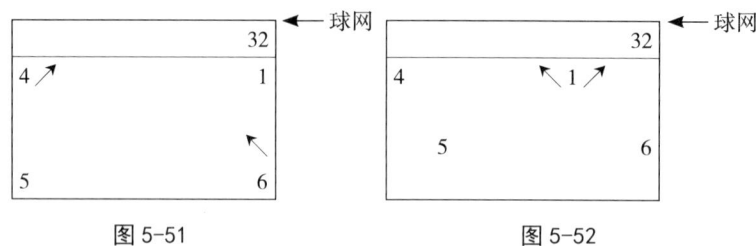

图 5-51　　　　　　　　图 5-52

排球比赛基本规则

第四节
气排球运动

一、气排球运动概述

(一)气排球的起源与基本情况

气排球运动成型于 20 世纪 80 年代中后期。1984 年,呼和浩特铁路局原集宁分局张继友等数名离退休职工受当年中央电视台春晚舞台上气球游戏的启发,利用民兵打靶使用的气球,拉上网线在羽毛球场地进行游戏娱乐活动。许多老同志普遍感到这项自创活动不仅安全性高,又能融入健身娱乐的特点。因此,集宁分局老干部部门将此项目列为当年集宁分局老年人运动会的趣味比赛项目之一,并定名为"气排球"。

气排球由软塑料制成,比赛用球重 100~150 克,比普通排球轻 100~150 克;周长为79~85 厘米,比普通排球周长多 15~18 厘米;比赛场地长 12 米,宽 6 米,比普通场地长宽各少 6 米和 3 米;中老年男子比赛网高 2 米,中老年女子比赛网高 1.8 米,比普通网高各低 0.43 米和 0.44 米;中老年组比赛上场队员 5 人,比普通排球少 1 人(表 5-1)。其打法与室内排球基本相同,但发球实行每球轮换,以 21 分为一局,以先得 21 分为胜,决胜局以先得 15 分为胜。

比赛时，不得踩及进入进攻线（2米线）内进行进攻性击球。2米线内球过网必须有向上的弧线。对持球没有室内排球要求那么高，接球时除了可采用垫、传、挡等技术，还可以用捞、捧、插、托技术。

表5-1　气排球与室内排球比较

比较项目	气排球	室内排球
球重	100~150 克	200~300 克
球周长	79~85 厘米	64~67 厘米
场地	长 12 米，宽 6 米	长 18 米，宽 9 米
网高	男子 2 米，女子 1.8 米	男子 2.43 米，女子 2.24 米
上场人数	5 人（前 3 后 2）	6 人（前 3 后 3）

（二）气排球运动技术及特点

气排球技术是指活动参与者在规则允许的前提下所采用的各种合理的击球动作和配合动作的总称，主要由步法和手法组成。它是气排球运动的基础和重要组成部分，具有完成动作的时间短促，以及球在空中飞行时完成技术动作、比赛规定场上每个队员必须进行位置轮转、比赛中每次技术的失误均造成失分等特点（图 5-53）。

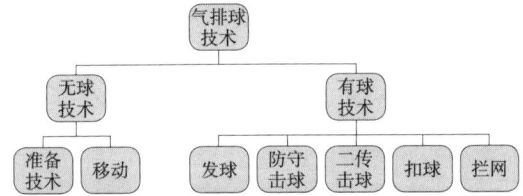

图 5-53　气排球技术分类

气排球比赛上场队伍由 4~5 名队员组成，而且气排球比赛规则要求每次得分都要轮换发球，队员在场上位置轮换快。由于不能像室内排球那样形成较为固定的二传与攻手的明确分工，因此每一名队员都必须具备全面的各项基本技术，在场上要求每名队员都要具备"全攻全守"的能力。

二、基本技术

（一）准备姿势

1. 准备姿势的特点及作用

（1）准备姿势的概念

为了便于完成各种技术动作而采取的合理的身体姿势称为准备姿势。

（2）准备姿势的作用

为移动和击球做好充分的准备，使移动效果更佳，为击球创造最好的条件。良好的准备姿势可以应付各种情况，可以帮助参与者迅速起动、快速移动、接近来球，并与球保持合理位置，以便完成各种击球动作。

（3）准备姿势的特点

①合理的准备姿势比一般的准备姿势移动快而准。

②肌肉保持适度的紧张比放松和过度紧张更有利于起动。

③完成比赛中的各种技术动作前，都应采取不同的准备姿势。

（4）准备姿势的分类

按身体重心的高低，可分为半蹲准备姿势和稍蹲准备姿势两种。

2. 准备姿势的技术方法

（1）半蹲准备姿势

两脚左右开立稍比肩宽，一脚在前，两脚尖适当内收，脚跟稍提起，膝关节保持一定的弯曲，双手置于腹前。全身肌肉不宜过分紧张，应适当放松，两眼注视来球，两脚始终保持微动（图 5-54）。

（2）稍蹲准备姿势

做稍蹲准备姿势时的身体重心比做半蹲准备姿势时稍前，动作方法相同。由于气排球的特点，应更多地采用稍蹲准备姿势（图 5-55）。

图 5-54

图 5-55

3. 准备姿势的技术要点

①两脚自然开立，双膝适当弯曲，脚后跟稍提起，两脚微动。

②收腹，重心前移，两臂自然弯曲，两眼注视来球。

（二）移动

1. 移动的特点及作用

（1）移动的概念

从启动到制动之间的人体位移。

（2）移动的作用

移动是为了及时接近来球，保持好人与球的距离，并便于击球。移动的快慢直接影响着技战术的质量。

（3）移动的特点

移动是队员通过走动、跑动和跳跃来实现的。气排球比赛的移动多数是短距离的，两三步的移动最多。

（4）移动的分类

按其动作的结构可分为起动、移动、制动。

2. 起动

【技术方法】

以向前起动为例。

在正确的准备姿势基础上，迅速抬腿收腹，使上体向前探出。同时后腿迅速用力蹬地，使整个身体急速向前起动。

【技术分析】

①起动是移动的开始，起动的快慢是移动的关键。

②起动的力学原理是破坏平衡，人体向前抬腿使身体失去平衡而前倾，从而起到移动的目的。

③起动时的主要用力在于蹬地腿的肌肉爆发式的收缩。

④为了使身体重心迅速前移，有时还可以使后腿在抬腿之前适当向后错一步，起到减小蹬地角、增大水平分力的作用。

【技术要点】

①迅速抬起前腿，收腹，使上体向前探出。

②后腿用力蹬地。

3. 移动

【技术方法】

（1）并步与滑步

如向前移动，则后腿蹬地，前脚向来球方向跨出一步，后腿迅速并上，做好击球前的准备姿势。

（2）跨步与跨跳步

如向前移动，则后脚用力蹬地，前脚向前跨出一大步，膝部弯曲，上体前倾，身体重心移至前腿上。

（3）交叉步

采用向右侧交叉步时，上体稍向右移，左脚从右脚前面向右交叉迈出一步，然后右脚再向右跨出一大步，同时身体转向来球方向，保持击球姿势。

（4）跑步

采用跑步时，两臂要配合摆动，如球在侧方或后方时，应边转身边跑。

（5）综合步法

以上各种步法的综合运用。

【技术要点】

①判断及时，反应迅速，抬腿弯腰移动重心。

②移动的第一步要快。

4. 制动

【技术方法】

（1）一步制动法

一步制动时，移动最后跨出一大步，同时降低重心，膝和脚尖适当内转，全脚横向蹬地，减少身体重心继续前移的惯性，并用腰腹力量控制上体，使身体重心垂线停落在两脚所构成的支撑面以内。

（2）两步制动法

采用两步制动法时，应在倒数第二步做第一次制动，紧接着跨出最后一步做第二次制动，同时身体后倾，重心下降，双脚用力蹬地，使身体处于有利于做下一个动作的状态。

【技术要点】

①移动的最后跨出一大步,全脚横向用力蹬地。

②身体后倾,降低重心。

(三)发球

1. 发球的特点及作用

(1)发球的概念

发球是比赛的开始,也是进攻的开始,是后排右侧队员在发球区由自己抛球,用一只手将球击入对方场区的一种击球方法,击球的一刹那即完成发球。

(2)发球的作用

准确而有攻击性的发球,不仅可以直接得分,而且可以破坏对方的战术组成,起到先发制人、争取主动、摆脱被动的作用。同时,发球攻击性强,可以鼓舞全队士气,振奋精神,扩大战果,从而挫伤对方锐气,打乱对方部署,在心理上给对方造成很大威胁;发球攻击性不强,将失去直接得分和破坏对方战术组成的机会,给本方防守造成很大困难;发球失误则意味着直接失分。

(3)发球的技术特点

发球的成败全靠自己掌握,发球时的站位不受距离远近的限制。发球时可运用正面或侧面、上手或下手、原地或助跑起跳发球。可用全手掌、掌根、半握拳、虎口等部位击球。

2. 发球的技术方法

在气排球比赛中,常用的发球技术有正面下手发球、侧面下手发球、正面上手发球和正面上手飘球。

(1)正面下手发球

一般为初学者和女生所采用,优点是准确性较高,稳定性强;缺点是攻击力弱,容易让对手形成有效的一攻(图5-56)。

图 5-56

【技术方法】

队员面对球网,两脚前后开立,以右手击球为例,左脚在前,两膝微屈,上体稍前倾,重心偏后脚。左手将球轻轻抛起在体前右侧,离手高 20~30 厘米。在抛球之前,右臂伸直,以肩为轴,向后摆动,借助右脚蹬地力量,身体重心随右手向前摆动击球移至前脚上。在腹前以全手掌击球的后下方。手触球时,手指、手腕紧张,手呈勺形吻合球,随着击球动作重心前移,迅速进入比赛场地。

【技术要点】

①将球抛在右肩的前下方。

②右臂伸直，以肩为轴，由后向前摆动击球。

③利用全手掌、虎口或掌根击球的后下方。

（2）侧面下手发球

【技术方法】

以右手击球为例，队员左肩对网，两脚左右开立与肩同宽或稍宽，两膝微屈，上体稍前倾，重心落在两脚间，左手将球平稳抛送于胸前，距身体约一臂之远，离手高约30厘米。在抛球的同时，右臂摆至右侧后下方，接着利用右脚蹬地向左转体的力量，带动右臂向前上方摆动，在腹前用全手掌击球的右下方。击球后，迅速进入场地（图5-57）。

图 5-57

【技术要点】

①将球抛在身体的前上方，离身体约一臂之远，高 20~30 厘米。

②利用蹬地向左转体的动作，带动右臂向前摆动击球。

③用掌根、虎口或全手掌击球的后下方。

（3）正面上手发球

这种发球由于面对球网站立，便于观察对方，发球的准确性大，易控制落点，并能充分利用身体转体、收腹的动作，带动手臂加速挥动。同时，运用手腕的推压作用，使球上旋，不易出界，可加大发球的力量和速度。

【技术方法】

以右手击球为例，队员面对球网，两脚自然开立，左脚在前，左手托球于身前。用抬臂和手掌的平托上送，将球平稳地垂直抛于右肩的前上方，高度适中。在左手抛球的同时，右臂抬起，屈肘后引，肘与肩平，上体稍向右侧转动。击球时，利用蹬地使上体向左转动，同时收腹，带动手臂挥动。在右肩前上方伸直手臂的最高点，用全手掌击球的中后部。击球时，手指自然张开吻合球，手腕要迅速做主动推压动作，使击出的球呈上旋飞行。击球后，迅速进入场地。

【技术要点】

①将球平稳地抛在右肩前上方，高约50厘米。

②利用上体转动、收腹带动手臂挥动，做弧线加速挥动。

③以全掌击球的后中部，触球时，手腕有向前推压的动作，使球呈上旋飞行。

（4）正面上手飘球

采用这种方式发球时，击出的球不会产生旋转，但球会呈不规则状向前飘晃飞行，从

113

而使接发球队员难以判断球的飞行路线和落点。这种发球方式的准确性较高。

【技术方法】

同正面上手发球，但抛球点比正面上手发球稍低且稍靠前。击球前手臂的挥动轨迹不呈弧形，而是从后向前做直线运动。击球时，五指并拢，手指、手腕紧张，手型固定，不加推压动作。由于气排球球体较轻，击球的力量不宜过大，以免发球出界。击球结束时手臂要有突停动作。击球后，应迅速进入场地（图5-58）。

图 5-58

【技术要点】

①将球平稳地抛在右肩前上方，距离身体稍远。

②用掌根击球的中下部，手腕不加推压，使作用力通过球体重心。

③击球手臂的挥动轨迹在击球前有段与地面平行的路线。

④击球后，手臂挥动有突停动作。

⑤站位、抛球点、手臂挥动的轨迹、击球手型和击球部位要固定。

（四）防守击球

1. 防守击球的特点及作用

（1）防守击球的概念

将对方来球击高，便于同伴接应组织进攻，用手和手臂击球的动作叫防守击球。

（2）防守击球的技术特点

①接发球、接扣球、接拦回球等技术，都是在对方将球击向本方后所采取的防守技术，是一项被动技术。

②所有防守击球都将影响同伴下一次击球的效果（本队第三次击球，未攻过网除外），因此要求准确性高，起球效果好。

③触球面积大，可以采用双手张开或分开击球，对球的控制范围广，不宜失误。

④可以处理不同高度的来球，便于组织进攻。

⑤防守击球的种类较多，有"捞""捧""插托""垫击"等手法，可以根据不同的情况采用不同的击球方式，灵活运用。

（3）防守击球的作用

防守击球是气排球的基本技术之一，在气排球比赛中占有重要的地位。防守击球主要用于接发球、接扣球、接拦回球，也可以用于组织进攻。接发球效果好，可以保证一传的到位率，打好一攻，有利于主动得分；接发球效果欠佳，则容易造成失误送分。因此，接发球和接扣球是组织进攻的基础，是比赛中争取得分、少失分，由被动变主动的重要技术，是稳定场上队员情绪，鼓舞队员士气的重要手段。

2.防守击球的技术方法

（1）"捞"和"捧"技术的动作方法

当来球较低时，在击球前，判断好来球的位置后，击球队员应张开双手，插入球下，双手用力，完成击球。"捧"和"捞"技术的随意性强，对其的掌握和熟练运用较为简单，没有特别规范的动作技术要求，对于一些飞行轨迹不稳定的来球，使用这些动作的所需反应时间较短，有利于在第一时间完成击球，减少因准备不足而造成的失误（图5-59）。

（2）"插托"等技术的动作方法

击球前，判断好来球的位置后，击球队员应张开双手，两只手一上一下对准来球，位置在下的那只手采用斜向下铲插的动作，位置在上的那只手采用向前上方托、送的动作，双手同时用力，完成击球。采用这种击球方式，可以不受击球面积的限制，减少调整击球高度所需的时间。在处理对方重扣和速度较快的来球时，"插托"的动作也能起到一定缓冲来球力量的作用，有利于保证起球的质量。由此可衍生出"插捧"的技术动作，其动作要领和方法与"插托"基本相同，可根据场上实际情况和个人习惯选择使用（图5-60）。

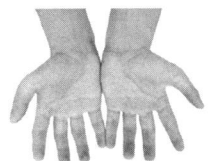
图5-59

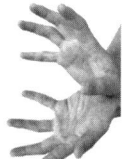
图5-60

正是因为气排球的独特性，许多已具备一定室内排球技术基础的人在参与气排球运动的初期，大都有一定程度的不适应，这种不适应在防守击球方面表现得尤为明显。因此，采用更适合于气排球运动特点的防守击球技术是打好气排球的第一步。

（五）二传击球

1.二传击球的特点及作用

（1）二传击球的概念

通过各种方式将球传、送至一定目标的击球动作称为二传击球。二传击球是气排球运动的基本技术之一，是组织战术的基础。

（2）二传击球的特点

①二传击球可利用单手或双手击球，球不得在手中停留。

②二传击球可以运用传球或防守击球及"搬"等原六人制排球技术。

③二传击球的准确性大。由于手触球面积大，二传击球的稳定性强，手指、手腕灵活，易控制球。

④二传击球的目的在于给扣球队员供球，为扣球创造条件，为进攻做好准备，为防守做好串联。

（3）二传击球的作用

二传击球多用于二传，主要用于衔接防守和进攻。二传是组成战术的桥梁，是各种技术串联的纽带，起着穿针引线的作用。二传运用得好，可以组成各种进攻和反攻；二传运用得不好，就会被动挨打。二传击球可以用于防守击球，也可以用于二次进攻，能起到出其不意的效果，还可以主动或被动作为第三次击球，成为本方进攻的最后一个环节。

2. 二传击球的技术方法

二传击球可分为正面传球、背传球、侧传球和跳起单手传球。

（1）正面传球

采用稍蹲准备姿态，上体挺起，抬头看球，双手自然抬起，放松置于脸前。当来球接近额前时，开始蹬地、伸膝、伸臂，两手微张从脸前向前上方迎球，击球点在额前上方约一球距离处。当手触球时，两手应自然张开呈半球形，手腕稍后倾，以拇指、食指和中指托住球的后下部，两拇指相对，接近"一"字形（图5-61）。用拇指内侧、食指全部、中指的二三指关节触球，无名指和小指在球的两侧辅助控制传球方向。两肘适当分开，两前臂之间约成90°角，传球时主要靠伸臂和蹬地的力量，以及球的反弹力将球传出。传球后，应立即做好进行下一个动作前的准备。

 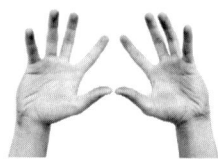

图 5-61

【技术要点】

①两手微张，从脸前向前上方迎球，击球点在额前上方约一球距离处。

②双手呈半球形，两拇指成"一"字形，用拇指内侧、食指全部、中指的二三指关节触球，用无名指和小指触球两侧。

③传球时，全身协调发力，主要靠伸臂配合蹬地将球传出。

（2）背传球

背传时上体比正面传球时稍后倾，身体重心在两脚之间，双手自然抬起，放松置于脸前。迎球时，抬上臂、挺胸、上体后屈，击球点保持在额上方，比正面传球时偏后，以便观察和向后上方用力。触球时，手腕后仰适当放松，掌心向上，击球的下部。手型与正面传球时相同，拇指托在球下。背传用力靠蹬腿、展腹、抬臂、伸肘，通过手指、手腕的弹力，把球向后上方传出。

（3）侧传球

侧传时的准备姿势、迎球动作、手型与正面传球时相同，但击球点应侧向出球方向。双臂向传球方向一侧伸展，异侧手臂的动作幅度应大些，伸展的速度也应快些，同时上身也伴随向同一侧倾斜侧屈，将球传出。

（4）跳起单手传球

当一传较高而使球飞过网时，可用单手进行二传。单手传球适用于传近距离的低、矮球，不适用于传高远球。当传球飞向球网上空时，二传球员侧身对网起跳，在空中最高点时，靠近球网一侧的手臂屈肘上举，手腕后仰，掌心向上，五指适当收拢，构成一个半球状手型，用伸肘动作传球，五指托住球底部向上弹击。

（六）扣球

1. 扣球的特点及作用

（1）扣球的概念

扣球是队员合理利用起跳动作，将高于球网上沿的球有力地扣入对方场区的一种击球方法。

（2）扣球的技术特点

①球点高。

在气排球各项基础技术中，击球点最高的就是扣球。扣球时应充分利用助跑起跳，将高于球网的球击入对方的场区。

②球速快。

据研究表明，扣球后球的飞行速度比人的反应时间快。

③力量大。

扣球队员居高临下，使扣出的球凶狠有力。

④变化多。

扣球可打出直线和斜线、长线与短线、重扣与轻吊，以及打手出界和平扣后区，转体、转腕和各种时间、空间、位置等变化。

⑤完成气排球的扣球时只能在进攻限制线之后起跳。

（3）扣球的作用

扣球是气排球的基本技术之一，在比赛中占有重要地位。扣球是得分的主要手段，是进攻中最积极有效的武器，体现了一支队伍的战术质量和效果，是夺取胜利的关键因素之一。

2. 扣球的技术方法

（1）正面扣球

以右手扣球为例，扣球助跑前，采取稍蹲姿势，两臂自然下垂，在进攻限制线后，观察判断，做好向各个方向助跑起跳的准备。以两步助跑为例，助跑时，左脚先向前迈出一步，接着右脚再迅速迈出一大步，左脚及时并上，踏在右脚之前，两脚尖稍向内转准备起跳。在助跑跨出最后一步的同时，两臂绕体侧向后引，在左脚并上踏地制动过程中，两臂自后积极向前摆动，随着两脚蹬地向上起跳，两臂也有力上摆，配合起跳。两脚从弯曲制动的最低点，猛力蹬地向上起跳。起跳后挺胸展腹，上体稍向右转，右臂向后上方抬起，身体成反弓形。挥臂时，以迅速转体、收腹动作发力，依次带动肩、肘、腕各部关节（或鞭甩动作）向前上方挥动。击球时，五指微张，呈勺型，并保持紧张，以全手掌包满球，掌心为击球中心，击球的后中部，同时主动用力屈腕、屈指向前推压，使扣出的球加速上旋。落地时，以前脚掌先着地，再过渡到全脚掌着地，同时顺势屈膝、收腹以缓冲下落力量。

【技术要点】

①助跑第一步小，寻找上步方向；第二步大，调整身体和球的距离。

②二传方向和落点决定起跳点，二传弧度高低决定起跳时间。

③利用腰腹发力，带动手臂挥动。上臂带动前臂，前臂带动手腕，做鞭甩动作。

④以全手掌包满球，击球的后中上部，手腕有前推下甩动作。

（2）单脚起跳扣球

这是助跑后第二只脚不再踏地而直接向上摆动帮助起跳的一种扣球方法，称为单脚起跳扣球。由于单脚起跳下蹲程度较浅，又无明显的急停制动动作，故比双脚起跳动作快0.2秒，因而当双脚起跳来不及扣球时，可利用单脚起跳来弥补。由于能充分利用助跑速度，加上右脚积极上摆的配合，故比双脚起跳跳得更高一些，有利于提高击球点。助跑单脚起跳扣球，可采用一步、两步或多步助跑。助跑的路线和球网的夹角宜小不宜大。有时还可顺着进攻限制线助跑击球，以避免前冲力过大，造成进攻违规。单脚起跳扣球对进攻队员的身体素质要求较高，而且进攻意识被对方识破后容易被拦，由于球速较快，也不便于保护快球。因此，这种扣球方式不常使用。

由于气排球的场地比室内排球场地小（长12米，宽6米），加之进攻受到规则限制（不能踩踏或逾越进攻限制线），因此，有相当一部分运动员采用一步助跑、垫步助跑甚至原地起跳扣球。

（七）拦网

1. 拦网的特点及作用

（1）拦网的概念

拦网是指队员在球网附近高于球网处，试图阻拦对方击过来的球，并触及球的行为。

（2）拦网的技术特点

拦网既是防守技术又是进攻手段；拦网时可以原地起跳，也可以移动助跑起跳；既可以单人拦网，也可以双人或三人拦网。拦网触球不算一次击球（触及对方在进攻限制线以内完成的没有明显弧度的击球，且来球落在本方场区算一次击球，否则应被判为拦网违例）。

（3）拦网的作用

拦网是气排球运动的基本技术之一，具有强烈的攻击性。拦网可以直接拦死、拦回对方的扣球，削弱对方的锐气，动摇对方的信心，给对方造成心理上的威胁。

（4）拦网的分类

拦网可分为单人拦网和集体拦网，集体拦网又分为双人拦网和三人拦网。

2. 拦网的技术方法

（1）拦网的准备姿势

应采用半蹲准备姿势，便于左右移动和起跳。

（2）拦网站位

3号位拦网队员应站在离中线20~30厘米处，4号位拦网队员应站在离边线1厘米处。站位离网过近，易造成触网或过中线违例；站位离网过远，容易造成漏球。此外，站位时还应考虑对方队员的进攻特点和习惯，采取相应的集中和分散站位的方式。

（3）拦网移动

①并步移动。

并步移动适用于近距离的移动，特点是方便、及时、简单、易学。由于移动时面对球网，可使移动者便于观察对方的变化，也便于随时起跳。但这种步法的移动速度较慢。

②交叉步移动。

交叉步移动适用于中、远距离的移动，特点是移动距离较远，控制范围较大，制动能力较强，移动速度较快。交叉步移动后，两脚着地时脚尖应转向球网。

③向前和斜前移动。

向前和斜前移动是指为了提高弹跳高度，队员不能贴网站立，而应站在离网一步远的地方，向前和斜前上一步起跳的技术动作。

④跑动。

跑动适合在移动距离较远时采用，特点是移动远、速度快、控制范围大。

（4）拦网起跳

拦网起跳前，要充分利用手臂的摆动帮助起跳，如果来不及，可在体侧前方划小弧用力上摆，以带动身体垂直向上起跳。拦网起跳时要充分采取身体前倾姿势，处理好人、球、网的关系。腰的角度为90°，膝的角度为100°~110°，踝的角度为80°~90°。一般脚部力量强的队员，可下蹲得深一点。拦网的起跳时间，主要根据对方二传球的高、低、远、近、扣球队员的起跳快慢、扣球动作的幅度大小，以及扣球者的个人特点而定。

（5）拦网击球

拦网击球时两臂尽力向上伸直，两手间距不大于球体直径，以防止球从两手或两臂之间漏过。拦网时的伸臂动作，既不能做得过早，也不能做得过晚。做得过早容易被对方打手出界或避开拦网扣球，做得过晚不易阻拦扣球，失去拦网效果，一般在对方击球瞬间伸臂较好。为了防止被对方打手出界，2、4号位队员的外侧手掌心要向内转。根据规则要求，拦网时，要尽量向上伸直手臂、手腕，以提高拦网点。

（6）拦网判断

拦网中的判断，应贯穿在从拦网准备姿势开始到空中拦截动作的整个过程中。拦网的每一个环节，都离不开准确的判断，否则，拦网就失去了意义。对手的一传开始时就应进行拦网判断，如果一传到位，对方就可能组织起有效的进攻，这时就要做好拦网准备；如果对方二传组织不到位，特别是对方组织进攻队员在进攻限制线内准备吊球时，则要迅速结束拦网意向和动作，这样既能避免违规，又能为防守赢得时间。

3.拦网的技术要点

①站位适当，判断准确，移动迅速，起跳及时。

②尽量向上伸直手臂、手腕，不能压腕和伸手过网拦网。

气排球比赛基本规则

第五节
羽毛球运动

一、羽毛球运动概述

（一）起源与发展

现代羽毛球起源于英国。1870年，英国格罗斯特郡巴德明顿镇兴起了一种以毽子为球、以毽子板为拍子的游戏，这就是羽毛球运动的前身。因此，"巴德明顿"（Badminton）成了"羽毛球"的英文名称。1893 年，英国正式成立羽毛球协会。1899 年，第 1 届全英羽毛球冠军赛在伦敦举行，以后每年举行一次，沿袭至今。

羽毛球于 1920 年前后传入中国，直至新中国成立后才在中国有了长足发展。如今，我国的羽毛球技术当属世界一流，在国际重大比赛上取得了举世瞩目的成就。

（二）特点

随着世人的重视和喜爱，在规则不断完善中，羽毛球的主要特点表现为高水平的"快、狠、准、活"的战术风格的独特性、高超的竞技激烈性、比赛的观赏性及大众锻炼的娱乐性与健身性。

二、基本技术

（一）握拍法

1. 正手握拍

虎口对着拍柄窄面的小棱边，拇指和食指贴在拍柄的两个宽面上，食指和中指稍分开，中指、无名指和小指并拢握住拍柄，掌心不要紧贴，拍柄端与近腕部的小鱼际肌持平，拍面基本与地面垂直（图 5-62）。正手发球、右场区各种击球及左场区头顶击球等，多采用这种握拍法。

2. 反手握拍

在正手握拍的基础上，拇指和食指将拍柄稍向外转，拇指顶点在拍柄内侧的宽面上或内侧棱上，中指、无名指和小指并拢握住拍柄，柄端靠近小指根部，使掌心留有空隙。球拍斜侧向身体左侧，拍面稍向后仰（图 5-63）。

图 5-62

图 5-63

（二）发球法

1. 正手发球（以右手发球为例）

站在靠近中线的一侧，离前发球线约 1 米的位置上。身体左肩侧对球网，右脚在后，脚尖稍向右侧，两脚距离与肩同宽，身体重心放在右脚上。准备发球时，右手握拍向右后侧举起，肘部微屈，左手拇指、食指和中指夹住球，举在腹部右前方，然后放开球，挥拍击球。击球时，身体重心由右脚移至左脚上。正手发球可发出高远球、平高球和网前球（图 5-64）。

图 5-64

2. 反手发球

发球站位可在前发球线后 10~50 厘米及中线附近，也可在前发球线后及边线附近。面向球网，两脚前后开立，上体前倾，身体重心在前脚上。右手臂屈肘，用反手握拍将球拍横举在腰间，拍面在身体左侧腰下。左手拇指与食指捏住球的羽毛，球托朝下，球体或球托在拍面前对准拍面。击球时，前臂带动手腕横切推送，使球的飞行弧线略高于网顶，下落到对方的前发球线附近（图 5-65）。

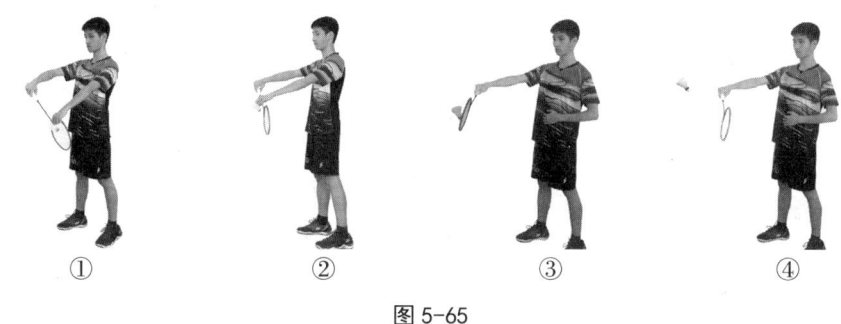

图 5-65

（三）接发球

1. 准备姿势与站位

在接发球时，一般左脚在前、右脚在后，两膝微屈，收腹含胸，身体重心放在前脚上，后脚脚跟稍抬起。身体半侧向球网，球拍举在体前，两眼注视对方。单打站位于距离前发球线 1.5 米处，双打接发球时要站在靠近发球线的地方。

2. 接各种来球

对方发来高远球时，可用平高球、吊球或杀球还击（图 5-66）。

对方发来网前球时，可用平高球、高远球、放网前小球和平推球还击（图 5-67）。

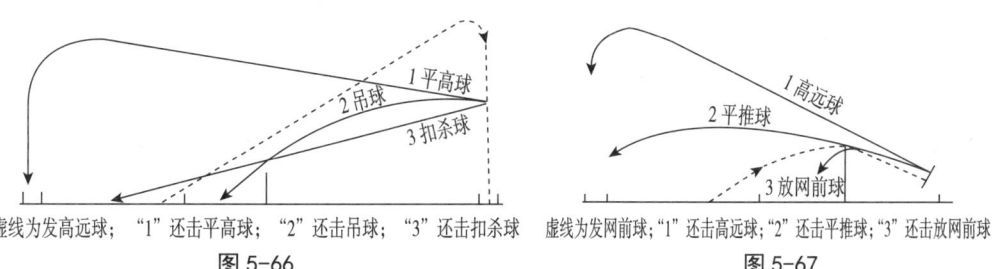

虚线为发高远球；"1" 还击平高球；"2" 还击吊球；"3" 还击扣杀球

图 5-66

虚线为发网前球；"1" 还击高远球；"2" 还击平推球；"3" 还击放网前球

图 5-67

(四)击球法

1. 高手击球

将击球点高于头部的击球,称为高手击球。高手击球按技术特点和球的飞行弧线可分为高远球、平高球、扣杀球和吊球等。

发高远球

(1) 高远球

击出高弧线飞行、几乎垂直落到对方端线附近场区内的球,称为高远球。一般用于被动情况下,为了争取时间,调整场上位置,以使对方远离中心位置而退到端线附近去击球。

①正手击高远球,以快速合理的步法移动到球降落点的位置上,击球点选择在右肩前上方,左脚在前、右脚在后,稍屈膝,重心落到右脚上。右手正手握拍举于右肩上。击球时,上臂后引,提肘,右脚蹬转收腹,自下而上发力,以肩为轴挥臂鞭打,在手臂伸直的最高点击球(图 5-68)。

②头顶击高远球,采用正手握拍法,右脚在后,上体向左后仰,击球点选择在头顶前上方。右臂的肘关节高举过肩,稍靠近头部,使球拍绕过后再向前挥摆。以鞭打时产生的爆发力将球击出。击完球后,球拍顺势经体前收至右胸前。

图 5-68

③反手击高远球,反手击高远球是当判断来球在左后场区上空时,向左后转身向球的落点位置移动,将原来的正手握拍法变为反手握拍法,举于左胸前,重心移到右脚上。膝关节微屈,左脚在后,背向球网。击球时,右脚蹬地,自下而上发力,手腕由原来屈的姿势经前臂内旋伸腕闪击,握紧拍柄,拇指顶压,将球击出(图 5-69)。

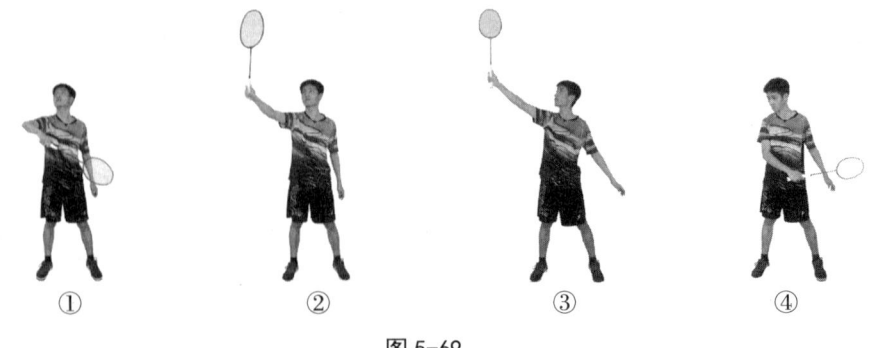

图 5-69

(2) 平高球

平高球是属于后场快速进攻的主要技术之一。它是比赛中控制与反控制,直接进攻或主动过渡以创造进攻机会的有效手段。

击平高球的方法与击高远球的方法基本一致，要求在击球点上的拍面仰角小于击高远球时的拍面仰角。

（3）扣杀球

①正手扣杀球，正手扣杀球的准备姿势与正手击高远球大致相同。击球时，要充分运用腰腹力量和肩关节的力量，发力时身体较为后仰，呈反弓形。发力挥拍，击球点在右肩前上方，拍面角度以75°~85°为宜（图5-70）。

图5-70

②反手扣杀球，反手杀球的方法与反手击高远球的方法基本一致，只是击球时，拍面角度控制在75°~85°为宜，发力方向是前下方。

（4）吊球

击球前做出击高远球或扣杀球姿势，击球瞬间突然减力，闪动手腕切削球托。关键是掌握好击球点和击球的力量及运用拍面的变化变向（图5-71）。

图5-71

2. 低手击球

击球点低于头部高度的击球，称为低手击球。低手击球技术主要有半蹲快打、接杀球和抽球。

（1）半蹲快打

两脚平行站立或右脚稍前站，两膝弯曲成半蹲，屈肘举拍于肩上。击球时，以前臂带动手腕快速挥拍，争取在身前较高位置平击过去（图5-72）。

（2）接杀球

①挡球，两脚屈膝平行站立，根据来球位置，伸出手臂，放松握拍，拍面略后仰对准来球，将球挡回对方网前区。可用正手挡球和反手挡球（图5-73）。

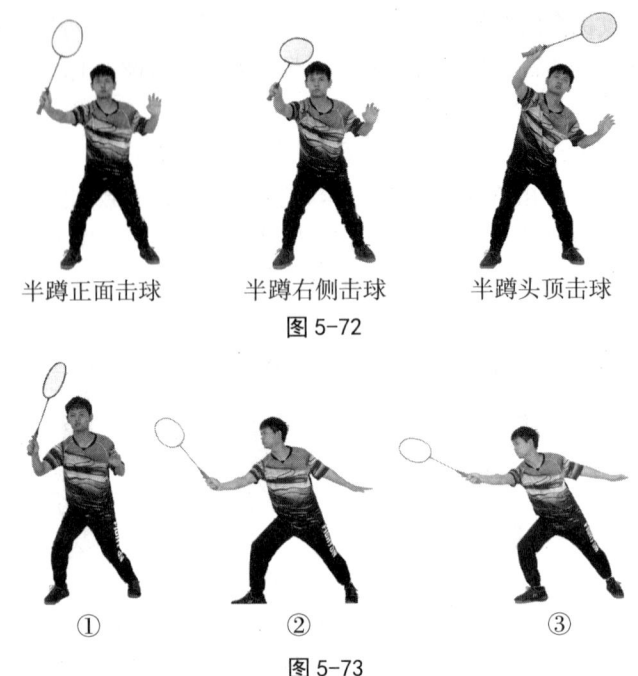

半蹲正面击球　　半蹲右侧击球　　半蹲头顶击球

图 5-72

① ② ③

图 5-73

②推球，当对方扣杀球无力或球过网较高时，可以推球回击。其方法与挡球类似，但是推球在拍触球时要握紧球拍，以前臂和手腕的发力为主向前上方甩腕击球。

（3）抽球

①正手抽球，对方击来右后场底线球时，快步向右后场移动到适当位置，最后一步以右脚向球下落的方向跨去，重心落到右脚上。右臂屈肘举拍于右肩上方，击球时，前臂带动腕部发力，闪动挥拍，将球抽向对方。

②反手抽球，对方击来左后场底线球时，转身快步向左后场移动到适当位置，最后一步以右脚向球下落的方向跨去，背对球网，重心落到右脚上。右臂屈肘举拍于左肩上方，击球时，以躯干为轴，上臂带动前臂作向后的半圆形挥拍，在手臂近乎伸直时，手腕用力向后闪动挥拍击球。

3. 网前击球

网前击球是羽毛球技术中较重要的技术，此技术较为细腻，动作小且多变，能为自己的进攻创造很多机会，是进攻的好手段。它包括放网前球、搓球、推球、扑球和勾球等。

（1）放网前球

正手放网前球时，右脚前跨，上体前倾，向前伸臂伸拍，触球时，正拍面朝上垫在球托的底部，主要靠手腕控制球拍向前上方轻轻托球，使球越网。关键在于要控制托球的力量，使球刚好越过球网落下。反手放网前球技术要先转体侧对球网，并及时换成反手握拍，用反手击球。

（2）搓球

正手搓球和反手搓球的上网动作与放网前球一样，但最后一步身体重心较高，正手搓球伸臂举拍时稍屈肘、展腕，使球拍自然地稍往后拉，以肘关节为轴，通过前臂的外旋和收腕动作，用正拍面切削球托的后底部，使球翻滚过网。反手搓球用反拍面切削球托后底部。搓球的关键在于争取较高的击球点，

搓球

出手要快，控制好击球力量和拍面角度。

（3）推球

推球的方法与搓球相仿。推球在击球时，拍面竖得较直。正手推球时，由前臂内旋，主要用食指向前快速推击。反手推球时，反手握拍，用腕部的转动和拇指向前快速推击。推球的关键在于控制好拍面角度，拍的预摆幅度要小，发力短促快速。

（4）扑球

跨步上网，屈肘向前上方举拍，用前臂和手腕的力量（正手屈腕、反手伸腕），在体前用前倾的拍面向前下方快速挥击。其关键在于在高于网的位置击球，击球动作小而快，拍面要前倾。

（5）勾球

勾球与搓球相仿。正手勾球时，前臂内旋带动屈腕动作，用拍面击球托的右后部分。反手勾球时，前臂外旋带动伸腕，用拍面击球托的左后部分。

三、基本战术

（一）单打

单打的打法是根据比赛者的个人技术特点、身体素质、心理素质等条件而形成的技术打法，常见的有以下 5 种。

1. 控制后场，高球压底

从发球开始就运用高远球或进攻性的平高球压对方后场底线，迫使对方后退，当对方回球不够靠后时，以扣杀球制胜或当对方在前场防守时，用轻吊、搓球等技术在网前吊球轻取。轻吊必须在若干次高远球大力压住后场，对方又不能及时回到前场的基础上进行。这种打法主要是力量和后场的吊球、高远球与杀技术的较量。对初学者而言，这是一种必须首先学习的基础打法。

2. 打四角球，高短结合

在后场以高远球、平高球和吊球，在前场则以放网前球、推球和挑球准确地攻击对方场区前后左右四个角落，调动对方前后左右奔跑，顾此失彼，待对方来不及回中心位置或回球质量差时，向其空当部位发动进攻制胜。

3. 下压为主，控制网前

主要指通过后场的高远球、扣杀、劈杀、吊球等技术，先发制人，然后快速上网使用搓、推、扑、勾等技术，高点控制网前，导致对方直接失误或被动击球过网，被进攻队员一举击败的一种打法。

4. 快拉快吊，前后结合

以平高球快压对方后场两底角，配合快吊网前两角（或运用劈杀）引对方上网，当对方被动回击网前球时，即迅速上网控制网前，以网前搓、勾球结合推后场底线两角，迫使对方疲于应付，为前场扑杀和中、后场大力扣杀创造机会。

5. 守中反攻，攻守兼备

以平高球和快吊球击向对方前后左右 4 个角落，以调动对方。让对方先进攻，针对进攻方打的高远球、四方球、吊球等，加强防守，以快速灵活的步法、多变的球路和刁钻准确的落点，诱使对方在进攻中匆忙移动，勉强扣杀，造成击球失误，或当对方回球质量较差时，抓住有利战机，突击进攻。

（二）双打

双打打法是根据双方的技术水平、身体素质和心理素质及伙伴的配合特点，经过长期训练而形成的。常见的战术有以下三种。

1. 前后站位打法

此打法基本上是在本方处于发球时采用。发球的队员站位较前。当发球队员发球后立即举拍封堵前场区，另一名球员则负责中场或后场的各种来球。前后站位法可充分运用快攻压网前搓、吊、推、扑技术，寻找空隙，一举打乱对方站位，或通过后攻前扑，后场连续大力扣杀，前场积极封堵，当回球在网附近时，一举给予致命打击。

2. 左右站位打法

此打法基本上在本方处于接发球状态和受到下压进攻时采用。对方发球或打来的平高球处于后场，接球方可从原来的前后站位立刻转换为左右站位，两人各负责左右半场区的防守，以平抽、平打压住对方后场底线两角，在对方扣杀球时也能以平抽反击或挑高远球至两底角，造成对方回球无力，一举扣杀或吊球成功。

3. 轮转站位打法

在比赛中，攻守双方总是根据比赛的情况而不断地在前后站位和左右站位间相互变换。站位的变换通常具有如下特点。

①发球或接发球时前后站位。当对方回击高球至后场偏一侧进攻时，位于前面的队员要直线后退，后方的队员看情况向侧方移动，改换成左右站位。

②发球或接发球时左右平行站位。在发球后或在击球过程中，一旦有机会进行下压进攻时，一名球员便快速上网封堵，另一人则快速移动到后场进行大力扣、吊、杀球，促使对方处于被动地位。

羽毛球比赛基本规则

第六节 网球运动

一、网球运动概述

（一）起源与发展

网球运动的起源最早可以追溯到 12~13 世纪的法国，它是流行于传教士中的一种用手掌击球的游戏。近代网球运动起源于英国，美国紧随其后。19世纪90年代中期，网球运动进入初步发展阶段，世界网球的最高组织——国际网球联合会于1913年在法国巴黎成立，为网球的进一步发展开阔了道路。20世纪70年代以后，网球运动进一步发展。到了90年代，网球运动得到普及，网球的职业化、商业化程度越来越高。

（二）特点

网球运动的发展不仅产生了大批热心的观众，而且还吸引了许多健身爱好者积极投身于该项运动。网球之所以如此受欢迎，其中一个重要的原因就是其本身的独特之处。与其他球类运动相比，网球运动具有独特的健身价值和欣赏价值。

二、基本技术

网球的基本技术包括无球技术和有球技术。无球技术包括握拍法、准备姿势和移动步法。有球技术包括空中球、落地球。本部分主要介绍初级网球技术的握拍法、准备姿势、移动步法、击球技术、发球和接发球。

（一）握拍法

网球有四种基本握拍方法，即东方式、半西方式、西方式和大陆式（图5-74）。

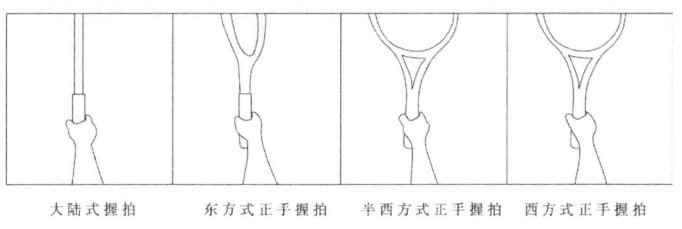

大陆式握拍　东方式正手握拍　半西方式正手握拍　西方式正手握拍

图5-74

1. 东方式

（1）正手握法

先使拍面与地面垂直，然后如同与球拍握手一样握住拍柄。这时拇指与食指间的"V"形虎口，恰好在拍柄的上平面与右上斜面的交汇处。中指、无名指和小指紧握，并与拇指接触。

（2）反手握法

使"V"形虎口略偏左侧，位于上平面和左上斜面之间的交汇处，与正手握法对称。

2. 半西方式

（1）正手握法

先使拍面与地面垂直，手掌"V"形虎口位于右上斜面和右平面的交汇处。

（2）反手握法。

手掌"V"形虎口位于左上斜面和左平面的交汇处，与正手握法对称。

3. 西方式

（1）正手握法

先使拍面与地面垂直，手掌"V"形虎口位于拍柄的右平面的中心位置。

（2）反手握法

手掌"V"形虎口位于拍柄的左平面的中心位置，与正手握法对称。

4. 大陆式

（1）正手握拍

先使拍面与地面垂直，手掌"V"形虎口位于上平面的中心位置。

（2）反手握拍

手掌"V"形虎口的位置与大陆式正手握法相同。

（二）准备姿势

两脚开立，略比肩宽，脚掌着地，脚跟抬起，身体重心置于两脚前脚掌之间，两膝微屈，并保持膝关节的良好弹性，上体放松微前倾，两眼注视对手或来球。球拍置于胸前，拍头微翘，高于手腕。用正手握拍法轻握球拍，不持拍手轻扶拍颈，稳定球拍，减轻持拍手腕部的负担，辅助引拍，加快引拍速度。

（三）移动步法

网球有五种基本步法，即滑步、交叉步、跨步、跑步和垫步。

1. 滑步

两脚平行站立。向左滑步时右脚抬起，左脚先向左侧迈出一步，右脚做滑步动作迅速跟上。滑步移动时身体重心变化快而移动速度较慢，宜在短距离移动中运用，通常在来球距体侧稍近时采用。

2. 交叉步

两脚左右开立。向右侧交叉移动时身体稍向右转，左脚从右脚前向右后交叉迈出一步，然后右脚再向右侧方向跨出一大步，同时重心移至右脚，身体转向来球方向，保持击球前的姿势。其特点是步子大，动作快，便于制动。

3. 跨步

跨步前膝部弯曲，上体前倾，身体重心移至跨出脚上。跨步时，一腿用力蹬地，另一腿向来球方向跨出一大步，后腿随重心前移自然跟上。其特点是跨距大，短距离移动快。

4. 跑步

跑步时一脚蹬地起动，另一脚迅速向前跟上，两脚交替行进，两臂配合摆动，不要过早地做击球动作的准备，直到接近击球点位。其特点是移动速度快，可以更快靠近击球点。

5. 垫步

垫步是网球运动中常用的一种步法。它是移动过程中的制动步法，要求两脚同时落地，身体重心下降，两手持球拍于体前，为击球做准备。

（四）击球技术

网球击球技术有正、反手击球、正、反手抽击球，以及底线球、破网球和截击球。

1. 正手击球

图 5-75

（1）准备姿势

面对球网，两脚开立，略宽于肩，稍屈膝，上体稍前倾，重心置于前脚掌。右手握拍，左手托住拍颈。两眼始终盯着来球。

（2）引拍

当判断球向正手方向飞来时，迅速向右转侧身，肩右转 90°，同时转髋，左脚向右前方上步，重心移至右脚，右手引拍于身体右后方。肘部要自然弯曲下垂，手腕固定，左手在体前保持身体平衡。

（3）击球

手腕固定，球拍从稍低于腰部处开始做弧线运动，逐步上升，迅速向前挥动迎击球。击球时拍面基本垂直地面，同时将身体重心从右脚移至左脚。击球时身体随之转动，腰部带动上臂击球。

（4）随挥

当球离开球拍后，击球动作不要停止，而是随出球方向挥一段距离，肘关节向前跟进，挥至左肩一侧，拍头指向天空，同时身体充分转体。在完成一次击球后，应立即回到准备姿势，为下一次击球做准备（图 5-75）。

正手击球

2. 双手反手击球

图 5-76

（1）准备姿势

身体正对球网，膝关节微屈，身体重心落于两脚前脚掌。左手托住球拍的拍颈，右手放松，注意观察并预判来球，当判断来球是反手位时，变换成双反握拍（右手在下，左手在上）。

（2）引拍

上体充分向后转将球拍以平坦的弧线向后引，膝关节弯曲，身体重心

双手反手击球

下降，右脚向前斜跨一步，眼睛始终盯着来球。

（3）击球

身体重心移至前腿，上体向前转动面向击球方向，拍头低于预期的击球点，然后向前并稍向上击球加速挥拍。击球点在左前方，拍面垂直地面。

（4）随挥

朝击球方向尽可能长地继续随挥，双腿继续伸展，击球结束球拍落于右肩上，双肘抬起，身体充分转体。球拍放低，准备做下一次击球（图5-76）。

3. 正、反手抽击球

正、反手抽击球是网球基本技术的核心，是统率全盘、决定胜负的关键。一名球员如果不掌握过硬的正、反手抽击基本功，就不可能取得比赛的胜利。

（1）准备姿势

正面对网，两脚自然开立约同肩宽，两膝微屈，重心放在两个前脚掌上，上体略前倾，两手持拍置于腹前，左手扶住拍颈，拍头向上翘起，两脚不停地轻微跳动，使身体重心随时可以向任何方向起动，即呈现一个轻快而富有弹性的准备姿势。两眼注视对方，从对方的引拍、站位与球的位置关系及眼神和表情中，判断其击球意图，预测来球方向及力量。

（2）正、反拍抽击（以正拍为例）

正拍抽击是网球运动中使用率最高的击球方法，也是网球运动员普遍掌握、较多应用的技术。当判断对方打来的球是自己的正手方向时，就要迅速转动双肩，重心后移，左脚前踏，左肩对网，同时将右手换握成正握，左脚与底线约成45°，右脚平行底线，左臂屈肘前伸，协助转体与保持身体平衡。当右手引拍到同两肩在一条直线上时，拍头向上，拍面要保持开放，肘关节不要伸直，肘关节之间要有90°~120°的夹角，拍面多指向后面挡网，从向后引拍到前挥击中球期间，手腕保持90°垂直。

后摆的球拍不要低下来等球，而要使球拍从后引时起，与向下划弧并顺势向前挥击成为一个完整的动作。击球点一般在身体的右前方，高度为身高的1/2加10厘米左右，即腰的高度。随球上网者击球点要更前些。击球时以肩为轴，挥动上臂，手腕固定，肘关节向前延伸，要尽量使拍和球有较长时间的接触，以控制球飞进的方向。

当球拍击中球的一刹那，拍面刚好与地面垂直，要击在球体水平轴的后部。实际上，由于球拍的挥动轨迹是由上而下再向上，所以击中球之后还有一个向球的水平轴上方滑动的随挥动作，于是使球产生上旋。球离开球拍后的随挥动作是正手抽击的重要组成部分，是不可忽视的动作环节。随挥动作要充分，球拍击完球顺势挥动拍面，如同看手表动作，右上臂自然地挥及下颌处。

4. 底线球与破网球

（1）底线球

尽管网球有以发球上网取代了底线对攻的打法，但底线长抽及其千变万化的打法仍然占有相当重要的地位，同时也是初学者必学的技术。打好底线球有以下几个要点。

①首先是打深（距底线1.8米之内为深区），只有把球打深，迫使对方退到底线后边还击，才能取得进攻的主动权。

②尽量把球打在两边，使对手做更多的移动，破坏对方击球节奏，使对方打出脆弱的球。

③力争打起点球。以深球压制对方,还要以速度逼对方失分。当球上升时击球,往往会使对方还击后还没很好地复位时又来击有攻击性的深球,使其仓促还击或直接失误。

(2)破网球

①破网球一种打法是打出过网后迅速下落的球。破网球对球施加充分的上旋,球飞进的速度不是很快,但过网后迅速顺势而下,对方无法在网上击球,只能处理低于网的近网球,如稍有迟疑或动作略有偏差都会使球落网。

②破网球的另一种打法是直接穿越破网。当对方上到网前尚未站稳或者站偏于场地一侧时,可趁机打他的直线或者斜线,使对手无法触碰到球。

5. 截击球

所谓截击球,就是在来球落地前凌空还击的球。截击球的后摆动作不应过大,击球点应保持在身体前方 30~60 厘米。要向前迎击来球,注意拍头不要下垂,要保持拍头高于手腕。击球时手腕固定,击球瞬间拍子应紧握,不能移动。

高于网的球,截击时平击的成分可多一些,打出具有进攻性的、力量较大的深球或斜线球;低于网的球,必须充分下蹲,保持拍头高于或平行于手腕。这种低于网的截击球,不宜打得力量太大,应以推深落点为目的。如果对方来球力量太重,自己就不应再主动发力,只要握紧球拍打准落点即可。

以上是几个常用的网球基本击球动作,还有挑高球、高压球、击反弹球、放短球等。

(五)发球

在现代网球运动中,发球是比赛中的第一次击球,它完成得好坏直接影响整个比赛的进程,所以这项技术是网球技术中最为重要的技术之一。要求运动员必须比较全面地掌握各种发球技术,以便在比赛中争取主动。发球技术根据击球点的位置分为上手和下手。

1. 上手发球

上手发球就是球拍击球瞬间在头顶以上将球击出的发球动作(一般采用大陆式握拍法)。

(1)准备姿势

全身放松,侧身站立在端线外中场标记旁边(单打),面对右边网柱,两脚分开约同肩宽,重心在左脚上。呼吸均匀,精神集中。

(2)引拍

抛球与后摆拉拍动作是同步开始的,手指前部轻轻托住球。持拍手柔和地在身前左脚前上举,直至伸高及头顶将球送出。

上手发球

(3)击球

当球下降至击球点时,迅速向上挥拍击球,双腿向下蹬,使手臂和身体充分伸展。当身体向前上方伸展击球时,肩、手臂已经回转。挥拍击球时,持拍手腕带动前臂有一个旋内的"鞭打"动作,这是重心前移、蹬腿、转体、挥拍等力量聚集的总和。

(4)随挥

球发出去后,身体向场内倾斜,保持连续的、完整的向前上方伸展的随挥动作。球拍挥至身体的左侧,重心前移,做到完全自然地跟进并保持身体平衡。

2. 下手发球

下手发球是球拍击球瞬间在头顶以下将球击出的发球动作（一般采用自身正手握拍法）。

（1）准备姿势

面对球网，两膝微屈，身体重心落在前脚掌，左手持球，右手持拍放松。

（2）引拍

上体向右后方扭转，球拍后摆，左脚向前上步，左手将球稍向上抛，两眼始终盯着球。

（3）击球

肩向前扭转，手腕关节微打开，在球落地前，在身体一侧的前面击球。

（4）随挥

击球后，击球手臂和球拍顶端尽可能长地向前上方随挥，重心前移，然后还原成准备姿势，准备下一次击球。

（六）接发球

接发球在网球运动中是最难掌握的技术之一。因为来球在刹那间变幻莫测，而且多数球击向你的较弱方位。因此，要完成理想的接发球动作，就必须在球过网之前便转移身体重心起动脚步，判断来球的方位、速度，及时到位适时还击，否则就可能造成对方 ACE 球或还击不利被动挨打。影响接发球的另一个重要因素是心理战术意识。如果让对方连连发出 ACE 球，他就会得心应手步步紧逼，打得你束手无策败下阵来。如果能顶住对方的强攻型发球，打乱其动作节奏，使他感到你的接发球无懈可击，只好改变发球方法，这就是最大的成功。

1. 握拍

接发球右手握拍和正手击球握拍一致，左手位于右手上方，紧贴右手，握拍与双反左手握拍一致，利于更快的正、反手击球切换握拍。

2. 准备姿势

接发球准备姿势要达到的效果应该是接发球员能以最快的速度随时向任何方向起动。

动作要领：两手持拍置腹前，两脚自然开立，上体稍前倾，重心放在两前脚掌上，并不停地跳动或轻轻地晃动，屈膝弯腰，抬起下颌，两眼注视来球。一般站位于接近端点的底线后，或略偏于反拍位置。前后的位置要根据对方发球方式和力量大小来确定。如良好的炮弹式发球要站在底线后 1~2 米处，接其他方式的发球一般都站在底线前后。

3. 击球

接发球的身体重心位移一般较小。正手接发球时球拍的运动轨迹平直又短促，球拍要及早后引，随挥动作比反手击球明显短促。准备击球前两手持拍置于胸腹之前，要将拍头向上翘起，拍面垂直于地面，拍头的上缘与眼的高度平齐。

当向预测方向起动时，球拍与身体重心同时转动，并根据来球位置进行移动调整，转肩时注意要使肘部离开身体，持拍臂腋下大约能有一个球的空隙。向前挥击时，尽管球拍的轨迹也是由上向下再向上，但上下幅度很小。击球前球拍没有明显后引，击球点在体前稍侧些。击球后很少随挥，拍头竖起，打势结束在较高处。

身体重心停在前脚掌上，后脚可以抬起来，一般不要离开地面，以便迅速复位，还击来球。随球上网者例外，应借助击球之势飞步向前，对于不同高度的来球要采用不同的还击方法：若来球带有较大的下旋或侧旋成分，球弹跳得低而浅，必须迅速上步，以开放式的拍面，积极地向前击打；对于平网高度的来球，用正常的打法还击，关键是当球与拍面接触的瞬间要准确地控制拍面角度，针对对方的站位与布局，确定球的飞进方向与落点；对于高过肩的来球，要积极上步，立足于早打，击球时锁住肩关节，固定手腕，身体重心明显下压，借助转体手臂挥击；对于过肩的高球，击球时切忌下压，要向高处挥击，似乎是要将球打向对方的挡网，然而由于球拍的走向在体前，击球拍面微关闭，况且又是上旋球，所以球还是会落向底线内的。

三、基本战术

网球比赛的战术变化万千，场上瞬息万变的局势是战术选择运用的依据，我们不可能把所有的战术变化罗列出来，但是应该学会根据比赛的变化，选择和制定适合自己的战术，达到取得优势和胜利的目的。

（一）单打战术

1. 发球

发球要考虑落点、力量和旋转等因素的变化，才能有良好的效果。如果发出的球有角度，使球反弹出边线，迫使对手离开基本位置，则发球效果良好。若对手站位离中线较远，可发球至接发球人的空当位置，以牵制对方。第一次发球应尽量利用大力发球，以加强攻击性，给对手造成压力。第二次发球应具有稳健性，以保持较高的成功率。

2. 接发球

在第一回合较量中对手发角度大而弹出边线的球时，若球速慢可用进攻方法还击，亦可还击大角度球，以牵制对手发球后抢攻。接大角度球时，不要向后跑，而应向前迎球，用拉球还击。接发球时应选择合适位置，可向偏弱的一边站位，起保护作用。

3. 把球打深

把球打深是指打出的球其落点要靠近球场端线附近。在单打比赛中，把球打深能将对手压在底线附近，这样可以防止对手上网，还能使自己有更充裕的时间为下次击球做好准备。另外，还能使对手回击的角度减小。对准备随球上网的运动员来说，将球打深也有重要作用。在底线击球要想把球打深，一般就应使球在网的较高处通过，大约在网上空至少1.5米处。

4. 调动对手

调动对手也就是把对手调离他能较好发力击球的位置。在单打比赛中，把球打深能致使对手场上出现空当，争取比赛的主动权。一般通过打斜线球和打直线球达到调动对手的目的。

打斜线球有较高的安全系数，因为斜线球要通过球网上空的中间位置，而球网中间的网高要比两侧立柱的高度低15厘米，故容易击球过网。它对提高命中率有较大作用，这是由球网特点所形成的，应当充分利用。还有，打斜线球比打直线球飞行距离一般要长1.98米。

打直线球对调动对手也有特殊意义，因为直线球距离比斜线球相对来说要短，故它能适当加快回击速度。当对手打来斜线球时，以直线球还击可以左右调动对手。在对手出现空当时，用直线球还击可增大击球的威胁性。

5. 网前截击

当运动员处于较有利的网前位置时，可充分发挥网前快速截击的威力。截击时采用变线打法，若能打到空当，则效果良好。所谓变线打法，就是对手打斜线球时用直线球还击，或者对手打直线球时用斜线球还击。

（二）双打战术

1. 基本站位

双打时，除发球和接发球的运动员在端线附近外，发球方的队员站在规定发球区的网前，接发球方的队员则站在规定发球区的另一侧的网前。有时发球人的同伴也可以站在端线附近，位于发球人的另一侧。发球人站在规定的发球位置，接发球人站在端线附近，准备接发球。有时接发球人的同伴不直接站在网前，而是站在发球线附近，当对手打球后再向左前或右前扑截球。

2. 发球

第一发球应采用大力发球，发球后可以随球上网，这时动作要迅速，先冲前三四步，然后停下来，准备进行第一截击。第二发球采用高弹跳的上旋发球，可以提高成功率，并给对手击球带来麻烦。

3. 接发球

对方发球时，接发球的同伴一般站在发球线附近，接发球人回球的情况将直接影响他同伴的动作。如果接发球人能有效地接发球，并且能够上网，这时两个人应同时上网；如果接发球还击的球力量较弱，这时接发球人的同伴可能会遭受到攻击。

4. 及时补位

双打比赛中及时补位很重要，它可以及时补救场上出现的薄弱地区。例如，发球队员的同伴由于截抢冲力过大，冲过中线，发球队员就应及时向空当补位；如果遇到两个对手同时上网，而同伴向中路回球又较低，被对方截击，这时处在网前的队员可准备及时截抢；如果接发球队员将球打给网前队员，这时接发球队员的同伴应迅速后退到中场进行保护。

5. 双上网和双底线

双打是两个人互相配合而进行的比赛，两个人应当发挥出一个整体水平。优秀运动员双打时，采用的理想阵形是两个人在前，或是两个人在后。如果两个人是处于双上网的位置，而对方同时也是双上网，这种情况下双方都会向有球的一侧移动。很多球是在中场来回击打，因此球场另一部分就会出现一个很大的空当区，这一空当区往往是对手进攻偷袭的地区，比赛中应当有意识地注意这一地区。如果对方两个人是处于双底线位置，那么还击时就应当使球多落在中间场区，以减小对方回球的角度。另外，双打比赛应随时重视保护中间地区，这一地区是被攻击的主要目标，所以要求两个人有很好的默契配合。

网球比赛基本规则

第七节 乒乓球运动

一、乒乓球运动概述

（一）起源与发展

19世纪末，欧洲盛行网球运动，但由于受到场地和天气的限制，英国有些大学生便把网球移到室内，以餐桌为球台，书当球网，用羊皮纸贴成球拍，在餐桌上打来打去。故乒乓球又称"桌上的网球"（table tennis）。1890年英国工程师詹姆斯·吉布从美国带回作为玩具的空心赛璐珞球，由于这种球有较大的弹性，球触及球拍、球台发出"乒乓乒乓"的声音，故称为"乒乓球"。19世纪末乒乓球首先传入德国，1902年传入日本，1904年传入中国，1905年至1910年相继传入奥地利、匈牙利及整个欧洲。

1926年12月初，英国伦敦举行了第1届欧洲乒乓球锦标赛，共有来自英国、匈牙利、德国、奥地利、瑞典、威尔士、印度、捷克斯洛伐克、丹麦9个国家的64名男女运动员参加。由于印度属亚洲国家，故经大会讨论将第1届欧洲乒乓球锦标赛改为第1届世界乒乓球锦标赛，简称"世乒赛"。首届世乒赛于1926年举行，从1959年的第25届开始改为每两年举行一次。

我国乒乓球运动始于1904年，并于1952年加入国际乒联。自1959年第25届世乒赛至今，中国乒乓球队一直称雄世界乒坛，战绩卓著，涌现出一代代男女"大满贯"优秀选手，形成"世界对中国、中国与世界"一大奇观和罕见的事实，令世界各国点赞并使国人自豪。

（二）特点

乒乓球运动具有"小中见大、灵中见活、巧中见变"的特点。一是球体小和场地小，而速度快，力量和方向变化大；二是技战术发展快和球拍变换多样，难度大；三是规则改革变换大，每局得分与失分快，同时每次比赛胜负的偶然性和概率不断加大。

二、基本技术

乒乓球基本技术，是指在乒乓球运动中身体动作与球的运动协调配合所表现出的多种技能的总称，主要分为握拍法、站位、基本步法、发球、接发球、推挡球、攻球、搓球、弧圈球等技术动作。

（一）握拍法

1. 直握拍法

（1）快攻型直握拍法

拍柄贴在虎口上，拇指的第1指节压住球拍左肩，食指的第2指节压住球拍右肩，拇指第1指节和食指第1、2指节位于球拍前面呈钳形，两指尖距离1~2厘米，其他3指自然弯曲叠置于拍后（图5-77）。

（2）弧圈型直握拍法

食指扣住拍柄与拇指共同形成环状，其他3指自然微伸叠置于拍后（图5-78）。

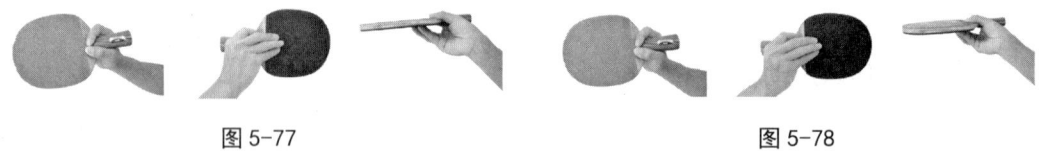

图5-77　　　　　　　　　　　　　图5-78

（3）削球型直握拍法

拇指弯曲紧贴拍柄左侧，稍用力下压，其余4指分开并自然伸直托住球拍的背面（图5-79）。

2. 横握拍法

（1）攻击型横握拍法

拇指自然斜伸，贴于拍面。食指自然斜伸，贴于球拍背面，用第1指节顶住球拍，顶点略偏上（图5-80）。

（2）削攻型横握拍法

拇指在前自然弯曲贴于拍柄，食指在拍后自然斜伸贴于拍面，其他各指自然握住拍柄（图5-81）。

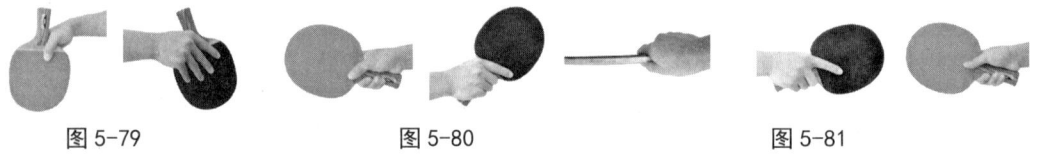

图5-79　　　　　　　图5-80　　　　　　　图5-81

（二）站位

运动员为了便于回击各种不同落点和性能的球，在每次击球前，都会根据个人的打法和身体特点力求使自己处于一个相对固定的位置，并保持一种相对稳定的姿势。这个相对固定的位置就叫基本站位，这种相对稳定的姿势就叫基本姿势。选择正确的基本站位与姿势，有利于迅速起动，占取合理的击球位置，充分发挥自己的技术特长。

1. 基本站位

进攻型打法一般距离球台0.5米左右，擅长近台进攻的选手，站位可再稍近些（图5-82）。擅长中远台进攻的选手，站位可稍靠后些。擅长正手侧身抢攻的选手，可站在球台偏左侧。擅长打相持球或反手实力较强的选手，可站于球台中间略偏反手的位置。削攻型打法选手一般距离球台1~1.5米，多在球台中间略偏反手的位置（图5-83）。

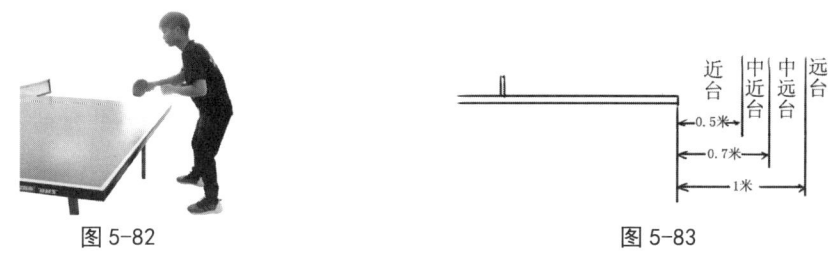

图 5-82　　　　　　　　　　　图 5-83

基本站位是指一个大概范围，并不是固定的一点。各种类型打法的基本站位不仅不一样，而且它们所指的范围大小也不相同。直拍近台快攻打法的基本站位所指范围较小，弧圈球打法就大些，而削球打法则更大。

2. 基本姿势

两脚开立，比肩稍宽，左脚稍前，右脚稍后，前脚掌内侧着地，脚后跟略提起，两膝自然微屈，重心在两脚之间，含胸收腹，身体略前倾，肩关节放松，执拍手位于身前偏右处，球拍略高于台面（图 5-84）。每个选手的基本姿势依其身体条件及技术特点略有变化。

图 5-84

（三）基本步法

1. 半步

以一脚为轴，另一脚向前、后、左、右不同方向移动，重心随之跟上。其特点是：移步简单、灵活，重心平稳。它适用于来球速度快，在离身体不远的小范围内击球，如接近网球、搓球、推挡球、离身体不远的削球等（图 5-85）。

2. 并步

先以来球异方向的脚向同方向的脚迈一步，然后同方向的脚再向来球的方向迈一步，重心随之交换。其特点是：身体不腾空，重心起伏小且很稳定。并步一般为攻球、削球选手在左右移动时采用（图 5-86）。

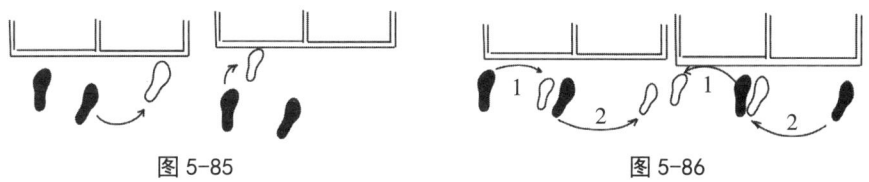

图 5-85　　　　　　　　　　　图 5-86

3. 换步（跟步）

先以来球同方向的脚向来球方向跨出一步，另一只脚跟着移动一步，重心随之交换。其特点是：基本上同并步，一般运用于来球稍远的情形，还运用于侧身攻球（图 5-87）。

4. 跨步

以一脚蹬地，另一只脚向来球方向腾空跨出一大步，身体重心随即移到摆动脚上，另一只脚跟着移动（图 5-88）。其特点是：速度快，幅度范围比单、并、换步移动大，进攻型选手多用于扑打正手球，削球选手多用于应对对方的突然攻击。

图 5-87　　　　　　　　　图 5-88

5. 跳步

以来球异方向的脚用力蹬地为主，使两脚同时或几乎同时离地向来球的方向跳动。蹬地用力大的脚先落地，另一只脚紧跟落地，可以原地或向左、右、前、后跳动。其特点是：快速、灵活，移动幅度比单、并、换步大，有短暂的腾空时间，靠膝关节和踝关节的缓冲来减少重心的起伏。快攻打法用跳步侧身抢攻较多，弧圈球打法在中台左右移动或侧移动时常用，搓球、削球时用跳步调整位置较多（图 5-89）。

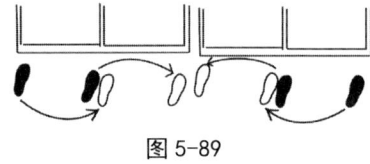

图 5-89

6. 交叉步

先以靠近来球方向的脚作为支撑脚，远离来球方向的脚向来球方向移动，并超过另一脚，然后另一脚随即向来球方向再迈一步（正交叉步图 5-90，反交叉步图 5-91）。其特点是：移动幅度比上述步法的移动幅度都大，主要用于来球离身体较远的情形。快攻、弧圈球打法在侧身进攻后补正手位空当或削两边大角度来球时，常用此种步法。

7. 小碎步

小碎步是在原位高频率的小垫步或在小范围内的小跑动。可用于原地的重心调整、小范围的取位移动、击球后的还原、不同步法间的衔接、回击中路追身球的取位移动，以及离台很远进行大范围步法移动前的预动（图 5-92）。

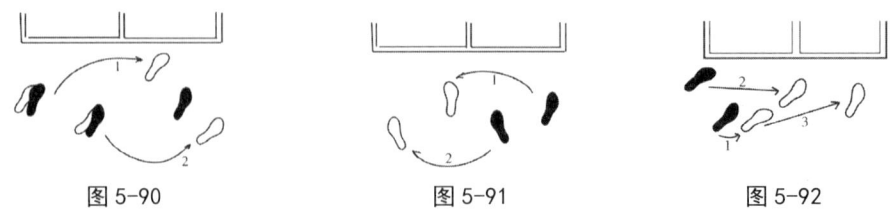

图 5-90　　　　　　　图 5-91　　　　　　　图 5-92

（四）发球

发球是乒乓球运动中非常重要的技术，是比赛的开始，它不受对方来球制约和限制。在比赛中，发球可以直接得分，可以为发球抢攻创造条件，充分发挥自己的技术风格和特点，限制对方技术特长发挥，破坏对方的战术，造成对方心理恐惧，增强自己比赛的信心。

1. 正、反手平击发球

（1）正手平击发球

左脚在前，身体稍向右转，左手掌心托球，置于身体右侧，右手持拍也置于身体右侧。持球手将球向上抛起，同时右臂稍向后引拍，在球略低于网时，持拍手从身体右后方向前挥拍，拍形稍前倾，撞击球的中部靠上位置。击球后，前臂和手腕继续随势向前挥动，身体重心移至前脚。击出的球应先落在本方台面的中区（图 5-93）。

正手平击发球

图 5-93

（2）反手平击发球

右脚在前，球向上抛起后，右手持拍从身体左后方向前挥动，拍形稍前倾，击球中部靠上位置，身体重心移至前脚（图 5-94）。

反手平击发球

图 5-94

2. 正、反手发上旋球

（1）正手发上旋球

右脚稍靠后，身体稍向右转，右手持球拍置于身体右侧。发球时持球手将球向上抛起后，持拍手迅速向右后上方引球拍。待球下落时，前臂迅速由后向左前方挥动，拇指压拍，拍面稍向左前倾斜。当球降至约与网同高时击球，球拍沿球的右侧中部向中上部摩擦。击球后手臂和手腕顺势向前挥动（图 5-95）。

图 5-95

（2）反手发上旋球

右脚稍靠前，身体稍向左转，左手掌心托球置于体前左侧，右手持球拍于身体左侧。球向上抛起后，待球下落时前臂迅速向前挥动，击球点约与网同高或略低，球拍面稍前倾，击球的中上部位置。击球后手臂和手腕顺势向前挥动（图 5-96）。

图 5-96

3. 正手发左侧上（下）旋球

（1）正手发左侧上旋球

站位左半台，左脚稍前，身体略向右偏，左手掌心托球位于身体右前方。球从高点下落时持拍手从右上方向左下方挥拍，当球落至与网同高时，持拍前臂加速挥摆，手腕发力使球拍加速向左下方挥动，击球的中部位置并向左侧上方摩擦。根据发球长短调整第一落点的远近。

（2）正手发左侧下旋球

挥拍击球时，侧上旋是屈腕垂拍，侧下旋是沉腕拇指压拍，击球中下部位置并向左侧下方摩擦。

4. 正手发下旋球与不转球

发下旋球时，拍面稍后仰，手臂向前下方挥摆，用球拍下部靠左的位置摩擦球的底部，触球瞬间手腕有一定爆发力。

发不转球时，动作的轮廓与发下旋球时一致，只是减小拍面后仰角度，用球拍中下部偏右的位置触球的中下部，触球瞬间用拍推球。

（五）接发球

首先要判断好来球的旋转性能、力量大小、速度快慢和落点远近，然后决定回击方法和还击技术。接平快球和上旋球时，可用推挡和攻球来回击；接下旋球时，应将球拉起，击球的中下部，也可用搓球、削球或提拉、弧圈球等技术还击；接侧旋球（包括侧上、侧下）时，可把球回击到对方球拍移动的相反方向，用推挡、攻球等方法还击。

（六）推挡球

推挡球是乒乓球初学者首先应该学习的技术。推挡球可分为挡球、快推、加力推等技术动作。

1. 挡球

两脚平行站立，身体靠近球台。击球前，上臂贴近身体，前臂约与台面平行，球拍置于腹前。击球时，调整好拍形，在来球上升期触球的中部或中下部，借来球的反弹力将球挡回，击球后迅速还原。

2. 快推

站位近台偏左，两脚平行或右脚稍后站立。击球时，前臂向前推击同时前臂外旋，在球上升时,击球的上部,把球快推过去。

3. 加力推

击球前,前臂上提,球拍后引,肘部贴近身体,球拍位置高于击球点,拍面稍前倾;击球时,中指顶住拍背,拍形较为固定,执拍手由后向前推压,在来球上升后期或最高点击球中上部;击球后,手臂随势前送。

(七)攻球

攻球具有力量大、速度快等特点,是比赛中争取主动、克敌制胜的重要手段,所以各类打法都必须掌握攻球技术。攻球技术分为正手攻球和反手攻球,按通常的惯称又可分为快攻、快点、快拉、快拨、突击、杀高球、中远台攻球等技术。

1. 正手攻球

呈基本姿势站立,击球前身体稍向右转,以腰带臂横摆(忌上臂后拉抬肘),引拍至身体右侧,重心落于右脚,身体和手臂的夹角为35°~40°,肘关节自然弯曲约120°,击球时向前上方挥拍迎球,触球瞬间,前臂用力收缩,触球的中上部,手腕辅助发力,身体重心由右脚移到左脚,球拍因惯性顺势挥至额前,球击出后,迅速还原,手臂放松,准备下一拍击球。

正手攻球

2. 反手攻球

(1)直拍反手攻球

两脚平行开立或右脚稍前,上体稍左转,前臂后摆,引拍至腹前左侧,击球时前臂向右前上方挥动,肘内收,食指控制好拍形,击球的中上部,手腕辅助发力。

反手攻球

(2)横拍反手攻球

两脚平行开立,腰、髋略向左转的同时,带动前臂向后引拍,手腕稍后屈,肘部略前伸,击球时前臂手腕向前上方发力,触球的中上部,前臂和手掌背部的运行方向决定击球的方向。

(八)搓球

搓球是一项过渡性技术,用它对付下旋来球比较稳健,常为进攻创造条件,根据击球方位的不同分为正手搓球和反手搓球。

以反手搓球为例。近台站位,击球时,拍面后仰,屈臂后引,以前臂向前用力为主,配合手腕动作,根据来球旋转的程度调节拍面角度和用力方向。来球下旋强,拍触球的底部,向前用力大些;来球下旋弱,拍触球的中下部,向下用力大些。

(九)弧圈球

弧圈球是一种上旋力非常强的进攻技术,与攻球相比,它在对付强烈下旋球及低于网的来球时更加稳健,因此被广泛使用。这里主要介绍正手弧圈球。

以正手弧圈球为例。左脚在前,右脚稍后,身体略向右扭转,腹微收,髋稍向右后方压转，左肩略高于右肩。击球时，右脚掌内侧蹬地，以腰、髋的扭转带动手臂向左上方挥动。击球瞬间，快速收缩前臂，直拍的中指（横拍的食指）应加速，造成手腕在触球瞬间的甩动（图5-97）。

① ② ③ ④ ⑤ ⑥

图5-97

1. 加转弧圈球

手臂在腰的带动下向后下方引拍，球拍低于来球，在来球的下降期或高点期，摩擦球的中部或中上部，以向上发力为主，略带向前发力。

弧圈球

2. 前冲弧圈球

重心稍高于拉加转弧圈球，手臂自然向后引拍，球拍与来球同高或稍低于来球，在来球的上升后期或高点期，摩擦球的中上部或中部，以向前发力为主，略带向上发力。

三、基本战术

乒乓球基本战术是指运动员根据自己和对手双方实力的对比，积极发挥自己的长处，合理地运用技术，达到胜利的目的。乒乓球的主要战术有发球抢攻、对攻、搓攻等。

（一）发球抢攻战术

发球抢攻战术是各种类型打法的重要战术之一，是比赛的重要得分手段，特别是在关键时刻，果断运用发球抢攻显得格外重要。

①反手发急下旋球为主，配合发短球和急上旋球后抢攻或推挡。

②反手发右侧上、下旋球至对方中间偏右近网处，配合发大角度长球，伺机抢攻。

③正手发下旋转与不转短球至对方右角或中路为主，配合发长球至对手左方，伺机抢攻，一般先发加转球。

（二）对攻战术

对攻是进攻型选手相互对抗时，双方利用速度、旋转、落点变化和轻重力量进行控制与反控制对方，力争主动的重要手段，它主要是发挥快速多变的特点来调动对方，以达到攻击的目的。快攻对付以弧圈球为主的打法，主要是用速度、落点和轻重力量的变化，迫使对方难以发挥旋转的作用，拉不出高质量的弧圈球。快攻对付以快攻为主的打法，主要是用速度、力量和落点变化，迫使对方难以发挥速度和力量的作用。各种具体对攻战术主要是由左推右攻或正、反手攻球结合变化落点和轻重力量组成。

①紧压对方反手，结合变线，伺机正手抢攻或侧身抢攻。

②压左调右（亦称压反手变正手），压左等右，伺机抢攻。

③用加、减力推挡结合推下旋，压对方反手、中路，伺机抢攻。

④连压对方中路，突变两角，或压两角抢攻中路。
⑤采用轻重球相结合的战术。

（三）搓攻战术

搓攻战术是削中反攻和攻守结合类打法的主要进攻战术，也是快攻类打法对付攻球和削球打法的辅助战术。它主要是利用旋转和落点变化控制对方，为进攻创造机会。

1. 搓不同落点

如搓两角、搓同线长短、搓异线长短、搓追身，伺机突击。

2. 搓转与不转结合落点变化

如快搓转与不转结合，快、慢搓结合，下旋和侧旋结合等，伺机突击。

3. 搓拉结合

如先搓后拉，先拉后搓，搓中变推等，伺机突击。

四、双打

双打比赛是一个十分活跃且很有趣味的项目，它要求两名选手紧密配合、相互了解、相互信任、共同合作，发扬集体主义精神，这样才能取得好的成绩。

（一）双打的几种配对形式

①一名快攻选手与一名弧圈球选手配对，即一快一转、一前一后。
②一名快攻左手选手与一名快攻右手选手配对，形成一左一右移动走位。
③一名快攻正胶选手与一名快攻反胶选手配对，形成环形移动走位。

（二）双打的走位

①"八"字形走位：适用于一左手和一右手执拍进攻型选手配对时的走位（图5-98）。
②环形走位：适用于两名右手执拍选手配对时的走位（图5-99）。
③"T"字形走位：适用于一近台与一中远台选手配对时的走位（图5-100）。
④横"曲"字形走位：适用于对方对本方一名选手交叉打两角时的走位（图5-101）。

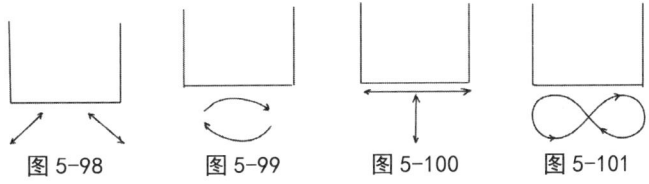

图5-98　　图5-99　　图5-100　　图5-101

（三）发球和接发球时的站位

1. 发球员与同伴站位

①平行站位，发球员站位偏右，让出3/4的位置给同伴居中近台站立。
②前后站位，发球员站位偏右稍前，其同伴站位居中略后。

2. 接发球员与同伴站位

①平行站位，多为一左一右，快攻型选手反手接发球时采用。

②前后站位，快攻型选手用正手接发球时采用，接球员站近台偏中位置，同伴稍后错位站立。

思 考 题

1. 篮球技术包括哪两大部分，分别是什么？
2. 足球的防守战术方法主要有哪些？
3. 在排球运动中，什么技术是在比赛中得分的主要手段，是进攻中最积极有效的武器？
4. 气排球的防守战术主要包括什么？
5. 网球运动中有哪几种握拍法？
6. 乒乓球运动的基本步法有几种？

乒乓球比赛基本规则

第六章

游泳

> **学海导航**
> 1. 了解游泳运动的起源，发展及分类。
> 2. 掌握游泳运动的基本技术。
> 3. 掌握游泳自救的基本知识。
> 4. 熟悉间接和直接救护基本技术。
> 5. 了解游泳锻炼卫生常识。

第一节 游泳运动概述

一、现代竞技游泳运动的起源

现代竞技游泳起源于英国。1837年，英国伦敦成立了世界上最早的国家游泳组织。1896年，在希腊举行的第1届现代奥运会上，游泳就设有男子100米、150米和1000米共3个项目。1908年，在英国举行第4届奥运会时，成立了国际游泳业余联合会，审定了各项游泳世界纪录，并确定了国际比赛规则。1912年，在瑞典举行的第5届奥运会上，女子游泳被列为比赛项目，标志着现代竞技游泳运动初步形成。

二、我国游泳运动的发展

19世纪中叶，现代竞技游泳由欧美传入我国香港及沿海各省。1887年，广州沙面修建了25码室内游泳池，以后逐渐有了游泳比赛。1924年成立了中国游泳研究会。1924年第3届全国运动会上设立了男子组游泳比赛，1933年第5届全国运动会增设了女子组游泳比赛。

新中国成立以后，我国游泳运动得到了很大的发展，群众性游泳活动广泛开展起来。1953年，吴传玉在世界青年联欢节游泳比赛中获得男子100米仰泳冠军，新中国的五星红旗第一次在国际运动场上空飘扬。1957年4月，中国游泳协会在北京成立，同年戚烈云以1:11.6的成绩创造了男子100米蛙泳的世界纪录。穆祥雄在1958—1959年多次打破男子 100 米蛙泳世界纪录，并多次在全国比赛和国际比赛中获得 100 米和 200 米蛙泳冠军，被誉为"蛙王"。1982 年后，在历届亚运会和亚洲锦标赛上，中国运动员均取得优异成绩，中国游泳开始"冲出亚洲，走向世界"。

自 1992 年巴塞罗那奥运会我国首次获得游泳金牌以来，截至 2016 年里约奥运会，共获得奥运会游泳金牌 13 枚。涌现出庄泳、罗雪娟、叶诗文、孙杨等一批名将。

三、游泳的分类

若按照现代奥运会游泳比赛项目来分，有游泳、跳水、水球和花样游泳四个大项，都在国际游泳联合会管理之下。中国游泳协会也分管这四个运动项目。若根据目的和功能来分，游泳运动可分成竞技游泳、实用游泳、大众游泳三类。

（一）竞技游泳

竞技游泳是按特定技术要求和比赛规则进行竞赛的游泳项目，分为游泳池比赛和公开水域比赛两大类。在游泳池比赛的竞技游泳分为自由泳、蛙泳、仰泳、蝶泳 4 种泳姿和由这 4 种泳姿组成的个人混合游泳及接力比赛。竞技游泳主要是以速度来决定名次。

（二）实用游泳

实用游泳是指军事、生产、生活服务上使用价值较大的游泳方式。包括水上救护、武装泅渡、运物等，常采用爬泳（自由泳）、蛙泳、侧泳、潜泳、踩水（立泳）等游泳技术。

（三）大众游泳

大众游泳活动包括娱乐游泳、水中游戏、水中健身、康复游泳、自然水域游泳等，不追求严格的技术和速度，以强身健体为主。冬泳是大众游泳的一项重要活动，包括在人工游泳池和自然水域的低水温中游泳，深受大众喜爱，在我国北方地区开展广泛。

第二节 游泳运动基本技术

一、熟识水性

（一）水中直立练习

水中直立练习指站立在水中做走、跑、转身、跃起、下沉等动作练习，可用两手拨水维持平衡。熟练后可加快动作速度。

（二）呼吸练习

游泳主要用口吸气，用鼻呼气或口鼻一齐呼气。练习主要是单人、扶边或在同伴帮助下进行，用口吸气后闭气，慢慢下蹲将头全部浸入水中，停留片刻后起立换气（图 6-1）。

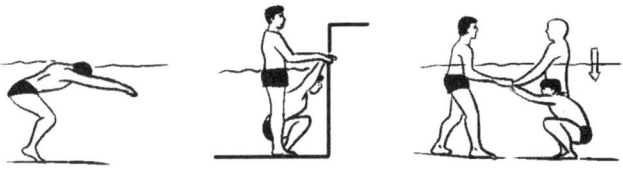

图 6-1　呼吸练习

（三）浮体练习

分为抱膝和展体两种姿势。深吸气，在水中闭气的时间应尽可能地长。站立时，两臂前伸向下按压水并抬头，以脚触池底站立（图 6-2）。

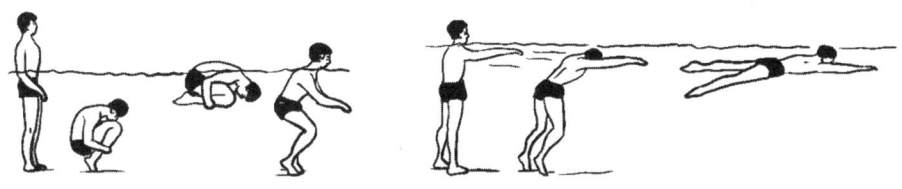

图 6-2　浮体练习

（四）滑行练习

蹬池底或蹬池壁并使身体成流线型的动作。滑行时臂和腿要并拢伸直，头夹于两臂之间，身体成流线型（图 6-3）。

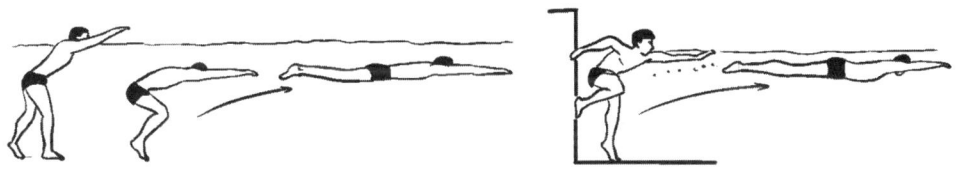

图 6-3　滑行练习

二、蛙泳

蛙泳是人体俯卧水面，两臂在胸前对称直臂侧下屈划水，两腿对称屈伸蹬夹水，似青蛙游水。蛙泳较省力，易持久，实用价值大，常用于渔猎、泅渡、救护、水上搬运等，适宜游泳初学者学习。

（一）身体姿势

在一个动作周期（1 次蹬腿 1 次划手）结束后，有一个短暂的相对稳定的滑行瞬间。此时臂腿并拢伸直，身体较水平地俯卧于水面，头略微抬起，身体纵轴与水平面成 5°~10°角，并保持一定的紧张度，以保持较好的流线型。当划水和抬头吸气时，头抬出水面，肩部上升，做收腿动作，这时身体与水平面的夹角增大，约为 15°（图 6-4）。

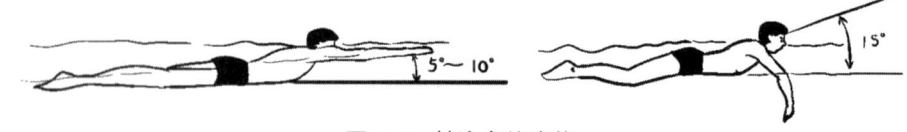

图 6-4 蛙泳身体姿势

（二）腿部技术

腿的动作可分为 4 部分，即收腿、翻脚、蹬腿和滑行（图 6–5）。

1. 收腿

收腿动作不但不能产生推进力，反而会给身体带来阻力，因此要考虑如何减小助力。开始收腿的同时屈膝、屈髋，两膝边逐渐分开，边向前收，小腿和脚应跟在大腿和臀部的后面，以较慢的速度和较小的力量使脚后跟向臀部靠拢，以减小阻力。收腿结束后，大腿与躯干之间呈 130°～140° 角，大腿与小腿之间呈 40°～50° 角（图 6–6）。

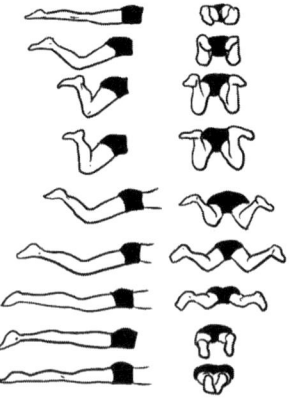

图 6-5 蛙泳腿的动作

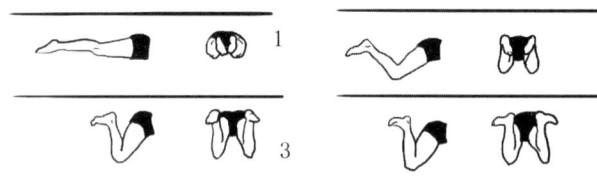

图 6-6 收腿

2. 翻脚

翻脚对蛙泳时腿的效果起着重要的作用。但翻脚并不是一个独立的动作阶段，而是在收腿没有完全结束时就开始了。通过向外翻脚，使脚尖朝外，增大脚对水的接触面积，并使脚和小腿内侧对准蹬水的方向。翻脚结束时，两脚之间的距离要大于两膝之间的距离。

3. 蹬腿

蹬腿也叫"蹬夹水"或"鞭状蹬水"。先伸展髋关节，从大腿发力向外后方蹬水，小腿和脚掌做向下和向后的鞭水。腿在向后蹬的同时向中间夹紧，蹬腿结束时两腿应并拢伸直，踝关节伸直（图 6–7）。

4. 滑行

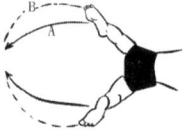

图 6-7 蹬腿

蹬腿结束后，由于蹬腿的惯性作用两腿有一个短暂的滑行阶段。这时两腿应尽量伸直并拢，腿部肌肉和踝关节自然放松，为下一个动作周期做好准备。

（三）臂部技术

蛙泳的手臂部动作可分为开始姿势、滑下、划水、收手和移臂 5 部分。

1. 开始姿势

蹬腿结束时，两臂前伸，与水平面平行，掌心向下，身体保持流线型（图 6–8）。

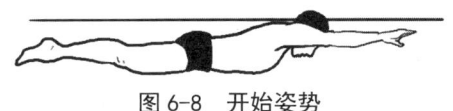

图 6-8　开始姿势

2. 滑下

两肩和手臂前伸，手腕向前、向外、向下方勾手。抓水结束时，两臂分开约呈 45°角（图 6-9）。

3. 划水

划水是产生推进力的主要部分。划水开始时，两手继续外分，手臂向外旋转，同时屈肘、屈腕，保持高肘划水。划水时手臂同时向外、向下和向后运动（图 6-10）。

图 6-9　滑下　　　　　　　　　　图 6-10　划水

划水的整个过程应加速并始终保持高肘姿势完成，肘关节弯曲的角度随划水的进行不断减小，到划水即将结束时，肘关节屈至约 90°角，手位于肩的前下方。

4. 收手

划水结束后，手臂向外旋转，手同时向内、向上和向前快速运动，开始收手过程。收手时，两掌心相对。收手结束时，肘的位置低于手，肘关节弯曲成较小的锐角（图 6-11）。

5. 移臂

移臂是在收手的基础上完成的。通过向前伸肩和伸肘，两臂前移至开始姿势。移臂时，掌心可以向下，也可以先向内，在即将结束时再转为向下（图 6-12）。

图 6-11　收手　　　　　　　　　　图 6-12　移臂

（四）呼吸及完整配合技术

蛙泳的呼吸一般在一次动作周期中吸一次气。臂、腿、呼吸的配合多采用 1:1:1 配合。蛙泳呼吸利用抬头吸气，有早吸气和晚吸气两种配合形式。早吸气是在手臂刚开始划水时抬头吸气，吸气时间相对较长，收手和移臂时低头呼气。这种配合方法易于掌握，可以利用划水时的下压产生升力，有助于使上身浮起，抬头吸气。晚吸气是指划水结束收手时吸气，吸气时间较短，移臂时低头呼气。这种技术虽有一定难度，但由于抬头时间短，身体重心和浮心推动平衡的时间短，因而阻力小，所以常被高水平运动员所采用（图 6-13）。

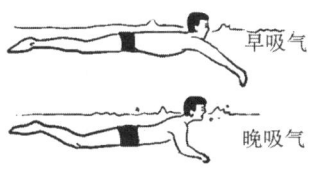

图 6-13　呼吸

蛙泳臂腿配合技术较为复杂。正确的配合技术是：手臂划水时，腿自然放松伸直；收手时腿自然屈膝；开始移臂时收腿，并快速蹬腿。

三、自由泳

自由泳的动作结构比较合理、省力、阻力小，是当前速度最快的一种游泳姿势。

（一）身体姿势

身体俯卧尽量保持水平，头部和躯干在一条直线上，两眼看向池底。手臂和腿伸展且尽量不要分开太大，身体平稳，不要有明显的左右摇摆，保持流线型（图6-14）。

图6-14 身体姿势

（二）腿部技术

以直腿开始向上打，脚接近水面时屈膝，小腿上抬，使脚掌露出水面后向下打水。大腿动作由髋部发力，大腿带动小腿，做鞭状打水动作，并保持流线型（图6-15）。

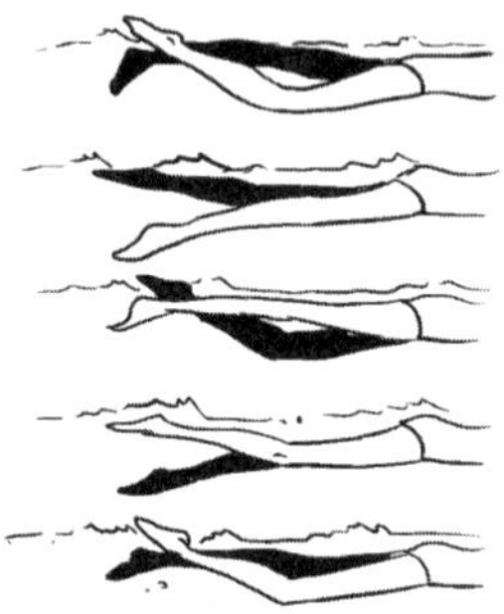

图6-15 腿部动作

（三）臂部技术

自由泳时臂部动作分为入水、抱水、划水、出水和空中移臂。

1. 入水

完成空中移臂后，手在控制下自然放松入水。手的入水点一般在身体纵轴和肩关节前后延长线之间。入水时手指自然伸直并拢，手指首先触水，然后前臂、上臂自然插入水中（图6-16）。

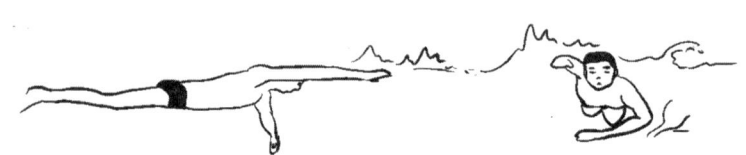

图6-16 入水

2. 抱水

臂入水后，在积极向下方插入的过程中，手掌从向斜外下方转向斜内后方并开始屈腕、屈肘，肘高于手，以便能迅速过渡到较好的划水位置。抱水结束，整个手臂像抱着一个大圆球似的为划水做准备（图6-17）。

3. 划水

划水是发挥最大推进作用的主要阶段，其动作过程可分为拉水和推水两个部分。紧接抱水阶段进入拉水，这时要保持抬肘，并使上臂内旋。同时继续屈肘，使手的动作迅速赶上身体的前进速度，拉水至肩的垂直平面后，即进入推水部分。上臂在保持内旋姿势时，带动前臂，用力向后推水。同时，使肩部后移，以加长有效的划水路线。向后推水有一个从屈臂到伸臂的加速过程，手掌从内向上、从下向上的动作路线加速划至大腿旁。整个抱水和划水动作，手的轨迹始于肩前，继而到腹下，最后到大腿旁，呈 S 形（图 6-18）。

图 6-17　抱水　　　　　　　　　　图 6-18　抱水和划水轨迹

4. 出水

划水结束时，掌心转向大腿，小指向上，手臂放松，肘微屈。由上臂带动，肘部向外上方提拉，带前臂和手出水面，掌心转向后上方。出水动作必须迅速而不停顿，同时应该放松。

5. 空中移臂

紧接出水不停顿地进入空中移臂。移臂时，肘高于手，手掌和前臂放松。

（四）两臂配合与呼吸技术

自由泳一臂入水时与另一臂形成的交叉位置有前交叉、中交叉和后交叉 3 种类型（图 6-19）。

前交叉是指一臂入水时，另一臂在肩前方与平面呈 30°左右。前交叉有利于初学者掌握自由泳动作和呼吸，但动作不连贯，速度的均匀性差。中交叉是指一臂入水时，另一臂处在肩下，与水平面呈 90°。后交叉是指一臂入水时，另一臂划至腹下，与水平面呈 150°左右。后交叉配合容易破坏身体平衡，会有头重脚轻的感觉。

自由泳中呼吸动作与身体转动应同时进行，要掌握正确的呼吸时机。以向右侧吸气为例，右手入水后用口和鼻缓缓呼气，身体向右侧加大转动幅度。当左手入水，右手划水时，头随着身体向右侧转动。右臂即将出水时，头随身体向右转动使嘴露出水面吸气。右手移臂时，头随身体向左转动，复原到水中位置（图 6-20）。

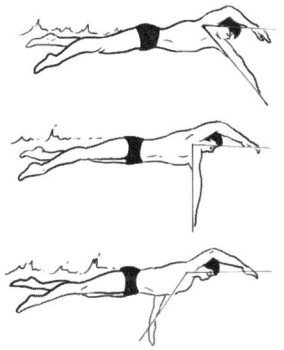
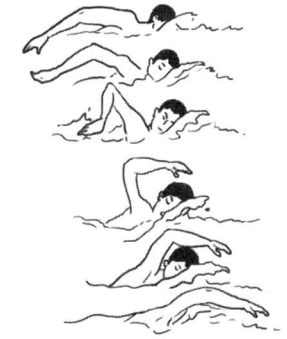

图 6-19　两臂配合　　　　　图 6-20　呼吸和身体的配合

第三节
自救和水上救护基本知识

一、自我救护

首先，尽可能地不要去野外游泳，野外游泳有淤泥（陷入后难以自拔）、尖石（潜入时头破血流）、暗流（误入则猝不及防）、水草（被缠住则难以脱身）四大危险。其次，不要独自一人去游泳，遇到危险，无人求助，极其危险。下面对晕水、呛水、抽筋的自我救护进行介绍。

1. 晕水

初学游泳者，下水后出现心跳加快、头晕眼花、站立不稳等情况时要镇静，在池边逐渐熟识水性，练习多次后这种现象会消失。如果因空腹游泳出现晕水，可在下水前适当补充能量。

2. 呛水

呛水是游泳呼吸时水从鼻孔或口腔吸入呼吸道。遇呛水时要保持镇定，先将头露出水面，调整呼吸或将呼吸道的水咳出来，再靠近池边调整和休息一会。

3. 抽筋

抽筋主要是身体过于疲劳、水温过低或动作过分紧张、蹬腿用力过猛等原因所造成的。一般采用牵引拉长抽筋部位肌肉的方法来解除，并用揉捏抖动等办法使抽筋肌肉逐渐放松。抽筋是危险的信号，应立即就近上岸休息，擦干身体，按摩抽筋部位，并注意保暖。

二、间接救护技术

间接救护技术是救护者利用救生器材对较清醒的溺水者施救的一种技术。常见的水上救生器材有救生圈、竹竿、绳子、木板等。

①救生圈：最好在救生圈上系一条绳子，当发现溺水者时，可将救生圈掷给溺水者。

②竹竿：溺水者离岸（船）较近时，可用竹竿将其拖至岸（船）边。

③绳子：在绳索的一头系一漂浮物，救护者握住绳子的另一端，然后将绳子掷在溺水者的前方，使溺水者握住绳子上岸。

④木板：将木板掷给溺水者，亦可扶木板游向溺水者，然后将溺水者拖带上岸。

三、直接救护技术

直接救护技术是救护者不借助于任何救生器材，徒手对溺水者施救的一种技术。主要包括以下救护步骤。

①入水前的观察。

②入水时从离溺水者最近的陆地下水。

③游近溺水者，但不可从正面靠近，要从背面或侧面靠近。

④拖运：拖溺水者头部或腰部游向池（岸）边。
⑤上池（岸）。
⑥抢救：将溺水者俯卧控水，必要时做心肺复苏。

第四节
游泳锻炼卫生常识

游泳锻炼时应注意以下卫生常识。

一、游泳前进行身体检查

主要是防止患病者游泳时发生事故，同时也避免疾病的相互传染。凡心脏病、高血压、癫痫、肺结核、传染性肝炎、皮肤病、红眼病、精神病、中耳炎、感冒、发烧、开放性创伤病患者，以及月经期妇女，都不宜游泳。

二、饮酒、饱食后和饥渴、过度疲劳时不宜游泳

饮酒能刺激中枢神经系统使之处于过度兴奋或抑制状态，酒后游泳容易发生溺水事故。饱食后游泳会减少消化器官的血液供应，使消化器官功能降低，影响食物的消化和吸收。饥渴时人体血糖含量下降，游泳时易发生头晕或四肢无力现象，甚至有昏厥的可能。在剧烈运动或大强度体力劳动后，身体已经疲劳，肌肉的收缩及反应减弱，易发生溺水事故。

三、预防眼、耳疾病

由于水中有杂质和细菌，游泳者要预防眼病。游泳后可使用氯霉素眼药水或金霉素眼药膏，以防结膜炎等眼病。游泳时若有水进入耳内，会伴有刺痒、耳鸣等不适感，可把头偏向进水耳朵一侧，并用同侧的脚连续震跳，使水从耳朵内流出来。也可到医院诊治，排出耳中积水，以防中耳炎。

四、游泳前要做好准备活动

准备活动可有利于身体更好更快地适应游泳运动的需要，对防止抽筋、拉伤也有积极作用。游泳前的准备活动，一般可做广播操、跑步、游泳动作模仿及各种拉长肌肉和韧带的练习。

五、游泳时要量力而行，并严禁打闹

下水时，初学者应在浅水区域活动。游泳过程中出现头晕、头痛、胃痛、恶心或呕吐时，应立即上岸，待身体恢复后再下水。在游泳过程中要避免一切危险动作，如在浅水区

跳水、互相打闹、过长时间地憋气潜水，以及在湿滑的池边奔跑追逐等。

六、遇到危险时要镇定自救和求救

遇险时不要慌张，发现周围有人时立即呼救。放松全身，让身体飘浮在水面上，将头部浮出水面，用脚踢水，防止体力丧失，等待救援。身体下沉时，可将手掌向下压。如果在水中突然抽筋，又无法靠岸时，立即求救；如周围无人，可深吸一口气潜入水中，伸直抽筋的那条腿，用手将脚趾向上扳，以解除抽筋症状。

思 考 题

1. 竞技游泳包括哪些项目？
2. 如何熟悉水性？
3. 自救和水上救护需要掌握哪些要点？
4. 简述游泳锻炼的卫生常识。

游泳比赛基本规则

第七章
武术与养生

学海导航

1. 了解武术的起源于发展。
2. 了解五步拳的基本动作。
3. 熟悉掌握五步拳的动作要领。
4. 熟悉掌握太极拳的基本技法和动作分解。
5. 了解散打的拳法技术、腿法技术、摔法技术。
6. 熟悉掌握初级刀术的动作要领。

第一节
武术的起源与发展

　　武术的起源最早可追溯到原始社会的生产活动。早在100多万年前，原始初民为了生存的需要，必须依靠群体的力量与自然界搏斗。在与猛禽野兽搏斗的过程中，他们不仅创造了大量的生产工具（同时又是武器），而且学会了奔跑、跳跃、击打、躲闪及运用石器、木棒等技能，产生了自觉运用这些技能的观念。因此，武术最早起源于生产劳动，生存竞争促发了武术的最根本特征——技击性。

　　原始社会后期的氏族公社时代，部落之间为了占有和反占有、掠夺和反掠夺，经常发生争斗。这种经常性的部落战争锻炼并提高了人们的战斗技能。原始战争中人与人的格斗，促进了武术的萌生。武器随着战争的需要不断发展，使用武器的经验经过归纳、总结，萌生了武术的技击技术；战斗的演习和操练萌生了武舞——武术的原始训练形式；在原始宗教活动中，有的部落以掷剑等比赛方式确定部落首领，萌生了武术竞赛。从文化形态上看，原始社会的武术是多位一体的，既是狩猎的训练形式、丰收的庆典形式，又是军事演习和宗教仪式形式。

　　商周至两晋南北朝时期，由于军事斗争频繁激烈，武器由简单到复杂，向多样化发展，促进了格斗技术的提高和发展，武器的材料由铜转变为铁、拳术、刀、枪、剑等，套路也逐步趋向完善。

　　隋唐五代时期，随着封建社会经济的发展和繁荣，武术重新兴起，唐朝开始实行武举制，并用考试办法授予武艺出众者以相应称号。随着步骑战的发展，在战场上，戈、戟逐渐被淘汰,剑作为军事技术多被刀所代替,但作为套路的演练仍在发展。

宋代出现了民间练武组织,见于记载的有"锦标社"(射弩)、"英略社"(使棒)、"角抵社"(相扑)等。

明代是武艺大发展的时期,出现了不同风格的技术流派,拳术、器械都得到了发展,特别是在理论上总结了过去的练武经验,具有代表性的著作有《纪效新书》《武篇》《耕余剩技》等。这些著作不同程度地记载了拳术、器械的流派、沿革、动作名称、特征、运动方法和技术理论等,有的还附有歌诀及动作图解,为后世研究武术提供了重要依据。

清代统治者禁止练武,民间则以"社""馆"的秘密结社形式传授武艺,其中一些著名的拳种,如太极拳、八卦掌、形意拳、八极拳、劈挂拳等,多在清代形成。

民国时期,武术曾兴盛一时,被称为"国术"。民间出现了许多拳术社,其中以上海的"精武门"最为庞大,它在一些省市设立分会,还在南洋一带成立了海外分会,将中国武术传播到了海外。

中华人民共和国成立后,武术作为社会主义文化和人民体育事业的组成部分获得新生。70多年来,尽管在前进的道路上遇到了许多困难,在"文革"中受到了严重挫折,但武术事业始终沿着新中国体育的发展道路及武术自身的发展规律不断前进,在发扬祖国文化遗产、增强人民体质、振奋民族精神、建设社会主义精神文明中发挥了重要作用。在增进国际间的交往、走向世界的征途中,武术创造了举世瞩目的辉煌业绩。

第二节 五步拳

(一)预备势

并步抱拳(图7-1)。

(二)弓步冲拳

左弓步;左手向左平搂收回腰间抱拳,冲右拳;目视前方(图7-2)。

五步拳

(三)弹腿冲拳

重心前移,右腿向前弹踢;同时,冲左拳,收右拳;目视前方(图7-3)。

图7-1

图7-2

图7-3

(四)马步架打

右脚落地,向左转体90°,下蹲成马步;同时,左拳变掌,屈臂上架,冲右拳;目视右方（图 7-4）。

（五）歇步盖冲拳

左脚向右脚后插步；同时，右拳变掌向左下盖，掌外缘向前，身体左转 90°，收左拳；目视右掌（图 7-5）。

不停，两腿屈膝下蹲成歇步；同时，冲左拳，收右拳；目视左拳（图 7-6）。

图 7-4　　　　　　　　　图 7-5　　　　　　　　　图 7-6

（六）提膝仆步穿掌

两腿起立，身体左转；随即左拳变掌，顺势收至右腋下，右拳也变掌，由左手背上穿出，手心向上；同时，左腿屈膝提起；目视右手（图 7-7）。

不停，左脚落地成仆步；左手掌指朝前，沿左腿内侧穿至左脚面；目视左掌（图 7-8）。

（七）虚步挑掌

重心上起，右脚向前上步成右虚步；同时，左手向后划弧成勾手，右手顺右腿外侧向上挑掌；目视前方（图 7-9）。

（八）收势

左脚向右脚并拢成并步；同时，左勾手和右掌变拳，回收抱于腰间；目视前方（图 7-10）。

图 7-7　　　　图 7-8　　　　图 7-9　　　　图 7-10

第三节
太极拳

一、太极拳概述

太极拳拳法变幻无穷，拳家们遂用中国古代的"阴阳""太极"这一哲学理论来解释拳理并命名。

太极拳的来源有三个方面：①综合吸收了明代各家拳法；②结合了古代导引、吐纳之术；③运用了中国古代的中医经络学说和阴阳学说。

太极拳在长期演变过程中形成了许多流派，其中流传较广、特点较显著的有五种，即陈式、杨式、吴式、武式和孙式。太极拳主要有掤、捋、挤、按、采、挒、肘、靠、分、云、推、搂等手法，有栽、搬、拦、撇、打等拳法，蹬、分、拍、摆莲等腿法。其运动特点是心静体松、呼吸自然、轻灵沉着、圆活连贯、上下相随、虚实分明、柔中寓刚、以意导动。

二、太极拳基本技法

①虚灵顶劲：即"顶头悬"。练拳时讲究头部的头正、顶平、项直、颌收，要求头顶的百会穴向上轻轻顶起，同时又必须保持头顶的平正。

②气沉丹田：指身法端正、宽胸实腹，"意注丹田"（意识引导呼吸，将气徐徐送到腹部脐下）。

③含胸拔背：含胸是指胸廓略向内涵虚，使胸部有舒宽的感觉；拔背是指放松背部肌肉，拔掉背部力量。

④松腰敛臀：要求含胸、沉气，因此在含胸时就必须松腰。

⑤圆裆松胯：裆即会阴部位。头顶百会穴的"虚灵顶劲"要与会阴穴上下相应，这是保持身法端正、气贯上下的锻炼方法。

⑥沉肩坠肘：在松肩的前提下要求沉肩坠肘，两臂由于肩、肘的下坠会有一种沉重的内劲感觉，这是上肢内在的遒劲。

⑦舒指坐腕：舒指是指掌自然伸展，坐腕是腕关节向手背、虎口的一侧自然屈起。

⑧尾闾中正：这是关系到身躯、动作姿势"中正安舒""支撑八面"的准星。

⑨内宜鼓荡，外示安逸：鼓荡是精神振奋的意思，是对内在精神所提的要求内在精神要振奋，不流于形色，为外示安逸。

⑩运动如抽丝，迈步如猫行：运动要像抽丝那样既缓又匀，又稳又静，迈步又要像猫那样轻起轻落，提步、落步都要有轻灵的感觉。

三、简化二十四式太极拳

二十四式太极拳又称"简化太极拳"，是国家体委于1956年组织专家，在传统杨式太极拳的基础上，按由简入繁、循序渐进、易学易记的原则，选取二十四个经典动作编创而成的套路。

24式太极拳

预备势

身体自然站立，两臂自然下垂；头正颈直，下颌微收，口微闭，上齿轻叩下齿，舌抵上腭，表情自然，眼平视前方，精神集中，全身放松（图7-11）。

图7-11

（一）起势

①两脚开立。
②两臂前举。
③屈膝按掌。
这是起势的定势（图 7-12）。

图 7-12

文字详解

视频演示

（二）左右野马分鬃

1. 左野马分鬃

①抱球收脚。
②转体迈步。
③弓步分手。

2. 右野马分鬃

①后坐跷脚。
②抱球跟脚。
③转体迈步。同"左野马分鬃"第②动，唯左右相反，且转体幅度稍小些。
④弓步分手。同"左野马分鬃"第③动，唯左右相反。

3. 左野马分鬃

①后坐跷脚。同"右野马分鬃"第①动，唯左右相反。
②抱球跟脚。同"右野马分鬃"第②动，唯左右相反。
③转体迈步。同"左野马分鬃"第③动。
④弓步分手。同"左野马分鬃"第③动。
这是"左野马分鬃"的定势（图 7-13）。

图 7-13

文字详解

视频演示

（三）白鹤亮翅

①跟步抱球。

②后坐转体。
③虚步分手。

这是"白鹤亮翅"的定势（图7-14）。

图7-14

文字详解

视频演示

（四）左右搂膝拗步

1. 左搂膝拗步

①转体落手。
②转体收脚。
③迈步屈肘。
④弓步推搂。

2. 右搂膝拗步

①后坐跷脚。
②转体跟脚。
③迈步屈肘。同"左搂膝拗步"第③动，唯左右相反。
④弓步推搂。同"左搂膝拗步"第④动，唯左右相反。

3. 左搂膝拗步

①后坐跷脚。同"右搂膝拗步"第①动，唯左右相反。
②转体跟脚。同"右搂膝拗步"第②动，唯左右相反。
③迈步屈肘。同"左搂膝拗步"第③动。
④弓步推搂。同"左搂膝拗步"第④动。

这是"左搂膝拗步"的定势（图7-15）。

图7-15

文字详解

视频演示

（五）手挥琵琶

①跟步松手。
②后坐挑掌。
③虚步合臂。

④目视左手。

这是"手挥琵琶"的定势（图7-16）。

图7-16

文字详解

视频演示

（六）左右倒卷肱

1. 左倒卷肱

①转体撤手。
②提膝屈肘。
③退步推手。
④虚步推掌。

2. 右倒卷肱

①转体撤手。
②提膝屈肘。同"左倒卷肱"第②动，唯左右相反。
③退步推手。同"左倒卷肱"第③动，唯左右相反。
④虚步推掌。同"左倒卷肱"第④动，唯左右相反。

3. 左倒卷肱

①转体撤手。同"右倒卷肱"第①动，唯左右相反。
②提膝屈肘。同"左倒卷肱"第②动。
③退步推手。同"左倒卷肱"第③动。
④虚步推掌。同"左倒卷肱"第④动。

4. 右倒卷肱

①转体撤手。同"右倒卷肱"第①动。
②提膝屈肘。同"左倒卷肱"第②动，唯左右相反。
③退步推手。同"左倒卷肱"第③动，唯左右相反。
④虚步推掌。同"左倒卷肱"第④动，唯左右相反。

注意：第④动在退右脚时，右脚尖外撇的角度要略大一些，以便接做"左揽雀尾"的动作。

这是"右倒卷肱"的定势（图7-17）。

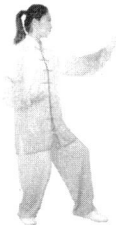

图7-17

文字详解

视频演示

（七）左揽雀尾

①转体撤手。

②抱球收脚。

③迈步分手。

④弓腿掤。

⑤转体伸臂。

⑥转体后捋。

⑦转体搭手。

⑧弓腿前挤。

⑨后坐收掌。

⑩弓步按掌。

这是"左揽雀尾"中的"按势"，也是"左揽雀尾"的定势（图7-18）。

图7-18　　　　　文字详解　　　　　视频演示

（八）右揽雀尾

①转体扣脚。

②抱球收脚。

③迈步分手。同"左揽雀尾"第③动，唯左右相反。

④弓腿掤臂。同"左揽雀尾"第④动，唯左右相反。

⑤转体伸臂。同"左揽雀尾"第⑤动，唯左右相反。

⑥转体后捋。同"左揽雀尾"第⑥动，唯左右相反。

⑦转体搭手。同"左揽雀尾"第⑦动，唯左右相反。

⑧弓腿前挤。同"左揽雀尾"第⑧动，唯左右相反。

⑨后坐收掌。同"左揽雀尾"第⑨动，唯左右相反。

⑩弓步按掌。同"左揽雀尾"第⑩动，唯左右相反。

这是"右揽雀尾"中的"按势"，也是"右揽雀尾"的定势（图7-19）。

图7-19　　　　　文字详解　　　　　视频演示

（九）单鞭

①转体扣脚。
②勾手收脚。
③转体迈步。
④弓步推掌。
这是"单鞭"的定势（图7-20）。

图7-20

文字详解

视频演示

（十）云手

1. 云手之一

①转体扣脚。
②转体撑掌。
③转体云手。
④撑掌收步。

2. 云手之二

①转体云手。
②撑掌出步。
③转体云手。同"云手之一"第③动。
④撑掌收步。同"云手之一"第④动。

3. 云手之三

①转体云手。同"云手之二"第①动。
②撑掌出步。同"云手之二"第②动。
③转体云手。同"云手之一"第③动。
④撑掌收步。同"云手之一"第④动，只是在最后右脚收近左脚落地时，脚尖微里扣，便于接做"单鞭"的弓步。

这是"云手"的定势（图7-21）。

图7-21

文字详解

视频演示

（十一）单鞭

①转体勾手。
②转体迈步。同前"单鞭"第③动相同。
③弓步推掌。同前"单鞭"第④动相同。
这是"单鞭"的定势（图7-22）。

图7-22

文字详解

视频演示

（十二）高探马

①跟步松手。
②后坐翻掌。
③虚步推掌。
这是"高探马"的定势（图7-23）。

图7-23

文字详解

视频演示

（十三）右蹬脚

①穿掌提脚。
②迈步分手。
③弓步抱手。
④跟步合抱。
⑤提膝分手。
⑥蹬脚撑臂。
这是"右蹬脚"的定势（图7-24）。

图7-24

文字详解

视频演示

（十四）双峰贯耳

①收腿落手。
②迈步分手。
③弓步贯拳。
这是"双峰贯耳"的定势（图7-25）。

图7-25　　　　文字详解　　　　视频演示

（十五）转身左蹬脚

①转体扣脚。
②收脚合抱。
③提膝分手。
④蹬脚撑臂。
这是"转身左蹬脚"的定势（图7-26）。

图7-26　　　　文字详解　　　　视频演示

（十六）左下势独立

①收腿勾手。
②蹲身仆步。
③转体穿掌。
④弓腿起身。
⑤提膝挑掌。
这是"左下势独立"的定势（图7-27）。

图7-27　　　　文字详解　　　　视频演示

（十七）右下势独立

①落脚勾手。

②蹲身仆步。

③转体穿掌。同"左下势独立"第③动，唯左右相反。

④弓腿起身。同"左下势独立"第④动，唯左右相反。

⑤提膝挑掌。同"左下势独立"第⑤动，唯左右相反。

这是"右下势独立"的定势（图7-28）。

图 7-28　　　　　文字详解　　　　　视频演示

（十八）左右穿梭

1. 左穿梭

①落脚坐盘。

②抱球跟脚。

③迈步滚球。

④弓步推架。

2. 右穿梭

①后坐跷脚。

②抱球跟脚。

③迈步滚球。同"左穿梭"第③动，唯左右相反。

④弓步推架。同"左穿梭"第④动，唯左右相反。

这是"右穿梭"的定势（图7-29）。

图 7-29　　　　　文字详解　　　　　视频演示

（十九）海底针

①跟步松手。

②后坐提手。

③虚步插掌。

这是"海底针"的定势（图7-30）。

图 7-30　　　　　文字详解　　　　　视频演示

（二十）闪通臂

①提手收脚。

②迈步分手。

③弓步推撑。

这是"闪通臂"的定势（图 7-31）。

图 7-31　　　　　文字详解　　　　　视频演示

（二十一）转身搬拦捶

①转体扣脚。

②坐身握拳。

③踩脚搬拳。

④转体旋臂。

⑤上步拦掌。

⑥弓步打拳。

这是"转身搬拦捶"的定势（图 7-32）。

图 7-32　　　　　文字详解　　　　　视频演示

（二十二）如封似闭

①穿掌翻手。

②后坐收掌。

③弓步按掌。

这是"如封似闭"的定势（图 7-33）。

图 7-33

文字详解

视频演示

（二十三）十字手

①转体扣脚。

②弓腿分手。

③坐腿扣脚。

④收脚合抱。

这是"十字手"的定势（图 7-34）。

图 7-34

文字详解

视频演示

（二十四）收势

①翻掌前撑。

②分手下落。

③收脚还原。

这是"收势"的定势（图 7-35）。

图 7-35

文字详解

视频演示

第四节 散打

散打基本技术包括拳法、腿法和摔法。

一、拳法技术

拳法技术包括直拳、摆拳、勾拳和反背拳。

（一）直拳

以左直拳为例。从戒备势开始，左脚和左手在前，右脚蹬地，重心微向左腿移动；同时，左拳直线向前冲击，力达拳面（图7-36）。

图7-36 直拳

（二）摆拳

以左摆拳为例。从左戒备势开始，左拳由身体左侧向前、向右并稍向下击出，左肘关节向左斜上方借腰部转动发出外收力，左拳心略向左斜下方，臂微屈；右拳护于右腮，拳心朝下（图7-37）。右摆拳动作与左摆拳基本相同（图7-38）。

图7-37 左摆拳　　　图7-38 右摆拳

（三）勾拳

以左勾拳为例。从戒备势开始，上体稍向左侧倾，重心略下沉，左拳由下向上屈臂勾击，上臂与前臂夹角约90°，拳心朝里，力达拳面。施法时上体向右疾拧，左肩腰内转，收拳时腕内转至拳眼向上，肘沿臂曲向外，拳臂形如勾状，拳劲发自肩腰动力，重心由右脚控制，右拳自然回收于颔前（图7-39）。右勾拳向上勾起，上臂与前臂夹角约90°，发劲原理与左勾拳相同（图7-40）。

（四）反背拳（弹拳）

以左反背拳为例。右脚蹬地，重心前移，左手臂由屈而伸，由内向外抽击，高度略与肩平，力达拳背或拳峰（图6-41）。

图7-39 左勾拳　　图7-40 右勾拳　　　　图7-41 反背拳

二、腿法技术

腿法技术包括正蹬腿、侧踹腿、边腿、转身旋扫腿、扫腿、勾踢腿、截腿、弹腿、劈腿。

（一）正蹬腿

从戒备势开始，支撑腿微屈，另一腿蹬地屈膝上抬，脚尖微勾起，展髋向正前方猛蹬伸；同时，上体微后倾，送髋，在脚触及目标瞬间，全身肌肉绷紧，力达足跟，再次发力用前脚掌点踏（图 7-42）。

图 7-42　正蹬腿

（二）侧踹腿

以左腿侧踹为例。从戒备势开始，左腿屈膝提起；右脚（支撑腿）脚尖向右转，身体随之右转，头部不转动，眼睛仍视原来的正前方；上身稍向侧后仰，然后送胯，踹腿（图 7-43）。

（三）边腿

从戒备势开始，提右膝、左膝外展，上体左转，以腰为轴，展腹送髋，大腿带动小腿屈伸，踝关节绷直，力达脚背至小腿下端，击打后快速收回（图 7-44）。

图 7-43　侧踹腿　　　　　　　　　图 7-44　边腿

（四）转身旋扫腿

从戒备势开始，左腿支撑，上体向右转 360°，右腿屈膝，随转体伸直，顺力横扫，脚面绷直，力达脚掌，目视击打目标（图 7-45）。

图 7-45　转身旋扫腿

（五）扫腿

以后扫腿为例。从戒备势开始，左腿屈膝全蹲，以脚前掌为轴，两手扶地向右后方转体一周展髋，带动右腿向左后方弧线擦地直腿后扫，脚掌内扣并勾紧，力达脚后跟至小腿下端背面（图 7-46）。

图 7-46　扫腿

（六）勾踢腿

以右勾踢腿为例。从戒备势开始，屈左腿，膝外展，身体左转180°收腹合胯，带动右腿直腿勾脚向前，向左弧线擦地勾踢，脚背屈紧并内扣，力达脚弓内侧（图7-47）。

（七）截腿

从戒备势开始，左腿弯曲支撑以右截腿为例，右腿由屈至伸勾脚并外翻，使脚弓内侧朝前向前下方截击，力达脚掌（图7-48）。

图7-47 勾踢腿　　　　　　　　　图7-48 截腿

（八）弹腿

以右弹腿为例。从戒备势开始，右腿蹬地提膝，大腿带动小腿屈伸收力，脚面绷直，发力时送髋，上体展腹后仰放长击远，发力要求顺畅（图7-49）。

（九）劈腿

以左劈腿为例。从戒备势开始，左腿蹬地提膝，收至胸前，伸小腿，直腿从内向外、向上划弧，借助身体力量加速下落，下压劈打对方，力达脚跟（图7-50）。

图7-49 弹腿　　　　　　　　　图7-50 劈腿

三、摔法技术

摔法技术包括抱腿前顶、抱腿别腿、穿臂过背、抱腿过胸、抱单腿涮、抱腿上托、接腿勾踢、穿腿靠摔等。

（一）抱腿前顶

甲出左拳攻击乙头部时，乙下潜上左步，两手抱甲的双腿用力回拉，同时右肩顶甲大腿及下腹部，将甲摔倒（图7-51）。

图7-51 抱腿前顶

【要点】

下潜要快，抱腿与顶肩紧密配合。

（二）抱腿别腿

甲出右腿或右拳攻击乙时，乙将甲右腿抱住，并迅速向其两腿之间上右步，上体左转用右腿别甲左腿，用胸下压甲腿，将甲摔倒（图7-52）。

【要点】

抱腿准确、有力，转体与压腿配合紧密。

  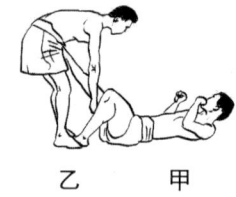

图7-52　抱腿别腿

（三）穿臂过背

甲用右直拳攻击乙头部时，乙左搛挡，右手臂从甲右臂下穿过，上抱其上臂至肩上，同时，身体左转上右步，左手握其前臂，两腿屈蹲，然后发力蹬直、弓腰、低头将甲过背摔倒（图7-53）。

  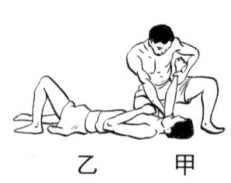

图7-53　穿臂过背

【要点】

绕抱对手要快，转身、蹬腿、俯身低头要协调连贯。

（四）抱腿过胸

双方从戒备势开始，甲用右直拳攻击乙头部，乙下潜，上左步，屈膝弓腰，两手抱甲的双腿，蹬腿挺腹将甲抱起向后仰头后倒，将甲摔倒（图7-54）。

图7-54　抱腿过胸

【要点】

下潜上步要快，抱腿与顶肩后仰发力要及时、顺达。

（五）抱单腿涮

甲用左蹬腿攻击乙胸部，乙立即用双手抓住甲左脚，两手向上、向下、向右弧形摆动，将其摔倒（图7-55）。

 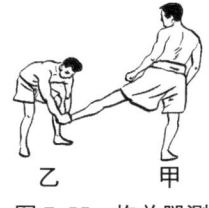 

图7-55　抱单腿涮

【要点】

抓握要及时、准确，双手弧形摆动要突然连贯。

（六）抱腿上托

甲用左腿攻击乙胸部，乙两手立即抓住其左踝，屈臂上抬，两手用力尽量向上托，并向上方推送，使其失去平衡而摔倒（图7-56）。

图7-56　抱腿上托

【要点】

抓脚要准，托推要有力而突然。

（七）接腿勾踢

甲用右边腿攻击乙头部、肋部，乙立即用左手抱住甲右小腿，右脚向前上步抬起，勾踢甲踝关节处，右手由甲左肩上穿过，下压其颈部将其摔倒（图7-57）。

图7-57　接腿勾踢

【要点】

接抱腿要准确，压颈、勾踢要协调突然。

（八）穿腿靠摔

双方从戒备势开始，甲用拳攻击乙，乙迅速向甲右腿外侧上左步，别其腿，同时沉身以左臂向甲两腿间插入，右臂配合左臂，上体随即向后仰，屈膝前顶，将甲摔倒（图7-58）。

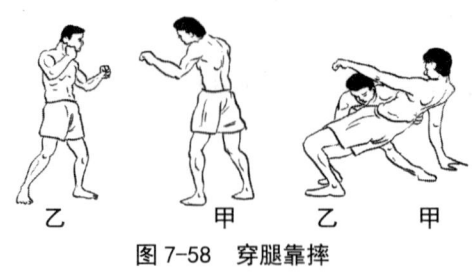

图 7-58 穿腿靠摔

【要点】

下潜要快,重心下沉。右手插入对手裆部要快,插入后夹裆牢固,低头、两腿的配合要协调有力,使对手不能及时作出反应。

第五节 初级刀术

一、套路简介

"初级刀术"原名"刀术练习",是国家体委为了适应广大群众锻炼的需要而整理审编的器械初级套路。其特点是:内容丰富,结构紧凑,动作舒展,刀法多变,气势剽悍。

初级刀术分为4段,总共32式(预备势和收势除外)。该套路内容丰富,有缠头裹脑刀、劈刀、砍刀、跳刀、刺刀、挂刀、撩刀、按刀、斩刀、扫刀等刀法;还有弓步、马步等基本步法;有拧、仰、俯、转、翻、闪等身法。通过反复练习,不仅可以促进习练者柔韧、速度、耐力、力量等身体素质的全面发展,而且可以为习练者进一步提高刀术水平及全面掌握武术技能奠定基础。

二、动作名称及图解

预备势

①两脚并立;左手抱刀(虎口朝下,拇指在前、其余四指在后握住刀柄,手腕部贴靠刀盘),刀刃朝前,刀尖朝上,刀背贴靠前臂内侧;右手五指并拢,垂于身体右侧;目平视前方。

②右手向右、向上成弧形直臂绕环上举,手心朝左。

③右臂外旋并屈肘,向左下降至左腋近侧,手心朝上;左手握刀在右手屈肘下降的同时,由身前屈肘从右臂下直臂向上穿出,手心朝右,刀尖朝下;目视右手。

④右手从左腋向下、向右弧形绕环,同时左手握刀从上向左、向下弧形绕环;目随右手。

⑤右手继续向上绕环至头顶,屈腕成横掌,掌心朝前,肘关节微屈;左手握刀继续向下绕环至身后,反臂斜举,手心朝右;右腿在右手成横掌的同时屈膝半蹲,左脚则随之向前伸出,前脚掌虚点地面,膝微屈;目向左平视。

⑥左脚向前上半步,膝略屈,右腿微屈,成虚步;右掌同时从身前向身后弧形下落,至身后反臂斜举。

⑦右脚前进一步,膝略屈,左脚不动,腿蹬直;左手握刀与右手同时从身后向两侧平举。

⑧右腿伸直,左脚向前并步;左手握刀与右手同时从两侧向额前上方绕环,至额前上

方时，右手拇指张开贴近刀盘，准备接握左手之刀（图 7-59）。

图 7-59

【要点】

①上述分解动作必须连贯起来做，不要中断。

②成虚步时，必须虚实分清；要挺胸、塌腰。

③上半步、进一步和并步的动作，必须和两臂从后向额前上方绕环的动作协调一致。

第一段

（一）弓步缠头

①重心右移，左脚向左上步；右手持刀使刀背贴身从左绕向身后，左臂内旋（拇指一侧朝下）向左伸出，掌心朝后；目向左平视。

②上体左转，右腿挺膝伸直，左腿屈膝，成左弓步；右手持刀手心朝上，随上体左转从身后向右、向前、向左肋处绕环平扫，手心朝下，刀背贴靠于左肋，刀身平放，刀尖朝后；左臂随之屈肘上举，至头顶上方成横掌；目向前平视（图 7-60）。

【要点】

缠头时，刀背必须贴着脊背绕行。扫刀时，刀身必须平行，迅速有力。

图 7-60

（二）虚步藏刀

①上体右转，左腿伸直，右腿屈膝，成右弓步；右手持刀，手心朝下，随上体右转从左肋处向右平扫，刀背朝前；左掌随之向左侧平落，手心向上；目视刀身。

②顺扫刀之势右臂外旋，手心朝上，使刀背向身后平摆。

③以右脚前脚掌为轴碾地，脚跟外展，上体随之左转，左脚后收半步，膝关节微屈，右腿屈膝略蹲；右手持刀，刀尖朝下，从背后向左肩外侧绕行，再向右腋处弧形绕环；目向左前方平视。

④右腿屈膝半蹲，左腿微屈膝，前脚掌点地，成左虚步；右手持刀从左肩外侧向下、向后拉回，肘略屈，刀刃朝下，刀尖朝前，左手随即向前成侧立掌平直推出，掌指朝上；目视左掌（图 7-61）。

图 7-61

【要点】

以上分解动作必须连贯起来做。扫刀要平，绕刀要使刀背贴靠脊背。

（三）弓步前刺

左脚稍前移，踏实，右脚随即向前上步，左腿挺膝伸直，右腿屈膝，成右弓步；同时，左掌从前向上、向后直臂弧形绕环，至身后平举成勾手，勾尖朝下；右手持刀随之向前直刺，刀刃朝下，刀尖朝前；目视刀尖（图 7-62）。

图 7-62

【要点】

刀尖和右手、右肩要平行，上身略向前探。

（四）并步上挑

左脚不动，重心后移，右脚蹬地回收，向左脚并拢直立；同时，右手持刀向上挑起，并屈腕使刀身背后落下，刀尖朝下，刀背贴靠脊背；左勾手随之向左平摆，与肩同高；目向前平视（图 7-63）。

图 7-63

【要点】

要挺胸、直背，两腿伸直，左臂伸平，右肘微屈。

（五）左抡劈

①左脚不动，右脚向左斜前方上步；同时，右手持刀向左斜前方劈下，左勾手变掌附于右肘处；目视刀身。

②顺劈刀之势右臂内旋屈腕，使刀尖从下摆向身后，身体重心逐渐前移。

③右脚不动，左脚向左斜前方上步，右腿挺膝伸直，左腿屈膝，成左弓步；右手持刀向上提起，刀刃朝上，左掌仍附于右肘处。

④右手持刀从上向右斜前方劈下，刀尖稍向上翘；同时，左臂屈肘上举至头顶上方成横掌；目视刀尖（图 7-64）。

图 7-64

【要点】

抡劈动作必须连贯、有力，与步法配合一致。

（六）右抡劈

①右腿屈膝略蹲，重心后移至右腿上，左膝微屈；右手持刀向右下方抽回，刀刃朝下。

②右手持刀继续运转，臂外旋使刀尖向下、向右绕行，至右侧时，刀背朝上；左掌同时从上向右胸前弧形绕环。

③右腿蹬直，左脚向右斜前方上步；左掌向左侧下方绕环，右手持刀臂外旋将刀举起，刀刃朝上。

④右脚向右斜前方上步，左腿挺膝伸直，右腿屈膝半蹲，成右弓步；同时，右手持刀从上向左斜前方劈下，刀尖稍向上翘，左掌随之从下向左、向上弧形绕环，至头顶上方屈肘成横掌（图7-65）。

图 7-65

【要点】

抡劈动作必须连贯、有力，与步法配合一致。

（七）弓步撩刀

①右手持刀手臂外旋屈肘使刀刃朝上，刀尖朝前；右脚提起离地。

②右脚随即向前落步；右手持刀向上、向后、向下贴身弧形绕环，左掌此时从上向下按于刀背上面；目视刀尖。

③左脚从体前上步，右腿挺膝伸直，左腿屈膝半蹲，成左弓步；同时，右手持刀随左脚上步向前撩起，刀刃斜朝上，刀尖斜朝下；左掌仍按于刀背，掌指朝上；上身前探，目视刀尖（图7-66）。

【要点】

撩刀必须与步法协调一致。

图 7-66

（八）弓步藏刀

①右手持刀，手心向下，从体前向后平扫，左臂平举于左侧。

②上身右转，左脚尖里扣，右脚向身后撤步，左腿屈膝，右腿伸直；右手持刀顺扫刀之势臂外旋，使刀背向身后平摆，刀尖朝下。

③左脚向左斜后方撤步，右腿屈膝，左腿伸直；同时，左掌向下、向右腋弧形绕环，

右手持刀从背后向左肩外侧绕行。

④右腿屈膝成右弓步；右手持刀从左肩外侧向右后方下方拉回，刀刃朝下，刀尖朝前；左掌随之从右腋处向前成侧立掌平直推出，高与眉齐，掌指朝上（图7-67）。

图 7-67

【要点】

扫刀必须迅速。藏刀时右大腿要坐平，右手持刀使刀身贴近右腿，刀尖藏于膝旁。左腿挺直，两脚脚跟和脚外侧均不可离地掀起。

第二段

（一）提膝缠头

①右脚不动，左脚向前上步；左掌屈肘收于右肩前方，右手持刀使刀背顺左臂外侧向左方绕行，刀尖朝下。

②左脚尖外撇，上身左转；右手持刀继续顺左臂外侧绕行至背后，左掌随之向左直臂平摆。

③左腿不动，伸直，右脚从身后屈膝在身前提起，脚面绷平，脚尖朝下；右手持刀从背后向前、向左肋处绕环平扫，至左肋下顺扫刀之势臂内旋，手心朝下，使刀平摆于左肋下，刀背贴肋，刀尖朝后；左掌同时从左侧屈肘上举至头顶上方成横掌；目向右平视（图7-68）。

【要点】

直立之腿，膝部必须挺直；提膝之腿，膝部尽量高提，脚底贴近裆前。上身正直，右臂稍离胸前，不要紧贴胸上。

图 7-68

（二）弓步平斩

左脚不动，右脚向右侧落步，上身稍向右转，左腿挺膝伸直，右腿屈膝成右弓步；右手持刀从左肋处向身前平扫，拦腰斩击，刀尖朝前；左掌同时从上向后平落，掌指朝后；目视刀尖（图7-69）。

图 7-69

【要点】

斩击时刀身要平，刀尖与腕部、肩部要平行。

(三）仆步带刀

①右手持刀臂外旋使刀刃朝上，刀尖稍向下斜垂。

②左腿屈膝全蹲，脚尖稍向外撇，右腿挺膝伸直平铺，脚尖向里紧扣，成仆步；右手持刀向左上方屈肘带回，刀刃仍朝上，刀尖仍稍向下垂；左掌同时屈肘附于刀把内侧，拇指一侧朝下；目向右侧平视（图7-70）。

图 7-70

【要点】

翻刀、后带动作必须连贯。仆步时，脚外侧和脚跟均不可离地掀起，上身稍向左侧倾斜。

（四）歇步下砍

①上身稍抬起；右手持刀，刀尖朝下，从右肩外侧向背后绕行；左掌同时向左侧平伸，拇指一侧朝下。

②右脚不动，左脚从身后向右侧插步；同时，左掌从左向下、向右腋处弧形绕环；右手持刀从背后向左肩外侧绕行，手心朝下，刀身平放，刀尖朝后；目向右视。

③两腿屈膝全蹲成歇步；右手持刀从左向前、右向下方斜砍，刀刃斜朝下，刀尖朝前，左掌随之向左摆出，在左侧上方成横掌；目视刀身（图7-71）。

图 7-71

【要点】

上述分解动作必须连贯起来做。下砍时，刀的着力点是刀身的后段。

（五）左劈刀

①身体起立；左掌屈肘收至右额前，并附于右手腕，右手持刀刀尖朝下，使刀背顺左臂外侧向左后方绕行。

②两脚前掌碾地使上身向左后转；左掌随之向左侧平摆，拇指一侧朝下；右手持刀顺左臂绕行至背后；右腿略屈膝。

③上身继续左转成左弓步。

④左脚不动，右脚向左斜前方上步，右腿稍屈膝；右手持刀同时从身后向上、向前、向左侧下方斜劈，刀尖斜向下；左掌随之屈肘附于右肘处，掌指朝上。

⑤顺劈刀之势右臂内旋，屈腕使刀尖摆向身后，刀刃朝下；左掌附于右腕处；目向前平视（图7-72）。

图 7-72

【要点】

转身、绕背、下劈的动作必须迅速、连贯。

（六）右劈刀

①上身稍起立并向右转；右手持刀上举，刀尖朝下，使刀背顺左肩外侧绕向身后，左掌随之上举。

②左脚向右斜前方上步，右腿稍屈膝；同时，右手持刀从身后向上、向前、向右侧下方（即右腿外侧）斜劈，刀尖斜向下，左掌随之附于右腕处。

③顺劈刀之势右臂外旋并屈腕使刀尖向后摆起，刀刃朝下，左掌随之分开；目视刀尖（图 7-73）。

图 7-73

【要点】

劈刀必须快速有力。

（七）歇步按刀

①右手持刀臂外旋屈肘，刀尖朝下，使刀背从右肩外侧向后绕行；目视右手。

②左脚前脚掌碾地使脚跟外展，右脚从身后向左侧插步；右手持刀从背后向左肩外侧绕行，同时左掌从左侧上举附于右手腕的拇指近侧。

③两腿屈膝全蹲成歇步；右手持刀向左侧下按，左手附于右腕，刀刃朝下，刀尖朝向身后；目视刀身（图 7-74）。

图 7-74

【要点】

插步、歇步、绕刀、按刀的动作必须快速连贯。

（八）马步平劈

①两腿稍微蹬起，上身向右后转；右手持刀与左掌随身体转动至上身左侧时，两手从左向上举起，刀尖向下；目视刀尖。

②两腿屈膝半蹲成马步；右手持刀从左向上、向右劈下，刀尖稍向上翘与眉齐；左掌在头顶上方屈肘成横掌；目视刀尖（图7-75）。

图 7-75

【要点】

转身、劈刀要快。成马步时，两脚尖要向里扣，大腿要坐平。

第三段

（一）弓步撩刀

①左掌从上向右肩弧形绕环至右肩前；目视左掌。

②上体左转，右脚向左侧上一大步，左腿挺膝伸直，右腿屈膝，成右弓步；同时，左掌继续向下、向左、向上圆形绕环，至身后成斜上举，掌心朝上；右手持刀随右脚上步向下、向左侧撩起，刀刃斜朝上，刀尖斜朝下；目视刀尖（图7-76）。

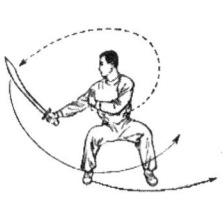 

图 7-76

【要点】

上步与撩刀必须同时进行。

（二）插步反撩

①上体左转，右腿蹬直，左腿屈膝；同时，右手持刀从右向上、向后弧形绕环，左掌屈肘收于右胸前；目随刀转。

②上体右转，左脚从身后向右侧插步；右手持刀继续向下、向右反臂弧形绕环撩刀，刀刃斜朝上；同时左掌向左侧成横掌推出，拇指一侧朝下，掌指朝前，肘略屈；目视刀尖（图7-77）。

图 7-77

【要点】

上述分解动作必须连贯，插步反撩时上身略向前俯。

（三）转身挂劈

①以两脚前脚掌为轴碾地使上体向左后翻转；右手持刀手腕反屈（向手背方向弯曲）使刀尖翘起，随上身翻转从下向左、向上挑挂，刀刃朝前，刀尖朝右上；左掌随上身转动。

②上体继续向左后转，两腿交叉，左腿在前，右腿在后；右手持刀随上体后转从上向下、向左弧形绕环挂刀，左掌屈肘附于右腕处；目视刀尖。

③左脚不动,右脚向右跨步;右手持刀臂内旋,使刀刃朝上向上举起,左掌从右腕处向下、向左弧形绕环平伸。

④右腿伸直,左腿蹬地提膝屈收于腹前,上体略向右倾倒;右手持刀随左腿提膝从上向右用力下劈,刀刃朝下,刀尖稍微上翘;左掌随之屈肘上举,在头顶成横掌;目视刀尖(图7-78)。

图 7-78

【要点】

挂刀时,必须反屈腕,防止刀尖扎地。挂刀和劈刀的动作要连贯起来。提膝独立要站稳。

(四)仆步下砍

①左脚在左侧落步,右腿伸直,左腿屈;右手持刀臂外旋屈肘,使刀刃朝后、刀尖下垂,从右肩外侧向后沿肩背绕行;同时,左掌从上向左、向下、向右胸前弧形绕环,至右胸前成侧立掌,掌指朝上。

图 7-79

②左腿屈膝全蹲,右腿伸直平铺成仆步;右手持刀从背后向左、向前、向右下方绕行平砍,刀刃朝右,刀尖朝前;左掌同时屈肘举于头顶上方成横掌;目视刀身(图7-79)。

【要点】

平砍时刀的着力点是刀身后段。

(五)架刀前刺

①左腿蹬地起立并向右侧上步,身体向右后转,右膝略屈;右手持刀臂内旋,使刀刃朝上向上横架,同时左掌附于右手拇指近处;目平视前方。

②以左脚前脚掌为轴碾地,右腿屈膝提起,上体向右后转;同时,右手持刀上举,刀身经过头顶上,刀尖方向不变;转身后,两臂屈肘使刀平落,刀刃仍朝上,刀尖所指的方向仍不变(经过转体后,此时刀尖实际上向右)。

③右脚向前落步,左腿挺膝伸直,右腿屈膝半蹲成弓步。右手持刀向前直刺,刀刃朝下;同时左掌向左后方平伸,掌指朝后上方。目视刀尖(图7-80)。

图 7-80

【要点】

进步架刀、提膝转身、弓步前刺的动作必须迅速连贯进行。转身时注意刀尖的方向一直指向同一目标。

（六）左斜劈

①以两脚前脚掌碾地使上体向右转；右手持刀臂内旋，刀尖朝下，使刀背沿左肩外侧向后方绕行；左手从右向左前方弧形平摆；目视左手。

②左腿屈膝提起；右手持刀从后向右、向前、向左下方绕环下劈；左掌附于右前臂，上身略向前倾。

③顺劈刀之势，右臂内旋屈腕，使刀尖向左后上方摆起（图7-81）。

图7-81

【要点】

提膝独立要稳，斜劈要快速有力。

（七）右斜劈

①左脚向前落步。

②上体向右后转，右腿随之提膝离地；右手持刀从左向前、向右下方斜劈，左掌向左侧斜上举；目视刀尖（图7-82）。

【要点】

提膝独立要稳，斜劈要快速有力。

图7-82

（八）虚步藏刀

①右脚向后落步伸直，左腿屈膝；同时，右手持刀臂外旋、屈腕，使刀尖朝下沿右肩外侧向左后绕行。

②重心后移至右腿，屈膝略蹲，左脚后退半步；右手持刀从背后向左肩外侧绕行，同时左掌向下、向右腋处弧形绕环。

③右手持刀从左肩外侧向下、向后拉回，肘略屈，刀刃朝下，刀尖朝前；左掌随即向前成侧立掌平直推出，掌指朝上；同时，右腿半蹲，左腿屈膝，成虚步；目视左掌（图7-83）。

图7-83

【要点】

绕刀时，必须使刀背贴靠脊背绕行。藏刀时，右手腕部必须上翘，使刀尖尽量向上，不要使刀尖下垂。

第四段

（一）旋转扫刀

①左脚踩实，右手持刀臂内旋，使刀尖朝下，沿左臂外侧向左肩部绕行，左掌屈肘附于右手腕的拇指近侧。

②左脚尖外撇，右脚上步，上体左转；右手持刀沿左肩向右后方绕行，同时左掌从右向左平摆；目视右方。

③左脚从身后向右侧后方插步，右手持刀继续从背后向右肩外侧绕行；目视右手。

④两腿屈膝全蹲成歇步；右手持刀手心朝上，从右肩外侧向前下方迅速扫平；目视刀身。

⑤上体向左后转，右手持刀随身转动，低扫一周，转身后两腿直立；右手持刀顺扫刀之势臂内旋，使手心朝下，将刀贴靠于左臂外侧，左掌附于右手腕的拇指近侧（图7-84）。

图7-84

【要点】

旋转扫刀必须快速，刀身要平、要低。

（二）翻身劈刀

①上体右转；同时，右手持刀向右侧下劈，左掌附于右前臂；目视刀尖。

②右脚向左侧摆起，左脚蹬地跳起，同时上体向左后翻转，接着右脚向前落地；在跃步和转身的同时，左掌从右前臂处向下、向左后、向上弧形绕环，至头顶屈肘成横掌；右手持刀随翻转身体之势向下、向左后绕环撩起，刀刃朝上；目视右手。

③上体继续向后转，左脚向身体的右后方落步，左腿屈膝全蹲，右腿伸直平铺成仆步，上身向右前方探伸；右手持刀随转身落步从上向前劈下；左掌随之向下、向后、向上摆起，屈肘成横掌；目视刀尖（图7-85）。

 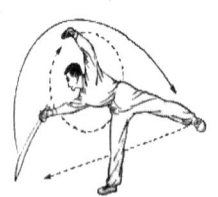 

图7-85

【要点】

翻身跃步要远不要高，劈刀要抡圆。

（三）缠头箭踢

①左脚蹬直使上身立起；左掌屈肘收于右肩前方，右手持刀臂内旋，刀尖朝下，使刀背沿左臂外侧向后绕行；

图7-86

同时左脚向前摆起,右脚蹬地纵起;左掌同时从右肩向左侧平摆。

②在空中,右手持刀作缠头动作,从背后向右、向前、向左肋处绕环平扫;左掌随之屈肘上举至头顶上方成横掌;同时,右脚用脚跟向前、向上蹬踢,左脚用前脚掌落地(图7-86)。

【要点】

缠头和箭踢的动作必须先后相应地协调进行。缠头要快速,箭踢要有力,膝部要伸直。

(四)仆步按刀

①上体右转;右手持刀从左肋处向前、向右、向后下方斜劈。目视刀身。

②右腿屈膝收回;右手持刀臂外旋,刀尖朝下,使刀从右肩外侧向背后绕行;目视右方。

③上体向右后转,同时左脚蹬地纵起,右脚趁势下落;右手持刀随纵步从背后向左肩外侧绕行,左掌随之屈肘附于右手腕拇指近处。

④右腿屈膝全蹲,左脚在左侧方落步,左腿伸直平铺成仆步;右手持刀与左掌同时向下按切,左手附于右手腕,刀尖朝左,刀刃朝下;目向左平视(图7-87)。

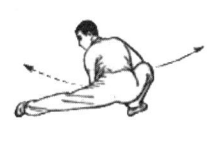

图 7-87

【要点】

向右后方劈刀要快速有力,纵跳和向右后转身要借助劈刀的惯性。做仆步时,左脚尖里扣,两脚外侧和脚跟均不可离地掀起,上体略向左前方探倾。

(五)缠头蹬腿

①右腿蹬直立起,左腿屈膝提起,成独立步;右手持刀向右后拉回,左掌向前方伸出,掌指朝上;目视左手。

②上体左转;右手持刀从后向前由左膝下方朝左裹膝抄起,左掌屈肘附于右前臂;目视前下方。

③右手持刀从左肩外侧向后沿肩背绕行;左脚即向左斜前方落步;左掌向左平摆,掌心朝下。

④左腿屈膝半蹲,右腿挺膝伸直,成左弓步;右手持刀由右肩外侧从背后向前、向左肋绕环平扫,至左肋时顺扫刀之势臂内旋,将刀背贴靠左肋;左掌随之屈肘上举至头顶上方成横掌。

⑤右脚脚尖上跷,用脚跟向前上方蹬腿;目视脚尖(图7-88)。

图 7-88

【要点】

缠头时必须使刀背顺脊背绕行，动作要迅速，蹬腿要快，并与缠头动作连贯一致。

（六）虚步藏刀

①右脚向前落步。

②左脚向前跃步，右脚趁势提起，上体随跃步向右后转；右手持刀手心朝下，随转身平扫一周，左掌从上向左后方平摆，掌心朝上。

③右脚向后落步；右手持刀臂外旋，使刀从右肩外侧向后绕行。

④右手持刀从背后向左肩外侧绕行，再向下拉回至左腹前；左掌从左侧向下、向右腋弧形绕环后附于右腕处。

⑤右腿屈膝半蹲，左腿略屈膝，脚尖点地成虚步；右手持刀继续向下、向后拉回，刀尖朝前；左掌向前平伸推出，掌指朝上；目视左掌（图7-89）。

图 7-89

【要点】

跃步、转身、落步动作必须与刀的平扫、绕背动作协调一致。

（七）弓步缠头

①左脚向左前方上半步，挺膝伸直；同时，右手持刀臂内旋，刀尖朝下，使刀从左肩外侧向后绕行，做缠头动作。

②右腿挺膝伸直，左腿屈膝，成左弓步；右手持刀从背后向右、向下砍，向左肋时顺扫刀之势臂内旋，使刀背贴靠与左肋，刀尖朝后；同时左掌屈肘上举至头顶上方成横掌；目平视前方（图7-90）。

【要点】

缠头时必须使刀背贴靠脊背绕行，扫刀要迅速。

图 7-90

（八）并步抱刀

①左腿伸直，右腿屈膝，上体右转；右手持刀向右平扫，左掌随之向左平摆，掌心朝上；目视刀尖。

②顺扫刀之势右臂外旋，使刀背向身后平摆；目视右手。

③右腿伸直，左脚向右脚靠拢，并步直立；右手持刀刀尖朝下，刀刃朝后，刀把向额前上方举起；同时左掌也向额前方举起，拇指张开，用掌心握住刀把，准备将右手之刀接回；目视右侧（图7-91）。

图 7-91

【要点】

并步与接刀动作要协调一致。

收势

①左手将刀接回,与右掌同时从上由前分向两侧落下,左手抱刀,刀背贴靠臂肘,刀刃朝前,刀刃朝上;左脚向后退一步。

②右脚向后撤一步;同时,右掌从下向后、向上绕向右耳侧成横掌,掌心朝前,拇指一侧朝下,左手握刀不动;目视右手。

③左脚向右脚靠拢,并步直立;右掌随即从右耳侧向下按落,掌心朝下,肘略屈并向外撑开;左手握刀不动;目向左平视(图 7-92)。

图 7-92

【要点】

退步、撤步和绕掌动作要连贯迅速。

第六节
健身气功·八段锦

传统体育养生是中国古代养生学说与强身健体锻炼方法相结合的宝贵民族体育文化遗产。《健身气功·八段锦》是国家体育总局健身气功管理中心组织创编的一套科学的养生、健身气功。其普及度较高,动作简单易学,深受习练者的喜爱。是中国传统体育养生的重要组成部分。

一、八段锦概述

八段锦是由八种不同的动作所组成,故名"八段";因为这种功法可健身益寿、祛病除疾,又展示给人们一副绚丽多彩的锦缎,故称为"锦"。八段锦术式简单,运动量适中,不受环境场地的限制,随时可做。

八段锦在长期的流传过程中，其动作名称和锻炼方法也有诸多变化，如锻炼时有坐式、站式、马步式三种方法，又有南派北派之分，还有文八段锦与武八段锦的区别等。不过，万变不离其宗，以肢体动作为主，结合一定的呼吸吐纳功夫是八段锦的基本特点。

二、健身气功·八段锦基本动作

（一）两手托天理三焦

【预备势】

①自然站立。两脚平行开立与肩同宽，两手自然下垂。

②双手如捧物（掌心向上，手指相对）由腹前提至胸前，翻掌，掌心向下，然后双手上托，同时两前臂向内旋转，双手上托至头上，两臂分展如托天状，同时提起脚跟吸气（图7-93）。

③两臂外旋转，掌心向内，顺体前下落至体侧，同时脚跟落地呼气。如此重复3遍。

（二）左右开弓似射雕

①左脚向左迈出一步成马步，两前臂胸前交叉，左臂在内，右臂在外，两手变拳，左手食指朝上翘起，拇指与食指成八字分开，接着左臂向左推出伸直，眼看左手指，同时右手向右侧平拉，如拉弓射箭状（图7-94）。

②两拳变掌经体侧划弧收回，同时收回左脚并恢复成预备势。

③右脚向右迈出一步成马步，其余动作同①，左右相反。

④同②，左右相反。

（三）调理脾胃须单举

①双手捧至胸前，左掌上举成单臂托天状（掌心向上，指尖向右），同时右掌翻掌下按于右胯旁（掌心向下，指尖向前）（图7-95）。

②左臂外旋，左掌心向后顺利下落，右手顺体上穿，两手臂经胸前交叉（右手臂在里），右手臂上举成托天状，左手臂按停于左胯旁（动作要求同上式）。

③如此重复进行，左右手臂各举一次为一遍，共做6遍，配合呼吸，手臂有胸前上举时吸气，手臂下落时呼气。

④结束时两手由胸前交叉同时下落至体侧复原。

（四）五劳七伤往后瞧

①头慢慢向右后转，眼向右后看同时吸气（图7-96）。

②转头还原同时吸气。

③同①，左右相反。

④同②，左右相反。

图 7-93　　　　图 7-94　　　　图 7-95　　　　图 7-96

（五）摇头摆尾去心火

【预备式】

①马步蹲裆势，两手扶膝，虎口向里，上体正直。

②上体及头前俯深屈，随即在左前方尽量做弧形摇转，同时尾部相应右摆（图7-97），左腿及左臂适当伸展，以辅助摇摆，同时吸气。

③转正复原，同时吸气。

④同①，左右相反。

⑤同③，左右相反。

⑥如此重复3遍。

（六）两手攀足固肾腰

【预备式】

①立正站立。

②上体缓缓向前伸、屈，直膝垂臂同时两手攀握足尖，头略抬起同时吸气（图7-98）。

③还原同时吸气。

④双手低腰脊两侧，上体慢慢向后仰，同时继续呼气。

⑤还原，同时吸气。

⑥如此做3遍，如呼吸配合困难，可先采用自然呼气的方法进行练习，逐步过渡到本式要求。

（七）攒拳怒目增气力

【预备式】

①马步蹲裆势，两拳抱于腰侧（拳心向上）。

②右拳慢慢地旋臂前冲拳（拳心向上）瞪眼视前方同时呼气（图7-99）。

③旋臂手右拳于腰侧（拳心向上）瞪眼视前方同时吸气。

④同②，或左右相反。

⑤同③，或左右相反。

⑥如此重复3遍，恢复立正姿势。

（八）背后七颠百病消

①两脚跟提起，头向上顶同时吸气（图7-100）。
②两脚跟落地还原同时呼气。
③如此重复6遍，恢复立正姿势。

图 7-97　　　　图 7-98　　　　图 7-99　　　　图 7-100

三、健身气功·八段锦练习要求及注意事项

①练习健身气功·八段锦如果忽视意念和呼吸的配合，则称之谓"空架子"。动作、意念和呼吸三者结合才能提高练功效果。
②初学健身气功·八段锦应先练好姿势，逐步增加呼吸和意念的配合。
③练习时松静自然贯穿始终，要"意气相随""外动内静"，以达内外兼练的效果。
④健身气功·八段锦功法练完之后，最好意守丹田片刻。

思 考 题

1. 五步拳的特点是什么？
2. 太极拳的来源有哪些方面？
3. 散打基本技术包括什么？
4. 初级刀术的特点是什么？
5. 易筋经十二势分别是什么？

第八章
体育舞蹈

学海导航

1. 了解体育舞蹈的起源。
2. 掌握拉丁舞蹈学习方法。
3. 掌握伦巴舞蹈技巧及伦巴舞基础步形。

第一节
体育舞蹈概述

体育舞蹈起源于欧洲、拉丁美洲,从民间舞蹈演变发展而成,人们以前叫它为国际标准交谊舞,原名称作"社交舞",英文为"Ballroom Dancing",为欧洲贵族在宫廷举行的交谊舞会。社交舞早在14~15世纪于意大利出现,16世纪传入法国,并于1768年在巴黎开办了第一家交际舞厅。法国革命后,Ballroom Dancing(交谊舞)流传民间至今。第二次世界大战后,美国人将该舞蹈散播到全球各地,并形成一股跳舞热潮,至今不衰。

1950年,由英国ICBD(世界舞蹈组织)主办了首届世界性的大赛"BLACK POOL DANCE FESTIVAL 1950"(黑池舞蹈节),并把规范后的舞蹈命名为国际标准交谊舞。以后每年的五月底,在英国的"黑池"举办一届世界性的大赛。随着此种舞蹈在世界的不断推广,使其得到了发展,摩登舞中又增加了维也纳华尔兹。

经历一百多年的发展,"社交舞"从"社交"发展为"竞技",将单一的舞种发展为摩登舞、拉丁舞两大系列的十个舞种,并在1904年成立了"英国皇家舞蹈教师协会"。这个组织将当时欧美流行的舞姿、舞步、方向等整理成统一标准,制定了有关舞蹈理论、技巧、音乐、服装等竞技的标准,公布为"国际标准交谊舞舞厅舞",为世界各国所遵循,英国的黑池甚至成了"国际标准舞"的圣地。

国际上存在两个国际体育舞蹈组织,即世界舞蹈及体育舞蹈理事会和国际体育舞蹈联合会。世界舞蹈及体育舞蹈理事会,简称WDDSC(World Dance And Dance Sport Ouncil),

1950年9月22日在英国苏格兰的爱丁堡成立，注册地为英国伦敦。

国际体育舞蹈联合会，简称IDSF（International Dance Sport Federation），1935年成立于布拉格，注册地为瑞士洛桑，于1997年获得国际奥委会的正式承认。

国际标准交谊舞20世纪30年代传入中国，80年代发展较快，先后与日本、美国、英国等国家进行交流活动。1991年5月，中国体育舞蹈运动协会成立。从1998年开始，体育舞蹈被列入中国文化部"荷花奖"的评奖单项，体育舞蹈事业在中国从此开辟了一个崭新的篇章。中国现在是世界舞蹈及体育舞蹈理事会和国际体育舞蹈联合会的正式会员。

目前，世界各国将国际标准交谊舞易名为"体育舞蹈"，成为体育运动项目。拥有74个会员国的"国际舞蹈运动总会"（International Dance Sport Federation）于1997年9月4日正式成为国际奥林匹克委员会会员，2000年已经成为悉尼奥运会表演项目，国际体育舞蹈联合会正在积极争取将体育舞蹈项目列入奥运会。

第二节 恰恰舞

一、恰恰舞概述

（一）起源与发展

恰恰的名称来源有以下几种：西班牙语的保姆"Chacha"；西班牙语嚼可可叶的"Chachar"；西班牙语茶的"Char"；而最有可能的命名来源是由仿真跳追并步时鞋子发出的声响而命名。

在国际标准舞拉丁系列中恰恰舞的历史最年轻，是在20世纪30年代由曼波舞及美式Lindy舞演变而成，或是约于20世纪50年代在美国的舞厅中出现，紧跟在曼波舞之后而由曼波舞演变而成。恰恰舞与它的前身曼波舞几乎同时传入欧洲，而在第二次世界大战后约1956年恰恰舞大大流行，并使得曼波舞靠边站。国际化的恰恰舞是由英国皇家舞蹈教师协会予以整理，规则细分。

（二）风格特点

恰恰舞是所有拉丁舞中最受欢迎的舞蹈，充满热情，没有严肃味道，并加有断音奏法，使舞者能够制造出"顽皮"般的气氛给观众。

音乐：恰恰舞的音乐很容易辨认，旋律音符通常是短音或是跳音。音乐节拍为4/4拍，有时2/4拍，虽然恰恰舞曲经常演奏着每分钟34小节的节奏，其实最理想的节拍是每分钟32小节。恰恰舞是古巴的舞蹈，与伦巴舞一样，古巴舞者以音乐的第二拍开始前进或引导。

男士动作：两脚稍微分开站立，重心置于左脚，第一拍时，以右脚向右侧跨一小步（女士相反），然后以左脚前进（女士右脚后退）进行基本动作，节拍数法有："慢，慢，快快，慢""踏，踏，恰恰恰"和"2，3，4&，1……"所有的舞步都是这种数法。英国有些舞者在舞厅里仍是以音乐的第一拍开始左脚前进，数为"1，2，恰—恰—恰"，这种方法对初学者较易学。不过上述的数法"2，3，4&，1"仅用在由舞蹈教师协会所举办的考试和竞赛。

握持动作：恰恰舞的握持与桑巴舞一样，开放式握持（Open Hold）和扇形位置（Pan Position）与伦巴相同。

脚步动作：与伦巴相同，以脚尖出去，随即整个脚底着地，不用脚跟引导。

二、舞蹈技巧

恰恰舞的动律和伦巴基本相同，由于伴奏舞曲及舞步速度轻快，因而具有活泼、热烈而俏皮的风格特点。它的步法音乐每小节4拍走5步：慢、慢、慢、快、快。

慢步一拍一步，快步一拍两步，臀部摆动和伦巴很相似。跳每个舞步都应该在前脚掌施加压力，膝部稍屈。当重心落到某一条腿上时，脚跟放低，膝部伸直，臀部随之向侧后方摆动，另一条腿放松屈膝。臀部的摆动要明显，只是在跳快步时不必强调。

恰恰舞的曲调欢快而有趣，舞步和手臂动作配合紧凑，给人一种俏皮而利落的感觉。对初学者来说，要选用一些慢速的舞曲进行练习。

恰恰舞音乐节拍为每小节4拍，从第二拍开始起步。初学者不可只注意动作和脚步而忽视乐曲节奏的掌握，如果踏错了起步的节拍，将会使脚步与节奏一错到底。

学习恰恰舞，首先要练好并合步，并合步又称为虾C步，它是恰恰舞最基本的舞步。并合步由五步构成，但最能表现恰恰舞节奏及舞步特点的步子主要在第3~5步。这3步中，它的节拍为QQS，又念作恰恰恰。其中最后3步有的教材上也称其为快滑步，由于在快滑步的3个步子中，第二步好像在追赶第一步，故这个舞步也称为追赶步。

三、舞蹈动作

恰恰舞是胯的节奏的练习，由斜前到旁边。基本舞步始终保持着爵士步的重心特点，即重心在直腿上，这样才能跳出紧凑利索的步伐。脚的动作非常重要，上步后没有重心时，脚掌绷起来，脚背顶起来。

（一）时间步

预备动作：左脚重心，右脚打开。也可以将右脚放后，脚掌着地，脚背绷直。

第1步：将右脚收回到左脚，脚掌着地换重心到全脚掌。

第2步：左脚原地，脚掌落地换重心到全脚掌。

第3步：右脚向右移动，全脚掌。

第4步：左脚并向右脚，全脚掌。

时间步

第5步：右脚继续向右移动，左脚原地打开，脚掌着地，脚背绷直。

换一只脚，做同样的动作。

节奏与数拍：1拍，1拍，半拍，半拍，1拍（TWO THREE 恰恰 ONE）。

上身动作：动右脚时，左手收缩，右手延伸。反之相同。

重点：胯部动作由斜前到旁边。

第1步右脚收回时，膝盖应斜对着左脚的脚尖。

第2步左脚原地换重心时，膝盖也应对着右脚的脚尖。

（二）古巴断裂步

预备动作：右脚重心，左脚打开。

第1步：左脚斜前方上步，脚尖外转，重心在两脚之间，后面的右脚脚跟离地，膝盖紧靠在左脚上，有反身动作。

第2步：右脚原地换重心。

第3步：左脚回来。

换一个方向，右脚斜前方上步，做相同的动作。

节奏与数拍：恰恰 ONE，恰恰 ONE。

上身动作：左脚上步时，右手按腹，左手延伸。

右脚上步时，左手按腹，右手延伸。

也可以一只手收缩，一只手延伸。

重点：古巴断裂步的节奏是直接跳"恰恰 ONE"。学习这个动作必须强调的是，上步时，大腿夹紧，重心在两腿之间，要有反身的动作，身体和脚是相反的方向，需要上身和脚的配合。右肩向前时，出左脚；左肩向前时，出右脚。后面腿的膝盖一定要抵住前腿的膝盖后面。否则，很难学好这个动作。

古巴断裂步

（三）前进锁步、后退锁步

预备动作：右脚重心，左脚打开。

第1步：上左脚。

第2步：右脚原地换重心。

第3步：退左脚，右脚在前交叉。

第4步：退右脚，左脚在前交叉。

第5步：退左脚，右脚在前交叉。

第6步：退右脚。

第7步：左脚在原地换重心。

第8步：上右脚，左脚在后交叉。

第9步：上左脚，右脚在后交叉。

第10步：上右脚，左脚在后交叉。

前进锁步

节奏与数拍：1拍，1拍，半拍，半拍，1拍，半拍，半拍，1拍，半拍，半拍，1拍，1拍，1拍，半拍，半拍，1拍，半拍，半拍，1拍，半拍，半拍，1拍（TWO THREE 恰恰 ONE 恰恰 ONE 恰恰 ONE TWO THREE 恰恰 ONE 恰恰 ONE 恰恰 ONE）。

上身动作：退左脚，右手收缩，左手延伸。

上右脚，左手收缩，右手延伸。

也可以一手按腹，一手延伸。

重点：锁步动作幅度大，流动性强，是恰恰舞的一大特点，是在舞步之间起到连接和左右交换脚步的作用，增强舞蹈的艺术性。跳的时候膝盖外露，形成拉丁交叉的姿势。

（四）定点转

预备动作：右脚重心，左脚打开。

第1步：左脚穿越身体向右上步，留头。

第2步：右脚原地推上来为轴右转180°，此时重心在两脚之间。

第3步：右脚后退，右转180°。

第4步：左脚并向右脚。

第5步：右脚向右移动，左脚打开，换右脚，做同样的动作。

节奏与数拍：1拍，1拍，半拍，半拍，1拍（TWO THREE 恰恰 ONE）。

上身动作：当上左脚时，右手收缩，左手延伸，并且利用右手收缩带动身体转动。

重点：定点转转了一个全圆，所以有一只脚是不动的，定在原地。向哪个方向转，就要转回到这个方向来，共360°。做两次转动来完成这个动作，一次是转180°，重心在两脚之间转动。一次是后2拍跳并步时转的180°，用手来带动和留头是旋转的重要环节。

（五）纽约步

纽约步第1步的重心完全放在主力腿上，重心在两脚之间，形成半重心，上步时有一个1/16的外开。

预备动作：右脚重心，左脚打开，形成脚掌着地，脚背崩直。

第1步：上左脚右转90°，右脚膝盖靠在左脚膝盖，右手向上打开，手掌朝下。

第2步：右脚原地换重心。

第3步：左脚回来，左转90°。

第4步：右脚与左脚并步。

第5步：左脚继续向左移动，右脚打开，形成脚掌着地，脚背崩直。

换右脚上步，做相同的动作。

节奏与数拍：1拍，1拍，半拍，半拍，1拍（TWO THREE 恰恰 ONE）。

上身动作：上左脚时，左手向前延伸，右手向右斜前上方打开，注意后面的肩膀要压住，把头抬起来，手掌朝下。左脚回来时，向前延伸的手可以用力捞过来。

纽约步有3个方向的转向，一个向左1/4转，一个向右1/4转，然后回中。

这6个动作熟练后可以连起来跳。结束时，可以做一个造型动作。如上左脚穿越身体，右转180°，右手向右上方伸展，手掌朝下，左手按腹，右脚弓步。

（六）恰恰走步

预备动作：右脚重心，左脚向前脚掌着地。

第1步：右脚向前。

第2步：左脚向前。

恰恰走步

依次交替前进。

节奏与数拍：1拍，1拍（TWO THREE FOUR ONE）。

上身动作：上右脚，左手收缩，右手延伸。

上左脚，右手收缩，左手延伸。

重点：上步时是由后脚推动上前的，推动上前时，同时转动胯部。

（七）之字步

预备动作：右脚重心，左脚打开。

第1步：左脚穿越身体向右前侧右转90°。

第2步：右脚向右侧。

第3步：左脚向后。

第4步：右脚向后右转90°。

第5步：左脚向侧。

第6步：右脚向前。

节奏与数拍：半拍，半拍，1拍，半拍，半拍，1拍（TWO AND THREE FOUR AND ONE TWO AND THREE FOUR AND ONE）。

上身动作：收缩与延伸。

重点：第3步和第6步不要忙于移重心到后面，而是慢一点，要有延迟的感觉。重心是压在主力腿上的。跳这个动作，流动不要太大，脚要转过来。

（八）原地换重心

这是练习恰恰舞节奏最好的方法之一，没有脚的移动，只是两脚之间重心的转换。

预备动作：右脚重心，左脚打开。

第1步：左脚原地。

第2步：右脚原地。

第3步：左脚原地。

第4步：右脚原地。

第5步：左脚原地。

换一只脚做相同的动作。

原地换重心

节奏与数拍：1拍，1拍，半拍，半拍，1拍（TWO THREE 恰恰 ONE）。

脚的练习：换重心时，由脚掌到全脚掌，膝盖向内，夹紧内侧，向里关闭。尽量体现出腿部线条的悠长。

熟练后可以变换节奏：TWO AND THREE FOUR AND ONE。

重点：可以用1步1拍来练习，但要注意收紧腹部，胯迅速到位，保持呼吸，有效锻炼腰腹部，达到瘦身要求。

第三节 伦巴

一、伦巴舞概述

伦巴是西班牙文"Rumba"的音译,用R表示,也被称为爱情之舞,是拉丁舞项目之一。现代伦巴舞是古巴舞蹈吸收了16世纪非洲黑人舞蹈和西班牙"波莱罗"舞蹈逐渐完善的。舞蹈动作曾经受雄鸡走路启发。16世纪,古巴有许多贫穷的黑人奴隶被白人送至美洲。由于他们在古巴被压迫,生活困苦,受到不平等的待遇,再加上思乡情切,因而产生悲伤的民歌。慢慢地这种悲伤心情的歌曲受当地气候的影响,而变成催眠式、懒洋洋的音乐,再加上拉丁美洲特有的打击乐器,而使伦巴舞曲变得更富有罗曼蒂克的气氛。

身在古巴的悲惨黑人奴隶会随着这种音乐起舞以发泄情绪,而形成伦巴。今日的伦巴已丧失了悲伤的气氛,但催眠式的演奏气氛仍然很浓厚。暧昧的肢体动作,缠绵浪漫的音乐,用来表达男女之间的倾慕之情。胯部的摆动是伦巴最优美的舞步,充分表现女性的风韵魅力,带有典型热情气息的舞蹈,所以也有拉丁舞灵魂之称。

美国于19世纪30年代引进伦巴,以复合舞蹈的形式,把 Guaracha、Son 和古巴 Bolero 舞与这种乡村伦巴舞相结合。1935年,因为在电影《伦巴舞》中 George Raft 饰演的温柔的舞者的角色赢得女继承人的欢心,因此伦巴在美国变得非常流行。20世纪20年代后,伦巴传入欧洲、北美,并吸收了爵士乐和其他舞蹈因素。伦巴是拉丁音乐和舞蹈的精髓和灵魂,引人入胜的节奏和身体表现使得伦巴成了舞厅中最为普遍的舞蹈之一。美国人对伦巴舞的兴趣完全是由于1929年大批旅游者出国观光引起的。1930年出版的歌曲集《卖花生的人》一下子就使他们发现了拉美音乐这个舞蹈音乐的源泉。以后出现的拉美乐队使这种舞蹈更为普及。美国人跳伦巴舞大概受了四方舞的影响,构图总喜欢四四方方的,很像华尔兹,但步子要小得多。他们抓住了古巴人臀部动作时重心移动的小心谨慎劲儿,但跳得更有表演力。英国人跳伦巴,则是采用了地道的古巴进退动作,受到了古巴人的赞许。美国人跳的伦巴很让古巴人不以为然,但是不管怎样说,起源于古巴的伦巴舞大多是从美国传到世界各地舞厅的。

二、风格特点

伦巴舞曲节奏为4/4拍,每分钟27~29小节,每小节四拍。乐曲旋律的特点是强拍落在每小节的第四拍。舞步从第4拍起跳,由一个慢步和2个快步组成。4拍走3步,慢步占2拍(第4拍和下一小节的第1拍),快步各占1拍(第2拍和第3拍)。特点是风格浪漫,舞姿迷人,男女都讲究身体姿态,舞态柔媚,步法婀娜,舞者若即若离,充满挑逗意味,是表达男女爱慕情感的一种舞蹈。

舞步术语

伦巴舞的风格和动律特点可以归纳为稳中摆、柔中韧、快合慢。

稳中摆：伦巴舞的动律产生于劳动，劳动的黑人头顶大筐搬运香蕉等水果时，要求上身平稳，走起来上压、下顶，形成臀部的摇摆。因此跳伦巴舞时，要求保持脊椎直和两肩平，臀部的摇摆则是由于重心的转移自然形成的，而不是故意摆动臀部。当脚出步时，脚掌用力踩地，膝部稍屈，这时另一条腿的膝部是直的，当重心移到出步的脚，脚后跟放下，胯部随之向侧后方摆动；另一条腿则放松稍屈。整体感觉是提气，平稳地控制住上身，而臀部则不停地自如摆动。

柔中韧：出步后，膝部使劲顶直，臀部的摆动看起来轻快柔和，而实则内部用力，有一股内存的韧劲，因此跳伦巴舞时间长了会有臀部的酸胀感。

快合慢：伦巴舞用4拍走3步，节奏为快快慢，快步1拍1步，慢步2拍1步。臀部是走3步摆3下。它的出脚动作迅捷，无论快步或慢步都是半拍到位，而臀部的摆动则是快步占一拍，慢步占两拍。实际上是4拍3步中，每步都是半拍脚步到位，而臀部则是连绵不断地左、右摆动。这种上、下、慢、快矛盾统一的运动，形成了伦巴舞有特色的动律。

三、舞蹈技巧

拉丁舞是两个人的舞蹈，因此两人的配合很重要。而伦巴舞的节奏稍缓，但对于身体的动作细节要求更高，两人手臂力量的传递更显重要。要做到个人重心稳当，不以手臂用力。

拉丁舞中，每个人都要有自己稳定的重心，互相之间的引带只是身体很小的力量。身体转动时，围绕的轴永远是脊椎。伦巴时肩部下沉，脚重心下踩，将重心降低，而脊椎向上，维持身体内部平衡。此时要收紧大腿内侧、臀部、腹部、侧腰，这样身体的拧动就不会将很多力量传到手臂上，从而影响舞伴的重心了。

手肘不要移到身体后侧，最多夹紧在身侧。伦巴舞时，女士将右上臂夹紧，肌肉收紧，如果男士给女士一个向后的推力时，整个身体要向后移动，而不是手肘向后摆动。而女士身体向后的速度，要快于手臂传力的速度，这样才能在男士停止推力时，稳住身体的重心。同样，男士接受推力时手臂也不需要加紧，而给女士力量时，则可以手肘稍前移。

如果男士给女士一个向侧转的力量，女士的手臂不可以左右摇晃，将这个力量消减掉，而仍然应该保持大臂和身体的角度，使身体迅速顺力旋转。

男士给女士力量时，避免只是手上用力，应该是脊椎稍向给女士力量的方向旋转，身体挤压，使得手臂有一点点力量，前臂与地面的水平程度要维持不变，但力量是顺着肩部—上臂—前臂—手，逐渐减小的。

四、伦巴舞基础步形

这里主要介绍伦巴舞的基本方步、扇形、曲棍步、前进后退基本步、手对手、定点转、开式扭臂、阿列曼娜、闭式扭臂、右陀螺转、右分转步等基础步法。

1. 基本方步

男士：闭式位开始，开立，重心放右脚。

女士：闭式位开始，开立，重心放左脚。

2. 扇形

男士：闭式位开始，重心放右脚。

女士：闭式位开始，重心放左脚。

扇形

3. 曲棍步

男士：扇形位开始。

女士：扇形位开始。

曲棍步

4. 前进后退基本步

男士：开式位开始，前后重心，重心放左脚。

女士：开式位开始，前后重心，重心放左脚。

前进后退基本步

5. 手对手

男士：面对双手环握开始，重心放右脚。

女士：开式位开始，前后重心，重心放右脚。

手对手

6. 定点转

男士：面对开立，重心放右脚。

女士：面对开立，重心放左脚。

定点转

7. 开式扭臀

男士：开式位开始，前后开立，重心放右脚。

女士：开式位开始，前后开立，重心放左脚。

开式扭臀

8. 阿列曼娜

男士：扇形位开始，重心放右脚。

女士：扇形位开始，重心放左脚。

阿列曼娜

9. 闭式扭臀

男士：闭式位开始，脚靠近。

女士：闭式位开始。

闭式扭臀

10. 右陀螺转

男士：闭式位开始，重心在左脚。

女士：闭式位开始，重心在左脚。

右陀螺转

11. 右分转步

男士：闭式位开始，重心在右脚。

女士：闭式位开始，重心在左脚。

右分转步

12. 纽约步

男士：闭式位开始，重心在右脚。

女士：闭式位开始，重心在左脚。

纽约步

四、练习注意事项

①做原地八字扭胯时，注意重心要移到两脚前脚掌，两腿内侧加紧，做每个动作时要注意两脚充分压地，胯不要扭动，而是每一步都要想着主力腿胯做前、旁、后的运动。

②伦巴属四拍音乐，每拍之间的"&"用来下降压主力腿，这样下一拍的动作才会更饱满，有味道。一般练习时应以"&、2、3、4、1"读音乐，有助于"4、1"停顿后续力做好下一拍的动作。

③每拍过渡时的状态都是在两脚前脚掌，两腿都是直的，双脚踩地共同与反作用力对抗，注意不要直接从摆胯过渡到摆胯，没有双脚踩地的过程是椎晃动的主要原因。

④要以身体尤其是背部肌肉引领或发动，由身体带动胯再带动腿。身体是一个整体，眼要往远处看，上身挺直，给自己前面和后面都有很大的空间需要自己发挥的感觉。

⑤脚型。其实除了身体姿态以外，伦巴舞的腿型和脚型也是影响伦巴因素。做 basic movement 时，每次辅助腿出腿都要经过主力腿，不要图省事直接走到下一步位置。而且脚也要绷紧，后跟抬离地面，再出腿，相信伦巴的味道会更浓郁。

⑥basic movemeng 的前进步的"one"是 check 步，重心要放在两腿间，两腿内侧加紧，而不是重心移到前脚掌。但后退步的"one"重心要移到后脚的前脚掌，"two"重心要移

到前脚的前脚掌。

⑦做 cucaracha 和 time step 时，two 之前的"&"要压地充分，移动要快速到位。初学时应严格按照音乐的节奏，"two、three、four"一定要移动到位，这样可以练习节奏感和对抗感。

⑧练习时要始终张着嘴，不要憋气，每四节一呼吸，"four"的时候吸气，多加练习有助于形成良好的呼吸感觉。

思 考 题

1. 简述恰恰舞的风格特点。
2. 简述伦巴舞的风格特点。

第九章
民族体育

> **学海导航**
> 1. 了解抢花炮民族体育的起源与发展过程。
> 2. 熟悉掌握抛绣球的基本技术和基本战术。
> 3. 学习三人板鞋竞速的竞赛规则和提高观赏三人板鞋竞速比赛的能力。
> 4. 学习跳竹竿的竞赛规则和提高观赏跳竹竿比赛的能力。

第一节 抢花炮

一、抢花炮概述

抢花炮是流行在侗族、壮族、仫佬族等民族中的一项具有浓郁民族特色的民间传统体育活动，深受广大少数民族同胞的欢迎，是一项勇敢者的运动，已有五百余年的历史。由于有强烈的对抗性、娱乐性和独特的民族风格，在湘、鄂、渝、黔等省边境地区有着雄厚的群众基础，数百年来长盛不衰（图9-1）。

广西三江富禄"三月三"花炮节历史久远，始于清朝乾隆而盛于嘉庆年间，至今已有200多年历史。"抢花炮"始于到此经商的闽粤商人，由于信奉"妈祖"，兴建庙宇祭祀。在"妈祖"生日农历"三月廿三"举行的大型庙会祭祀活动时进行。"抢花炮"运动，每年庙会燃放三支花炮。

图9-1 抢花炮

第一炮：命名为"发财炮"，意示抢得第一炮，得炮者当年财运来到，生意一定兴隆、红火。

第二炮：命名为"添丁炮"，意示抢得第二炮，得炮者爱人当年能怀上男孩，延续香火。

第三炮：命名为"如意炮"，意示抢得第三炮，得炮者当年生意、生产、生活各方面顺顺当当、天随人愿、万事如意。

二、抢花炮的样式

抢花炮，在农历三月三或秋收以后最为踊跃。侗乡流行这样的诗句："侗乡"三月风光好，天结良缘抢花炮；要得侗家姑娘爱，花炮场中称英豪。

在抢花炮的日子里，远近侗寨的男女老少，穿上节日的盛装，天刚亮就争先恐后地涌向岩坪，有的是为了给本村寨的花炮选手呼喊助威，有的姑娘是为了寻找如意郎君，但大多数侗胞还是去看热闹。凡是主持抢花炮的村寨，事先会请编织手艺高的人用青细竹篾或藤条编织三至五个茶杯口大小的圆圈，外面缠以红布，再以红绿丝线扎牢。主持人宣布抢花炮开始时，将红炮圈放在铁炮的筒口上，然后点上火药放炮，红炮圈被射上高空中，各村寨的选手争先抢夺。红炮圈有的落地，有的也可能落到水塘里或悬崖上、屋顶上、树枝……不论落在哪里，大家总是争先恐后地跳到塘里、爬到悬崖、层顶、树枝上……去寻找，个个奋不顾身，人人勇往直前。

谁抢到红炮圈之后，还必须在其他人的争抢中，"过关斩将"，将红炮圈送到庙里的裁判台上才算获胜，因此，抢一炮一般都要争夺两个小时左右。当选手把红炮圈送到庙里的裁判台上后，庙里顿时便钟鼓声齐鸣，并鸣炮三响，以表示"头炮"胜利结束。接着还要进行二炮、三炮的争抢。大部分地方一般是抢三炮结束比赛，但有的地方也会抢到四炮、五炮，之后，钟鼓声齐鸣，鞭炮声不绝，再放三炮宣告抢花炮活动结束。

来年的抢花炮活动由抢得"头炮"者的村寨主办。这一年他们得到了什么奖品，次年仍得准备这些奖品，叫做"还色"。哪个村寨连续抢到花炮，寓意该村寨连年五谷丰登。

广西的抢花炮，"花炮"是铁制圆环，直径约5厘米，外用红布或红绸缠绕，然后置于送炮器上。送炮器即铁炮，内装火药，燃放后即把花炮冲上天空，待花炮落下时参加者均可奋勇争夺。广西南宁、百色两地传统的送炮器的形状最为美观，外形为六角柱形，六边饰有图案、花纹，共分三层：底层为稍大的六角柱，柱角镶上桂花边；中层较细，携有各类形态的大小人像；上层为喇叭状开口。

三、抢花炮的规则

（一）队员

一场比赛有两个队参加，每队上场人数不得多于8人或少于5人，其中1人为队长。全场比赛替换队员不能超过5人次。

（二）器材

①花炮。花炮为直径14厘米的彩色圆形外饼状，外圆呈轮胎形，厚2.5厘米至3.0厘米，是用不会伤及队员的橡胶做成，重20~240克。

②送炮器。能把花炮冲上10米以上高度并落在接炮区内能发出声响的发射器。

③花篮架。高约80厘米，放在离炮台区内端线中心点3米处。花篮架用直径不超过

20 厘米的圆木做成。

④花篮。篮口内沿直径为 40 厘米，花篮高为 30 厘米的圆柱体，用竹或塑料做成，花炮固定在花篮架顶端。

（三）场地

①比赛场地为表面平坦的长方形草坪或土地，长 60 米，宽 50 米，线宽 12 厘米。线的宽度包括在场地之内，长线叫边线，短线叫端线。

②接炮区。以场地的中点为圆心，画一个 5 米的圆圈为接炮区。

③炮台区。在距离端线中点两侧 4 米处各向外画一条 4 米与端线垂直的线，再画一条线把其顶点连起来，与端线平行，这个区为炮台区，在炮台区两侧架设高 2 米以上的网墙。

④罚炮区。以端线中心点为圆心，画一条长 20 厘米、宽 12 厘米平行线，为罚点炮线。该线包括在距离花篮架的 2 米之内。

（四）比赛

无论何方抢得花炮，可用传递、掩护、假运动、奔跑等方法，试图攻进对方炮台区；另一方可用拦截、阻挡、追赶、搂抱（合理部位）、抢截等方法，抢到花炮或阻止持花炮运动员前进。持花炮运动员越过端线进入对方炮台区，把花炮投入花篮内即为得分。每投进一次花炮得一分。进炮后，由司炮员重新发炮。若持花炮队员误将花炮投入本方花篮内则算对方得分。

第二节
抛绣球

一、抛绣球概述

抛绣球（图 9-2）是壮族最为流行的传统体育项目之一。绣球最早是我国古代的一种兵器。随着社会的发展，这种在狩猎和战争的运用的兵器逐渐演化成今天用来传情达意、娱乐身心、竞技强身的绣球。由于颇具民族性、趣味性和简易性，经改编后，抛绣球已成为广西少数民族传统体育运动会的竞赛项目，同时，也是全国少数民族传统体育运动会上的表演项目。

抛绣球作为壮族人民的传统体育活动，在广西具有广泛的群众基础，这无形中增强了此项目的吸引力。美丽的绣球和齐乐融融的歌声更使人有一种心动不如行动的感觉。抛绣球技术动作简单，易于掌握，它能促进人们的友谊，起到以球传情、以球传神的作用，其中的奥妙是不可言喻的，只有参与这项活动才能体会到它的魅力所在。

图 9-2　抛绣球

抛绣球不但具有社交娱乐的作用，还能锻炼人的体力、意志，提高人的灵敏性和身体素质，培养人果断、坚毅、自信和积极向上的高尚品质和情操。另外，经常练习抛绣球还可以锻炼耐久力和意志力，提高投准能力。

二、抛绣球的基本技术

抛绣球比赛时，将绣球抛过9米高的杆上直径为1米的彩环就可得分，因此，抛绣球的准确性显得尤为重要。抛绣球比赛是在无防守、无进攻的情况下进行的，要抛过规定的高度，运动员除了具有很好的个人技术之外，还必须具备良好的心理素质和准确的判断力。绣球只有获得合适的速度及角度才能以抛物线的轨迹，顺利准确地穿过所设置的彩环。抛绣球时通过手握提绳转腕，使球获得一定的初速度，速度由慢到快，当达到较快的速度时，手臂大绕环一周，顺着球的惯性，根据自身与木杆间的距离、位置，选择合适的出手角度，伸臂、抖腕、送球出手。抛绣球的技术动作如下。

（一）侧位站立上抛法

动作方法：（以右手为例）侧位站立，左肩对着木杆方向，两脚左右开立约与肩同宽，重心在两脚之间。右手握住绣球的提绳，手腕按逆时针方向做2~3次的绕球预摆动作。绕球时要屈肘、手腕放松，运转柔和，使球速均匀。当球绕到最低点与地面垂直时，身体重心前移，转体面对彩环，同时蹬地，伸臂侧绕到最高点，顺着球的惯性，以合理的角度用力抖腕送指，把球抛出。

动作关键：手腕摆球为逆时针方向摆球，动作要连贯、柔和、匀速。抛球时，移动重心，转体，蹬腿，伸臂，抖腕，送指，让球的运动轨迹成抛物线。

（二）侧位站立下抛法

侧位站立下抛法与侧位站立上抛法动作方法相同，摆球方向相反。

（三）背向抛球法

动作方法：身体背对木杆，两脚左右开立，距离约与肩同宽，让重心落在两脚之间。右手握住绣球的提绳，手腕带球做2~3次"8"字绕环的预摆，当球获得一定的速度后，上体后仰成反弓形。当球提绕到右侧最高点时，伸臂，抖腕，送指，把球抛出去，两眼注视球的走向，球在空中的走向为大抛物线。

动作关键：右手在身体两侧绕"8"字，出手瞬间，上体后仰成反弓形，倒头，眼看着球抛出去。

三、抛绣球的规则

（一）队员

每队运动员10人，由男、女各5人组成，队员上衣必须有明显的号码。

（二）裁判组

①由裁判长1人、裁判员10人、记录员1人组成。

②裁判长职责：负责检查、核定所有设备，包括裁判员、记录员使用的表格、用具，比赛用的绣球，掌握比赛时间等。

③裁判员职责：2名裁判员为一组，每组裁判员备好3只同一颜色的绣球。赛前定好自己负责的一名运动员，并发给一个比赛用球。在比赛时间内，分别登记自己负责的运动员的投球数、命中数和违例数。如果在比赛中绣球出现破裂或挂在架上，裁判员应及时补发一个，以免耽误比赛。

④记录员职责：事先将比赛队员的名单列好，将每次参加比赛的队员名单列给裁判员。比赛结束时，登记队员的投球数、命中数、违例数，计算出队员的得分数，排列出名次。

（三）比赛规则

①比赛分团体赛和男、女个人赛。团体赛每队由男、女各5人参加；个人赛每次比赛5人，计个人成绩。

②比赛时间：团体赛比赛时间20分钟，分两段进行，每段10分钟，第一段为5名女运动员上场抛绣球，第二段为5名男运动员上场投绣球。

③比赛时由裁判长带领比赛的运动员与裁判员认识，由裁判员发给运动员绣球，练球1分钟后，队员分别站在两边的投球区内，待裁判员、运动员做好准备，裁判长鸣笛开始比赛。运动员投圈后飞快捡起自己专用的球反向投圈。中圈一次得1分，如果投球时运动员踩到控制线、越出投球区或拿别人的球投，一次扣1分。

④比赛结束后，按得分多少排列团体（10人得分相加）和个人名次，得分高者名次列前。如果投球得分相等，再用1分钟时间给相等分数的运动员复赛，投中多者为胜；如果仍相等，再赛1分钟，直至决出胜者为止。

（四）场地

长方形的场地，长26米，宽14米，必须有明显的界线。在中线两侧7米的地方，各画一条与中线平行，与两条边线相接的线，这两条线叫投球控制线。投球控制线到端线之间的地区为投球区。

（五）抛绣球的器材

①投球圈。在中线的中点处竖1根高9米的杆，杆顶安一个直径1米的圆圈，为投球圈。

②绣球。用绸布或花布制成，直径5~6厘米，内装细沙石，重150克。球心系着一条长90厘米的绳子。绳子的尾端系着3片长4厘米、宽0.5厘米的布条，球下部缝上5片长5厘米、宽0.5厘米的布条为球穗，这样就制成了比赛用的绣球。比赛时需备5种不同颜色的绣球各3个。

第三节
三人板鞋竞速

一、三人板鞋竞速概述

三人板鞋竞速是壮族民间传统体育项目，起源于明代。相传明代倭寇侵扰我国沿海地带，广西河池地区的瓦氏夫人率兵赴沿海抗倭。瓦氏夫人为了让士兵步调一致，令三名士兵同穿上一副长板鞋齐步跑，长期如此训练，士兵的素质大大提高，斗志高涨，所向披靡，击败了倭寇，为壮族人民立了大功。后来，广西南丹县那地州壮族人民模仿瓦氏夫人的练兵方法，开展三人板鞋竞速活动自娱自乐，相袭成俗，流传至今。

三人板鞋竞速不但能增强体质，而且运动时步调一致，行走灵活，协调自然，能增强团队凝聚力，很受壮族人民的喜爱。每逢喜庆节假日，三人板鞋竞速都会成为各体育爱好者、学校学生开展健身活动的项目之一，吸引着众多的群众参与，板鞋竞速是一项集群众性、娱乐性、竞速性于一体的民族传统体育，同时也是一项非常独特的健身娱乐活动（图9-3、图9-4）。

图9-3　女子三人板鞋　　　图9-4　男子三人板鞋

二、三人板鞋竞速的基本技术

板鞋竞速的基本技术由预备势、原地踏步、向前走、快速跑、弯道走和终点冲刺六个部分构成。原地踏步、向前走决定板鞋竞速的速度；弯道走、快速跑和摆臂的幅度决定板鞋竞速步伐的稳定性。

（一）预备势

练习者站立，两眼平视，双手扶在同伴的肩上。先上右脚后上左脚（以右脚为例）准备踏步。

（二）原地踏步、向前走、快速跑

当同伴都穿好板鞋后，一人或一起喊口令"一、二、一"或"左、右、左"原地踏步，步调一致。熟练后，两手互相不攀扶，自然摆臂向前走，再慢慢过渡到自然跑、快速跑，提高竞速速度。

（三）弯道走

保持身体重心，克服转弯时的倾斜度（以左转为例），走动时身体稍向内倾斜，右高于左肩，右臂摆动幅度稍大且稍向外，左臂摆幅小，右脚前抬时稍向内扣，用前脚掌的内侧扣紧板鞋，左脚外侧稍用力，在转弯后整个身体逐渐过渡到正常姿势，快速往前跑。

（四）终点冲刺

接近终点时，目视前方，上体要稍前倾，两小腿积极前摆，带动两脚加大幅度，快速向前摆动，冲过终点线。

三、三人板鞋竞速的比赛规则

（一）比赛场地与器材

1. 比赛场地

板鞋竞速在标准的田径场地上进行，场地线宽为 5 厘米，跑道分道宽 2.44~2.50 米。可根据比赛的需要和场地状况设置跑道的多少。

2. 比赛器材

比赛板鞋以长度为 100 厘米、宽度为 9 厘米、厚度为 3 厘米的木料制成。每只板鞋配有三块宽度为 5 厘米的护足面皮，分别固定在板鞋规定的距离上，护皮以套紧脚面为宜。第三块护皮后沿距板鞋末端 15 厘米。

（二）比赛规则

比赛中，运动员应自始至终在各自道次内进行。枪响后，运动员方可启动跑进。运动员在比赛过程中，如果出现某一队员脚脱离板鞋触地或摔倒，须在触地（落地）处重新套好板鞋继续比赛。取第一名运动员身体躯干任何部位抵达终点线后沿垂直面瞬间的成绩，运动员的身体和板鞋须全部超过终点线后才能分离。

接力赛采用多副板鞋组成多棒进行比赛。第一棒队员和第二棒队员的交接必须在接力区内完成。每个接力区长度为 10 米，在中心线前后各距 5 米，交接的开始与结束均从接力区分界线的后沿算起。完成交接的队员应停留在各自的分道或接力区内，直到跑道畅通后方可离开。

（三）犯规与罚则

鸣枪前跑进起跑线，第一次给予警告，第二次取消犯规者该项目比赛资格。

以下行为可直接取消犯规者该项目比赛资格：

①运动员在比赛过程中窜离本跑道。

②比赛中运动员脚脱离板鞋触地，未在原地穿好板鞋。

③运动员抵达终点时，两只板鞋的一部分仍未过线，脚与板鞋分离。

④运动员在比赛过程中，有阻挡或妨碍其他运动员跑进的行为。

⑤接力赛时，队员在接力区外交接接力棒；在退出接力区时，阻挡或妨碍其他运动员跑进。

第四节
跳竹竿

一、跳竹竿概述

跳竹竿起源于海南省黎族、苗族自治州和广西防城港市的"京族三岛",至今已有数百年的历史了。京族人民住在海边,以渔业为主,闲暇时在海滩上、丛林下,拿起抬网的竹竿在地上敲打,小伙子与姑娘们在竹竿上跳来跳去,慢慢形成了一种有趣的活动。每年秋收结束后,青年男女喜气洋洋地穿上节日盛装,在村寨的场地上举行跳竹竿活动,欢庆丰收。后来,经过专业文艺、体育工作者的加工整理,发展成为具有艺术性和欣赏性的跳竹竿比赛。它的节奏铿锵有力、欢乐奔放,小伙子和姑娘们用轻盈的步伐在竹竿上表演各种动作,有的穿着木鞋、手持红绸、头戴彩帽翻跟斗,有的踩着高跷做各种高难动作。

跳竹竿比赛的种类很多,一般可分为表演赛、邀请赛、友谊赛、选拔赛、教学比赛等。表演赛的形式以集体协作为基础,队员分为打竿者和跳竿者,跳竿者可以是单人、双人、三人及六人以上。

二、跳竹竿的基本技术

跳竹竿的基本技术分为打竿和跳竹竿。

(一)打竿

打竿一般由8人组成,在表演时分成两排,面对面相距4米左右,或蹲或坐于两根粗竿的外边,双手各持一根细竹竿,由队长(或打竿队员之一)用口令或哨子指挥,集体统一按一定的节拍敲击粗竹竿,发出铿锵清脆的响声。

1. 节拍

打竿的节拍分为二拍、三拍、四拍和七拍。

2. 打竿方法

双手各拿一根细竹竿,同时向下敲击粗竹竿,可根据节奏一开一合敲击。

①平碰法。双手各拿根细竹竿,与肩同宽,根据节拍,两竹竿在前胸处敲击一次或两次。

②提敲法。双手各拿一根细竹竿,在相合或分开之后,一手向下敲击粗竹竿,提、敲的次数根据节奏而定。

3. 打竿方式

打竿方式是充分运用各种打法,发出各种不同节奏的声音。

(1)二拍节奏

①双手拿竿合敲1拍,分开后下敲1拍,周而复始。

②双手合敲可以是两根细竿互碰。

③双手合敲可以是两根细竿向下敲击粗竹竿。

④分开下敲击1拍后，左手再下敲击1拍，同时右手抓竿上提0.5米。

（2）三拍节奏

①分开敲2拍，合敲1拍，周而复始，循环进行。

②分开敲1拍，合敲2拍，周而复始。

③分开敲1拍，上提碰击2拍，周而复始。

④合击2拍，分开上提1拍，周而复始。

（3）四拍节奏

①分开敲2拍，合击2拍，周而复始。

②分开敲3拍，合击1拍，周而复始。

③合击1拍，间或上提1.5米左右碰击1拍，翻身携竿转体2拍，周而复始。

（4）七拍节奏

①第1、3、5、6拍分开敲，第2、4、7拍合敲，周而复始。

②第1拍分开下打，第2拍上提0.5米合击，第3拍在同等状态下分开，第4拍站起上提1.5米合击，第5、6拍翻身转体，第7拍在等高处合击，周而复始。

4. 打竿姿势

①坐打。两脚盘腿坐下。

②蹲打。单膝跪蹲。

③站打。左脚（同伴以右脚）为轴转体360°，使两根细竹竿逆时针（同伴为顺时针）在空中转动。

（二）跳竹竿

跳竹竿动作有单腿跳、双腿并跳、转体单腿跳、分腿跳及翻跟斗等，再结合手上动作，按不同的节奏在细竹竿空隙中左跨右跳，既不能踩着竹竿，也不能被竹竿夹着，否则表演失败。若要跳动轻松欢快应以前脚掌着地。

1. 二拍跳法

①单腿跳进。左脚前跳1拍，右脚越竿前跳1拍。

②单腿进退。左脚前跳1拍，右脚越竿前跳1拍；左脚越竿前跳1拍，右脚越竿后

③转体180°跳进。左脚跳进1拍，右脚越竿跳进同时左转180°；右脚跳进1拍，左跳1拍。脚越竿跳进同时左转180°。

2. 四拍跳法

①踢腿跳。双脚跳进1拍，原地右踢腿跳1拍。越竿跳进1拍，原地左踢腿跳1拍。

②脚跟点地跳。双脚跳进1拍；右脚原地跳1拍，同时右脚跟右前点地，上身右倾；双脚越竿跳进1拍；左脚原地跳1拍，同时左脚跟左前点地，上身左倾。

跳竹竿的动作不止上述几种，练习者在此基础上还可设计多种动作。

3. 集体跳法

①纵向排列式。纵向排列式是各队员一路纵队排好，然后队员按顺序跳竿，跳完回队尾。

②并排式。并排式以两人、三人、四人等形式手牵着手同时跳进，跳竿过程中牵手向

前摆，也可举于头上左右摆动。

③双人变换式。这里以四拍节奏（开开合合）为例。两人面对面双手相牵侧对竿做好准备。例如：内侧腿跳进的同时举起牵着的双手，此时外侧腿向前小踢，头转向观众为1拍。外侧腿落地跳的同时双手牵着下压，内侧腿后抛，头低下。内侧腿越竿跳进的同时双手牵着上举，原方向不变。外侧腿落地跳，转体的队员继续右（左）转90°，另一队员方向不变成面对背的位置关系。内侧腿越竿跳进的同时转体队员左（右）转90°，另一队员方向不变。外侧腿落地跳的同时转体队员继续左（右）转体90°，另一队员方向不变成面对面的位置关系。

三、跳竹竿的比赛规则

（一）比赛场地与器材

1. 比赛场地

长12米、宽6米的平坦水泥地、沙地、草地均可。

2. 比赛器材

粗竹竿2根，直径为10~12厘米，长为6米；细竹竿8~10根，直径为4~6厘米，长为5米。

（二）规则规定

①在比赛时队员可穿民族服装。
②每队比赛包括单人、双人及多人比赛，但每队比赛时间限制在5~6分钟。
③比赛道具可用木板鞋、扇子、花伞、彩带、彩球、花帽等各类民族配饰。
④竹竿必须在比赛时和比赛完毕才能搬进和搬出，以免影响其他队的比赛。
⑤跳竹竿的裁判法可借鉴艺术体操、健美操的评判方法，根据编排和完成情况进行打分。
⑥动作的规定：跳竹竿的动作包括大跳、转体、绕摆、民间舞、现代舞等动作。整套动作要有三种以上不同的打竿节奏。动作编排要符合音乐并与打竿的节奏一致。要体现出集体动作的典型特点，即动作统一、配合默契。
⑦每队比赛时间规定在5~6分钟，另加20秒作为入场时间。
⑧套路时间从第一个动作开始计时，裁判员在最后一个动作结束时停止计时。

思 考 题

1. 简述抢花炮的起源与发展。
2. 抛绣球的锻炼价值有哪些？
3. 三人板鞋竞速基本技术包括哪些？
4. 简述跳竹竿比赛规则。

第十章 休闲体育

> **学海导航**
>
> 1. 熟悉掌握定向越野的基本技术。
> 2. 熟悉掌握瑜伽的呼吸法和体位法。
> 3. 熟悉掌握健美操基本动作。
> 4. 掌握跆拳道运动的动作方法和练习方法。
> 5. 了解轮滑的基本技术。
> 6. 掌握跳短绳、跳长绳、花样跳绳的基本方法。
> 7. 了解登山与攀登的相关知识。
> 8. 了解健美运动基本练习方法和基本动作技术。

第一节 定向运动

定向越野的雏形源于1918年瑞典童子军组织的一次"寻宝游戏"活动,在经济全球化、世界一体化浪潮的推动下逐渐发展成为融知识性、趣味性、娱乐性、实用性于一体的新兴体育项目,风靡欧洲、澳洲及北美地区。自20世纪80年代定向越野首次以军事体育的身份传入我国以来,契合了人们陶冶身心、回归自然的需求,在经济相对发达地区的大、中专院校及中、小学校蓬勃发展,显示出强大的生命力。

定向越野是参与者借助地图和指北针,以徒步越野跑的形式,按顺序到达地图上所标示的各个检查点,以最短的时间完成规定赛程的体育运动项目。其比赛的成败全在于个人的识图用图、野外定向和奔跑能力的强弱,适于各种年龄、性别的人参加。

一、定向越野的分类

定向越野的形式和比赛方式多种多样。按场地的不同可分为野外定向、公园定向、校园定向、军营定向等;按比赛时间的不同,可分为日间定向、夜间定向、多日定向等;按比赛性质的不同,可分为个人赛、接力赛和团队赛;按比赛距离的不同,可分为短距离赛、中距离赛、长距离赛等。

二、定向越野的基本工具与装备

良好的运动装备不仅能保护参与者的安全,也能帮助其更好地学习和掌握运动技能。定向越野的基本工具和装备包括以下几种。

(一)地图

定向越野地图是建立在地形图基础之上的,根据国际定向联合会制定的《国际定向运动图制图规范》绘制成的运动地图。与其他地图相比,它是一种更为清晰、易读,更适合在野外行进中使用的专用地图。一张标准的定向越野地图上标有比例尺、等高线、磁北线、地貌、地物等各种符号、图例说明等内容。

(二)指北针

定向越野使用的指北针分两类:基板式和拇指式(图10-1)。

指北针一般都是用装有磁针的透明有机玻璃盒为主体,盒内装有起稳定作用的特殊液体,能够增加磁针的稳定性,特别适宜在奔跑中使用。

(三)点标旗

点标旗由3面30厘米×30厘米的正方形标志旗连接组成。每面标志旗沿对角线分开,左上部为白色,右下部为橙黄色(图10-2)。点标旗应悬挂在图上标明的检查点的实际地形中的位置,通常距地面80~120厘米。

(四)打卡器

打卡器是与点标旗配合作用的,打卡器通常要编上代码,以便选手在比赛时根据卡上的代码来判断其是否找到了正确的检查点,它提供给参赛者一个到达位置的凭据。

1.针孔打卡器

针孔打卡器用弹性较佳的塑料材料制成,一端装有钢针(图10-3)。每个打卡器钢针的组合图案都不相同,运动员可在记录卡上打孔,也可直接将孔打在地图的记录卡上。这种打卡器价格便宜、使用方便,适用于日常教学与训练及小型比赛中。

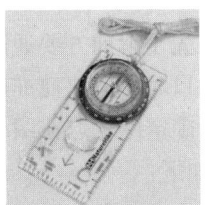
图10-1 指北针

图10-2 点标旗

图10-3 针孔打卡器

2.电子打卡计时系统

电子打卡计时系统一般由指卡(SI-card)、打卡器(SI-Station)和终端打印系统组成(图10-4)。

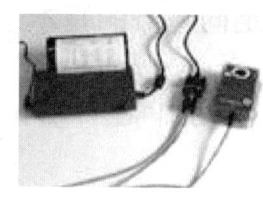

图10-4　电子打卡计时系统

在使用电子打卡计时系统的定向比赛中，每个参赛者事先都发有一个统一编号的指卡，它可存贮开始和结束的时间。打卡器存贮参赛者到访时的时间。当将指卡插入打卡器时，打卡器便自动将到访的时间写入指卡。在比赛时，运动员应将指卡佩戴在手指上，并按以下程序进行打卡：

①运动员出发前打"清除"，清除卡中原有的信息。
②出发时打"起点"，比赛开始计时。
③比赛中途按要求找到每一个检查点，并在相应检查点的"打卡器"上打卡。
④回到终点在"终点"打卡，比赛结束。
⑤到主站上打卡，领取个人成绩条。

（五）服装和鞋

对于初学者来说，参加定向运动对服装和鞋并没有特殊的要求。如果是参加校园和公园定向活动，穿着只要舒适、便于活动就可以了；如果要参加野外定向活动，为了自身的安全，最好选专业的定向运动服装和性能优良的专业定向运动鞋。

三、定向越野的基本技术

（一）正确定向，快速行进

以最快的速度寻找目标点是参加定向运动所追求的最终目标。想要获得成功，最重要的事就是要正确定向、快速行进。在这个过程中要认真阅读地图、正确使用指北针。切记永远不要失去与地图及指北针的联系。

1. 按地图行进

按地图行进是定向越野的一项最基本的技术。在奔跑途中，应首先了解前方要通过的方位物，边跑边对照地形。在经过每个岔路口、转弯点、居民地进出口时，应快捷准确地对照地形，随时了解自己在图上的位置，做到"随时标定地图，随时确定站立点在图上的距离，随时对照周围地形，随时保持清醒的头脑"。具体的行进方法如下：

①用拇指辅行法。在运动过程中，不断转动地图，使地图与现地方向一致，手指始终压在站立点上，做到"人在地上走，指在图上移"。

②沿地形地貌行进。这是初学者必须掌握的一项基本技术，线形地貌如河流、栅栏、小路、围墙等，明显的物体如房屋、独立树、石碑等都是很好的参照物，这些地形地貌可以提供安全、快捷的路线。其方法是按所跑路线的顺序，分段、连续或一次性地记住前进方向上经过的地形点、两侧的特征物等内容，使实地的情境能够不断地与记忆中内容"叠

影、印证",做到"人在地上跑,心在图上移"。常用的方法有借线法行进、倍点法行进、水平位移法行进和提前绕行法行进等。

2. 利用指北针行进

利用指北针行进就是利用指北针确定目标的方向,然后按照此方向行进。这是一种最简易、最快速的方法,特别适合初学者在特征物少、植被密度低、地形起伏不大的树林中使用。这种技术的关键在于对已跑过的距离的正确判断和行进方向的确立与保持。

确定目标点的方向(图 10-5~ 图 10-7),具体方法如下:

①将指北针直尺边切于目标方向线,指北针上的方向尖头指向你所要到达的位置;

②把指北针和地图作为一个整体,水平放置在面前,转动身体,使指北针上的红色指针的指向与地图所示的磁北线方向一致;

③指北针上方向尖头所指的方向即为所要行进的方向。

图 10-5

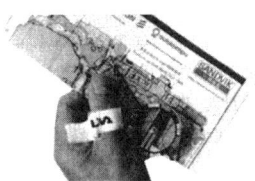
图 10-6

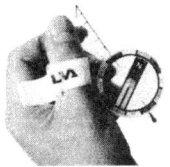
图 10-7

(二)正确估算距离

除正确了解行进的方向外,还必须结合地图,对目标点距离进行判断,对已跑过的实际距离进行估算,才能快速而准确地找到目标点。

1. 图上距离的量算

图上距离的量算通常有直尺读法和估算法。

直尺读法即用直尺在图上量出站立点到目标点间的距离,再根据所给定的该地图的比例尺,计算出实地距离。用直尺量读距离一般只需用带刻度尺的指北针就可以完成。

估算法又叫心算法,要掌握它需要具备较精确的目估图上距离的能力,在图上能够辨别 0.5 毫米以上尺寸的差异。

2. 实际距离的量算

实际距离的量算通常用步测法和时间法。

步测法是根据自己步伐的大小计算距离;时间法是根据自己速度的快慢计算距离。它们是实地估算距离的有效方法,但需要经过反复训练才能掌握。

(三)捕捉检查点

当你接近检查点时,应对检查点的实地位置作出准确分析和判断,并考虑采用何种方法捕捉它。通常采用的方法有定点攻击法、偏向瞄准法、距离定点法、地貌分析法等。

1. 定点攻击法

当检查点设在明显高大的地物、地貌点上或一侧,运动时先找到这些明显点的实地位置，然后根据检查点与明显地物、地貌点的相对方位、距离寻找检查点。

2. 偏向瞄准法

当检查点设在线状地物上或一侧且运动方向与线状地物的交角较适宜时，可有意向左（或向右）偏离检查点，以该线状地物为攻击目标。运动到该地物时，再向右（或向左）沿线状地物寻找检查点。

3. 距离寻找检查法

在地势较平坦、无道路、植被较多、观察不便的地域内寻找检查点，一般采用数步测距法。先在地图上量度两点间的距离，然后利用步幅准确地测量要走的路程。

4. 地貌分析法

地貌有一定起伏、检查点设在低小地物附近时，一般采用地貌分析法。根据地图上检查点与地貌的关系位置，分析出实地两者相对应的关系位置，并根据这种关系位置来寻找检查点。

（四）选择定向越野路线

定向地图上各检查点的连线是提供方位的直线。然而沿这条方位直线一般是不可能直接到达的，因此必须依照地图上的各种信息选择行进路线。路线选择的基本标准为省时省力、安全、便于发挥自己的技能或体能优势，且能顺利完成赛程并最终夺取胜利。同时，在选择路线时应遵循"有路不越野""走高不走低"的基本原则。

四、定向越野的锻炼指导

（一）锻炼前的准备

①去医院检查身体，了解自己的健康状况和体能现状，制订相应的训练计划，以适应高原、登山的需要。

②准备好指北针和地图。

③带上足够的水和干粮。水的量以当时的气温而定，同时考虑个人饮水需求量的差异。带的干粮应以不易变质、利于保存的食品为主，如大饼、方便面等，适当备些水果和巧克力作为储备。

④带上相应的药品。防蚊虫叮咬药品有红花油、清凉油、风油精、季德胜蛇药等；防中暑药品有藿香正气胶囊、人丹、十滴水等；防腹泻药品有易蒙停、诺氟沙星胶囊等；止血用品有创可贴、绷带、胶布等；防过敏药品有息斯敏等；有特殊疾病者应随身携带相应的急救药品或常服用的药品。

（二）定向越野的体能基础——越野跑

定向越野的水平一般来说是由野外定向和识图用图的能力决定的，但奔跑技术的好坏有助于参赛者发挥最大的体能优势，避免可能发生的危险，从而取得好成绩。定向越野的越野跑是一种长距离的间歇式赛跑。由于在途中常常需要停下来看图和辨别方向，在崎岖的道路上不可能始终保持均匀跑速，所以它总是表现出定、跑、停相交替的间歇跑的特点。

而在野外清新环境中的奔跑可以使肌肉的紧张与放松、身体负荷与精神的专注不断交替。同其他长跑项目一样，定向越野的越野跑要求一方面尽可能地减少人体能量的消耗，维持一定的跑速；另一方面又能根据越野路线和地形的情况，具有不断变速的能力。

（三）锻炼中的遇险自救

在野外活动时，由于处在自然环境中，很多事情无法控制，经常会遇到危险。如果在锻炼过程中发生危险，要冷静面对、迅速补救。

1. 迷路

在野外，特别是树林中很容易迷失方向。迷路时，应立即停止前进，并回忆刚才走过的路线，迅速沿原路返回；或者登上高处眺望，辨清方向后再行进。

2. 受伤

在野外，如受轻伤，应稍作休息及简单处理后返回，取消野外活动。不要坚持"轻伤不下火线"的理念，这样会加重伤情，使自己处于进退两难的境地。受重伤时，应尽快与外界取得联系，寻求帮助，让同伴去叫人，等待救援。这种情况下要先安排好伤者，稳定伤势。例如，流血的要及时止血，骨折的要立即将受伤部位固定好，并安置在相对安全、地势较高之处。

3. 遭遇兽、虫、蛇

在野外活动时，遇到猛兽的机会不多，但遇到牛、狗、蜂、蛇等动物还是很可能的。

穿着颜色鲜艳的衣服时，遇牛应提前避开。如是必经之路，应走到牛看不见的地方脱下衣服包好，慢行通过牛的身边，不能用树枝去逗牛玩。

通常狗会先发现你，在听到犬吠声时，应根据吠声传来的方向绕道而行。在你和狗相互看见彼此的情况下，应沉着、正常行进，不能失态、疾跑，否则会遭到攻击。

如果蜂停在你身上，不要用手去赶它，那样它会误认为遭到攻击而伤人。被蜂蛰了不会危及生命，但应立即去就近的医院治疗或用蛇药治疗。

在草丛中行走时，应手拿一根小棍不停地抽打前面的草，发出响声，把蛇吓跑。一旦被蛇咬，应就地休息，减少运动，以防毒素扩散。首先用生理盐水、冷开水、矿泉水冲洗伤口，然后再排毒、吸毒，最后再口服或外用随身携带的蛇药。

第二节
瑜伽

瑜伽起源于印度，流行于世界。它是东方最古老的强身术之一，是人类智慧的结晶。瑜伽是运用易于掌握的技巧，改善人们生理、心理、情感和精神方面的能力，达到身体、心灵与精神和谐统一的运动。瑜伽的八大体系为昆达里尼瑜伽、哈他瑜伽、巴克帝瑜伽、坦多罗瑜伽、曼陀罗瑜伽、王瑜伽、智瑜伽、业瑜伽。

一、瑜伽的呼吸法

人的呼吸是架起人与身体之间的桥梁，将人与人的身体连接起来。呼吸不只是人与身体间的桥梁，也是瑜伽修炼的灵魂。

呼吸法一般分为3种，即腹式呼吸、胸式呼吸和完全式呼吸。在练习瑜伽的过程中说的呼吸一般是指腹式呼吸。

（一）腹式呼吸

仰卧，左手或者右手轻轻地放在肚脐上。吸气时，把空气直接吸向腹部。如果吸气正确，手会随着腹部向上隆起；吸气越深，腹部隆起越高。接着呼气，腹部就会向内、向脊梁骨的方向收缩，把所有废气从肺部全部呼出来。

（二）胸式呼吸

仰卧或者直背坐着，深深地吸气，但不要让腹部向外扩张，代替腹部扩张的是胸腔，把空气直接吸入胸部区域。在做胸式呼吸时，吸气，胸部会向外扩张，腹部一直保持平坦，没有上下起伏。呼气，胸部会向里收缩。

（三）完全式呼吸

完全式呼吸是把胸式呼吸与腹式呼吸结合起来完成的。这是一种自然的呼吸方式，略加练习后，这种呼吸方法就会在全部日常的练习和生活中自动地进行，习以为常。瑜伽的这种完全呼吸有许多益处：由于增加氧气供应，血液得到了净化；肺部组织健壮，增强了抗病能力；胸腹活力和耐力均有增长；心灵也变得更清澈。

二、瑜伽的体位法

瑜伽体位法的意义为在某一个舒适的动作或姿势上维持一段时间。瑜伽体位法包括瑜伽站姿、瑜伽坐姿、站立类瑜伽体位、坐类瑜伽体位、跪类瑜伽体位、俯卧类瑜伽体位、仰卧类瑜伽体位、冥想和瑜伽基本体位。

（一）瑜伽站姿

1. 山式

两脚并拢站立，脚掌紧贴地面。膝部绷直，膝盖向上提升，收紧臀部，提拉大腿后部肌肉。收腹，挺胸，脊椎向上伸展，颈部挺直，双臂放于体侧（图10-8）。

2. 站立后仰

双手胸前合掌，吸气双手高举过头顶，呼气肩膀放松，再次吸气，胸腔上提，髋部前推，上体后仰（图10-9），感觉脊柱的拉伸，保持3~5秒呼吸。吸气，上体还原直立，呼气双手收回体侧。

图 10-8　山式　　　　　图 10-9　站立后仰

（二）瑜伽坐姿

1. 简易坐

坐姿，将右小腿弯曲，放在左大腿之下；将左小腿弯曲，放在右大腿之下。双手放于两膝之上，头、颈、躯干保持在一条直线上（图 10-10）。

2. 莲花坐

坐姿，屈左膝，左脚跟抵住腹部，脚背贴于右大腿上；再屈右膝，右脚跟抵腹部，脚背贴于左大腿上，两膝尽量下沉。双手放于两膝之上，头、颈、躯干保持在一条直线上（图 10-11）。

3. 金刚坐

双膝跪地，小腿胫骨和脚背平放于地面。两膝靠拢，两脚掌稍重叠，使两脚跟向外。伸直背部，将臀部放落在两脚跟之间。两臂自然放松，两手分别放于大腿处。双目平视（图 10-12）。

4. 至善坐

坐姿，两腿并拢并同时向前伸展。弯曲左小腿，用左脚的脚跟紧紧顶住会阴部位。弯曲右小腿，将右脚放在左脚踝之上。右脚跟靠近耻骨，右脚掌则放在左腿的大腿与小腿之间。背、颈、头保持直立（图 10-13）。闭上双眼，内视鼻尖处，保持若干分钟后交换两腿位置。

图 10-10　简易坐　　　图 10-11　莲花坐　　　图 10-12　金刚坐　　　图 10-13　至善坐

（三）站立类瑜伽体位

1. 三角转动式

左脚向左，右脚内扣，保持两膝伸直。躯干转向左侧，右手掌放至左脚外侧；眼睛看向左手指尖（图 10-14）。保持数秒钟，还原放松，换方向做同样的练习。这个姿势能增加对下脊柱区域的血液供应，强壮背部肌肉群，消除背部疼痛。

2. 半月式

身体前倾，双掌撑地，双臂与地面垂直。吸气，尽量向后向上抬高左腿。呼气，胸、腹部向上翻转，左臂向上伸展，与肩部、右臂成一条垂直线。身体重心放在右脚和右臀上（图 10-15），保持数秒钟，身体还原至基本站姿。换方向做同样的练习。练习半月式可使脊椎得到伸展，增加柔韧度，消除腰侧、臀部外侧及大腿外侧过多的脂肪，舒缓背部疼痛。

（四）坐类瑜伽体位

1. 脊柱扭动式

坐姿，挺直腰背，两腿前伸，将左小腿向内收，让左脚掌靠近右边大腿的内侧，右脚要保持平放在地板上，将右脚移过左膝之外，举起左臂放在右膝的外侧，伸直左臂，抓着右脚或右脚踝，右手则尽可能把手背放在左腰上，上身扭转到身体左侧，保持10秒。慢慢转回上半身，把右手慢慢抽回躯干前边（图10-16）。换方向做同样的练习。此练习有助于消除久坐造成的背痛、腰痛及臀部疼痛，可有效地缓解肩颈疲劳。

2. 单腿交换伸展式

坐姿，双腿向前伸直，慢慢吸气，两手上升高过头部，两臂向前伸，身躯略向后靠。慢慢呼气，上体向前弯，两手握住左脚掌，将躯干拉近腿部，两肘向外弯曲。放松颈部，让头部下垂（图10-17）。保持这个姿势10秒钟或更长久之后，换腿做同样的练习。

图10-14 三角转动式　　图10-15 半月式　　图10-16 脊柱扭动式　　图10-17 单腿交换伸展式

（五）跪类瑜伽体位

1. 猫式

两手掌和膝盖、小腿着地，做出爬行姿势，两眼直视前方。吸气时抬头，收缩背部肌肉，脊柱凹下；呼气时拱背，头臀放低并收尾骨（图10-18）。

2. 骆驼式

两腿与两脚略分开跪在地上，脚趾指向后方。吸气，手放在髋部，脊柱向后弯曲，然后在呼气的同时，把双掌放在脚跟上，并保持两大腿垂直于地面，头向后仰（图10-19）。将颈向后方伸展，收缩臀部的肌肉，伸展下脊柱区域。保持30秒之后，两手放回髋部，慢慢恢复预备姿势。

（六）俯卧类瑜伽体位

1. 坐角式

坐于地面，双腿向前伸直。双腿逐渐向两边打开，两手分别握住同侧脚掌或脚趾（图10-20）。保持脊柱挺直，扩展肋骨。呼气，身体前屈，把头放在地面上。然后伸展颈部，下颌贴在地面上。保持这个体式一段时间，吸气，用手掌按地面以便将胸抬离地面。

2. 全蝗虫式

俯卧，两臂向后伸直。呼气，抬起头。胸、双腿、双手、双臂收离地面，只有盆骨和腹部区域着地。收缩臀部，使大腿肌肉紧张起来，双臂升离地面向后伸展，帮助上背部肌肉得到锻炼（图10-21）。接着屈膝，大腿分开，双拳用力向下按，尽量长久地保持这个姿势。

图 10-18　猫式　　　图 10-19　骆驼式　　　图 10-20　坐角式　　　图 10-21　全蝗虫式

（七）仰卧类瑜伽体位

1. 倾斜桥式

仰卧，屈膝，脚跟距臀部约10厘米，两脚间距与髋同宽。吸气，臀部内收，提升背和髋，直到身体从肩至膝形成一条直线（图10-22）。保持20秒后缓慢放下臀部，放松背部。

2. 肩倒立式

仰卧，两腿慢慢抬离地面。当腿垂直于地面时，升起髋部，让两腿伸直在头部之上。接着两手托住腰部两侧，支撑起躯干（图10-23）。收紧下巴，并使下巴顶住胸部，舒适地呼吸，保持这个姿势至少1~3分钟。

（八）冥想

冥想，英文是meditation，是瑜伽中最珍贵的一项技法，是实现入定的途径。一切真实的瑜伽冥想术的最终目的在于把人引导到解脱的境界（图10-24）。一名习瑜伽者通过瑜伽冥想来制服心灵（心思意念），并超脱物质欲念，感受到原始动因（The Original Cause，万源之源）并直接沟通。瑜伽冥想的真义是把心、意、灵完全专注在原始之初之中。

随着科学的发展，西方对冥想体系进行了进一步的挖掘，使其告别过去晦涩神化的背景，通过简单的练习，即可帮助人们告别负面情绪，重新掌控生活。

图 10-22　倾斜桥式　　　图 10-23　肩倒立式　　　图 10-24　冥想

（九）拜日式

拜日式又叫向太阳致敬式（见二维码），是人们最常做的瑜伽姿势之一。

拜日式由12个系列动作组成。

①祈祷式：双脚自然并拢，身体直立，双肩放松，目视前方。双手合十于胸前，正常呼吸。

②展臂式：双腿伸直，缓慢地深吸气，将双手上举过头顶，伸直手肘，脊柱向后缓慢弯曲到极限位置。

③前屈式：呼气，双臂带动身体向前弯曲，保持双腿伸直，双手尽量按在地面上，躯干尽量靠近双腿。

拜日式

④骑马式：吸气，左脚向后一大步，抬起背部，再次吸气，脊柱向后卷起，胸部推向前方。

⑤岳式/顶峰式：背部放松，将右脚向后与左脚并拢，吸气，臀部上顶，伸直双膝，脚跟放在地面上，呼气，低头向下，肩背下压，尾骨转向天空的方向。

⑥八体投地式：屈肘，双膝贴于地面，胸部、下颌贴于地面。

⑦眼镜蛇式：吸气，头部带动身体向前向上，伸直肘关节，大腿和耻骨尽量贴于地面，颈部向上扬起，带动脊柱后卷。

⑧顶峰式重复：同⑤。吸气臀部向上顶起。

⑨骑马式重复：同④。吸气，左脚向前一大步，头部抬起，带动脊柱向后卷起。

⑩前屈式重复：同③。收回右脚与左脚并拢，伸直双膝，保持双手放在双脚上。吸气，躯干靠近双腿。

⑪展臂式重复：同②。吸气，双手臂带动身体慢慢向上、向后，脊柱向后卷起。

⑫祈祷式：同①。呼气，收回手臂，双手合十，放回胸前。正常呼吸。

（十）瑜伽基本体位

1. 摩天式

站立，双脚分开与肩同宽，脚趾指向正前方。双手从体侧向上伸展直至头顶交握，掌心朝上（图10-25）。自然呼吸，保持10秒。

【功效】

强健脊椎、腰和肩部的肌肉及韧带。

2. 英雄式

坐姿，双膝并拢，双脚外展，臀部端坐双脚上，臀部和脚背支撑身体。双手合十向头后上举，将臂肘向两侧外展（图10-26）。正常呼吸，保持姿势数秒，还原。

【功效】

伸展胸部和脊柱，强健膝、踝关节。

3. 虎式

跪姿，双膝跪地与肩同宽，小腿和脚面贴在地面上，大腿与小腿成直角；俯身向前，双手着地，指尖向前，手臂垂直地面，同时使脊椎与地面平行。脊椎下沉，抬右腿至身体后侧笔直伸展，同时抬头，抬下颌，伸展颈部。把右腿收回，膝关节向头部靠近，抬起脊椎呈拱形；同时低头，收回下颌，膝关节尽量靠近下颌（图10-27）。配合呼吸，完成动作5~10次，换腿练习。

【功效】

强健脊柱、背部、腿部肌肉，缓解腰背部酸痛感。

图 10-25　摩天式　　　图 10-26　英雄式　　　图 10-27　虎式

4. 弓式

俯卧，双膝弯曲，双手握两脚，将上体及两腿向上抬离地板，人体呈"U"形，手臂伸直，头颈后仰，收紧背部（图 10-28）。保持数秒钟，还原。

【功效】

强健腰部和背部肌肉群及韧带。

5. 双角第一式

山式，双手放在腰间，双腿分开最大限度（图 10-29）。膝盖上提，腿部绷直。手掌放在两腿之间的地板上，与肩部同宽。吸气，抬头，肩部下凹。弯曲肘部，头顶接触地面，重心放在两腿上。四肢和头部在一条直线上。保持 3~5 次呼吸，从原路返回到山式。

【功效】

强健腿部筋腱和外展肌，促进头部血液循环。

图 10-28　弓式　　　　　　　图 10-29　双角第一式

6. 树式

山式，胸前合掌，双臂慢慢高举过头，保持肩膀下沉（图 10-30）。抬起左脚，重心放在右脚上。左脚掌靠近右腿内侧，脚跟靠近腹股沟，脚趾朝下。保持髋部朝向正前方，左膝朝着左外侧。保持 3~5 次呼吸；左脚还原，合掌回到胸前，两臂放到体侧。换腿练习。

【功效】

强健腿部、背部的肌肉。

7. 蹲式

站姿，双腿伸直并拢，双脚分开呈外八字，脚跟相触。双臂自然垂于体侧，双手于小腹正前方十指相扣（图 10-31）。保持腰背挺直不动，屈膝，身体逐渐向下沉，保持 3~5 次呼吸，脚跟慢慢抬起。继续保持 3~5 次呼吸，起身，还原。

【功效】
强健腿部和臀部的肌肉力量。

8. 战士一式

山式，右脚尖指向右前方，屈右膝，小腿和大腿呈 90°，成右弓步（图 10-32）。左脚尖转向右方大约 30°，伸直膝关节。躯干转向右方，双手合十从胸前举至头顶上方，保持肘部伸直。抬头，目视指尖，自然呼吸 30~60 秒。收右腿，两手分开，自然放于体侧。换腿练习。

【功效】
扩张胸部，伸展颈部，消除背部及肩部的肌肉紧张。

图 10-30　树式

图 10-31　蹲式

图 10-32　战士一式

9. 叩首式

雷电坐，脊柱向上伸展。保持脊柱的拉伸状态，躯干慢慢从髋部往前弯，把腹部、肋骨的下段放在大腿上。前额触地，与膝盖相隔适当的距离。抬高臀部，让头顶着地，大腿与地面垂直。手臂伸直放在两腿外侧（图 10-33）。保持 3~5 次呼吸，臀部坐回脚跟，两手收回体侧，还原。

【功效】
加强头部、面部血液循环，滋养头皮，防止脱发、断发，增强记忆力。高血压、心脏病、眩晕者，颈部疾病不宜做此练习。

10. 摇篮式

仰卧，屈膝，小腿后侧贴近大腿后侧。抬起上体，手握住脚踝，同时将身体抬离地面。背部在地面上像摇篮一样前后滚动（图 10-34），也可左右滚动。

【功效】
增强腰部和背部的肌肉。

11. 蛇击式

俯卧，躯干保持挺直前倾，双臂弯曲，上体前倾下压至胸部着地，臀部抬起翘高，手肘、脚膝撑在地面上（图 10-35）。双膝保持不动。然后吸气，臀部下落，双臂伸直，呼气，上身向上抬起至腹部着地，头慢慢后仰。

【功效】
增强手臂力量，强健背肌、脊柱，对于患有坐骨神经疾患、脊柱骨盆错位、肋骨和背部疼痛的人群有改善和缓解作用。

图 10-33　叩首式　　　图 10-34　摇篮式　　　图 10-35　蛇击式

12. 犁式

仰卧，双臂放在身体两侧。双腿慢慢抬起与地面垂直，再将双腿举过头顶，脚趾触及地面，保持双腿伸直（图 10-36）。正常呼吸，保持一定时间后，还原。

【功效】

增强脊柱和肩关节的力量。

13. 转体触趾式

坐姿，两腿分开至最大限度，保持脊柱直立。双臂侧平举。身体向左后方转动到最大限度，同时右手触摸左脚脚趾，左手臂尽量向后方打开（图 10-37）。保持 3~5 次呼吸。松开右手，身体还原于坐姿，换异侧练习。

【功效】

强健腰和背部肌群，减少腰部和腹部赘肉。

14. 船式

坐姿，躯干向后靠，同时双腿从地面抬起，膝关节绷直，腿与地面保持 60°~65°，脚高于头部（图 10-38）。用臀部保持身体的平衡。双手前平举，手掌相对。正常呼吸，保持数秒钟，放下手臂，双腿回到地面上。

【功效】

增强腹部和髋屈肌，促进肠道蠕动，改善消化功能。

图 10-36　犁式　　　图 10-37　转体触趾式　　　图 10-38　船式

第三节
健美操

健美操是一项以有氧运动为基础，以健、力、美为特征，融体操、舞蹈、音乐为一体的身体练习。它既是健身美体、陶冶情操的大众健身方式，又是竞技运动项目。健美操以其自身固有的价值和魅力，风靡全世界，深受广大青年学生及群众的喜爱。

一、健美操的分类与特点

（一）健美操的分类

目前，健美操种类繁多，分类方法也各不相同。根据健美操的目的和任务，可以将其分为健身健美操和竞技健美操两大类。

1. 健身健美操

健身健美操也称为"大众健美操"，其主要目的在于健身。由于动作简单易学，活泼流畅，节奏感强，并按一定顺序来锻炼身体的各个部位，颇具实效性和针对性，因此，适合各种年龄和不同层次的人锻炼。

2. 竞技健美操

竞技健美操是根据比赛规则与规程的要求组编的具有较高技术难度及艺术性，以竞技为主要目的的健美操。由于其动作难度、运动强度和密度较大，技术复杂，且有规定时间和特定动作的要求，因此主要适合青年男女练习。竞技健美操比赛共设5个项目：男子单人、女子单人、混合双人、3人和集体6人健美操。

（二）健美操的特点

1. 集健美和健身于一体

健美操是以健身为基础，为使人体健康、健美地发展而编排的。它是一项既注重外在美的锻炼，又强调培养内在美的人体运动方式，对人的身心影响较为全面。

2. 鲜明的节奏感和韵律感

健美操是一种必须在音乐的伴奏下才能进行的身体练习，音乐是健美操的灵魂。健美操的音乐多取材于迪斯科、爵士和摇滚等现代音乐，以及具有鲜明节奏感和韵律感等特点的民族乐曲，从而使健美操富有鲜明的节奏感和韵律感。

3. 动作的多变性和协调性

健美操的每节操很少是单个部位的局部动作，大多为多部位的同步运动。例如，在完成大幅度的上肢动作时，常伴有腰、髋、膝、踝和头部等的动作。这不仅可使身体各部位的活动次数大幅增加，而且还能有效地改善和提高人们的身体协调性。

4. 广泛的群众性

健美操是一项富有趣味性的运动，它符合现代人追求健美、自娱自乐的需要。同时由于其练习形式多样，各种人群都能从中找到适合自己的练习方式，因而，健美操是男女老幼所青睐的一项运动。此外，由于健美操不受气候的影响，对场地、器材条件的要求也不高，因此具有广泛的群众性。

二、比赛场地与着装要求

（一）比赛场地

①赛台：赛台高80~140厘米，面积不得小于14米×14米，后面有背景遮挡。

②竞赛地板和竞赛区：竞赛地板位于赛台中心，面积为 12 米 ×12 米，其上方以宽度为 5 厘米的黑色标记带圈定竞赛区，标记带是竞赛区的一部分。其中，单人、混双和 3 人健美操的竞赛区面积为 7 米 ×7 米，集体 6 人赛的竞赛区面积为 10 米 ×10 米。

（二）着装要求

运动员须穿适合运动的健美操服和运动鞋，着装整洁、美观、大方，不允许使用悬垂饰物。女运动员的头发须梳系于后，头发不得遮住脸部；允许化淡妆，禁止佩戴首饰。

三、健美操基本动作

健美操基本动作练习是按照人体生理解剖结构分部位进行练习，因此可以有重点地、系统地改善和发展身体的各个部位。掌握基本动作就可以为尽快地掌握复杂动作和成套动作打好基础。

（一）手型

健美操手型主要有掌和拳两种（图 10-39）。

1. 掌：包括分掌和合掌

①分掌：五指用力分开，手腕保持一定的紧张程度。

②合掌：五指并拢伸直。

2. 拳

五指弯曲紧握，大拇指紧扣食指和中指的第二指节。

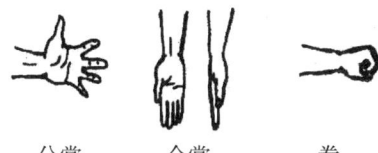

图 10-39　健美操手型

（二）身体各部位基本动作

1. 头、颈部动作

头、颈部动作由屈、转、绕和绕环等动作组成（图 10-40）。

①屈：指头颈关节角度的弯曲，包括前、后、左、右屈。

②转：指头颈部绕身体垂直轴的转动，包括左、右转。

③绕和绕环：指头以颈为轴心的弧形和圆形运动，包括左、右绕和左、右绕环。

【动作要求】

做各种形式头颈动作时，上体保持正直，速度要慢，头颈移动的方向要准确，颈部被动肌群充分伸展。

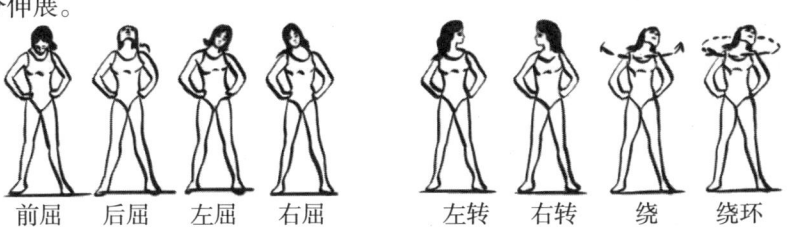

图 10-40　头、颈部动作

2. 肩部动作

肩部动作由提肩、沉肩、绕肩、肩绕环和振肩等动作组成（图 10-41）。

①提肩：指肩胛骨做向上的运动，包括单肩、双肩的同时提和依次提。
②沉肩：指肩胛骨做向下的运动，包括单肩、双肩的同时沉和依次沉。
③绕肩：指以肩关节为轴做小于360°的弧形运动，包括单肩向前、后绕，双肩同时或依次向前、后绕。
④肩绕环：指以肩关节为轴做360°及360°以上的圆形运动，包括单肩向前、后绕环，双肩同时或依次向前、后绕环。
⑤振肩：指固定上体，肩急速向前或向后的摆动，包括双肩同时前、后振和依次前、后振。

【动作要求】
①提肩时尽力向上，沉肩时尽力向下，动作幅度大而有力。
②绕肩时上体不能摆动，两臂放松，头颈不能前探；动作连贯，速度均匀，幅度大。
③振肩动作要有速度、力度和弹性。

   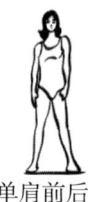   

单提肩　　双提肩　　沉肩　　单肩前后绕　　双肩前后绕　　单肩绕环　　双肩绕环

图 10-41　肩部动作

3. 上肢（手臂）动作

上肢（手臂）动作由举、屈、摆、绕、绕环、振和旋等动作组成。

①举：指以肩为轴，臂的活动范围不超过180°而停止在某一部位的动作，包括单臂和双臂的前、后、侧举，以及不同中间方向的举，如侧上举、侧下举等（图10-42）。

前举　　后举　　侧举　　侧上举　　侧下举　　上举

图 10-42　举臂

②屈：指肘关节产生了一定的弯曲角度，包括胸前屈、胸前平屈、肩侧屈、肩上侧屈、肩下侧屈、肩上前屈、腰间屈、背后屈、头上屈和头后屈（图10-43）。
③摆：指以肩或肘关节为轴，向身体各方向做钟摆式运动（图10-44a），包括单臂和双臂同时或依次向前、后、左、右摆。
④绕：指双臂或单臂向内、外、前、后做180°以上360°以下的弧形运动（图10-44b所示为双臂向内外绕）。
⑤绕环：指以肩关节为轴，双臂或单臂做360°及360°以上的圆形运动，包括向前、向后、向内的绕环（图10-45a和图10-45b所示为单臂前后绕环和双臂前后绕环）。

胸前屈　胸前平屈　肩侧屈　肩上侧屈　肩下侧屈　肩上前屈　腰间屈　头后屈

图 10-43　屈臂

　　a　　　　b　　　　　　　　　　　　a　　　b

图 10-44　手臂摆、绕　　　　　图 10-45　手臂绕环

⑥振：指以肩为轴，手臂用力摆至最大幅度，包括侧举后振、上举后振和下举后振（图 10-46）。

⑦旋：指以肩或肘为轴做臂的旋内或旋外动作（图 10-47）。

    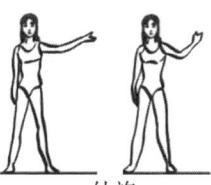

侧举后振　上举后振　下举后振　　　　　内旋　　　　　　外旋

图 10-46　振臂 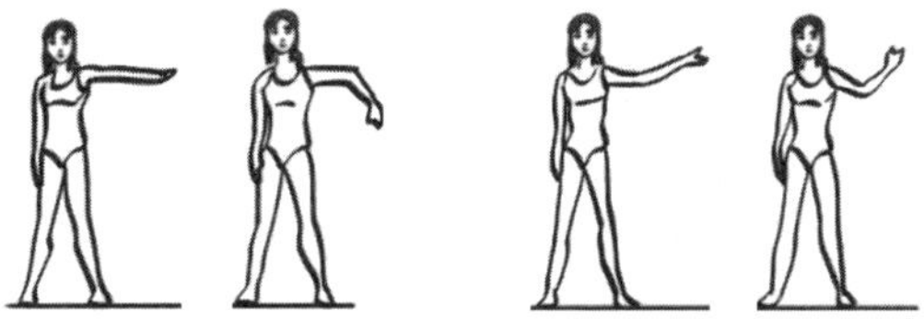　　　　　　　　　图 10-47　旋臂

【动作要求】

①做臂的举、屈伸时，肩下沉。

②做臂的摆动时，起与落要保持弧形。

③上体保持正直，位置准确，幅度要大，力达身体最远端。

4. 胸部动作

胸部动作由含胸、展胸和移胸等动作组成（图 10-48）。

含胸　　展胸　　左右移胸

图 10-48　胸部动作

①含胸：指两肩内合，缩小胸腔。

②展胸：指两肩外展，扩大胸腔。

③移胸：指髋部固定，胸做向左、右水平的移动。

【动作要求】

练习时，收腹、立腰。含、展、移胸要达到最大极限。

5. 腰部动作

腰部动作由屈、转、绕和绕环等动作组成（图10-49）。

①屈：指下肢固定，上体沿矢状轴和水平轴的运动，包括前、后、左、右屈。

②转：指下肢固定，上体沿垂直轴的扭转，包括左、右转。

③绕和绕环：指下肢固定，上体沿垂直轴做弧形和圆形运动，包括左、右绕和绕环。

【动作要求】

①练习时，身体远端尽力向外延伸，绕环幅度要大，充分而连贯，速度放慢。

②腰前屈、转时，上体立直。

前屈　　后屈　　左侧屈　　右侧屈　　　左转　　右转　　　绕　　　绕环

图10-49　腰部动作

6. 髋部动作

髋部动作由顶髋、提髋、摆髋、绕髋和髋绕环等动作组成，如图10-50所示。

①顶髋：指髋关节做急速的水平移动，包括前、后、左、右顶髋。

②提髋：指髋关节做急速向一侧上提的动作，包括左、右提髋。

③摆髋：指髋关节做钟摆式的连续移动动作，包括左、右侧摆和前、后摆。

④绕髋和髋绕环：指髋关节做弧形、圆形移动，包括向左、右绕和绕环。

【动作要求】

髋关节做顶、提、绕和绕环时应平稳、柔和、协调，稍带弹性，上体要放松。

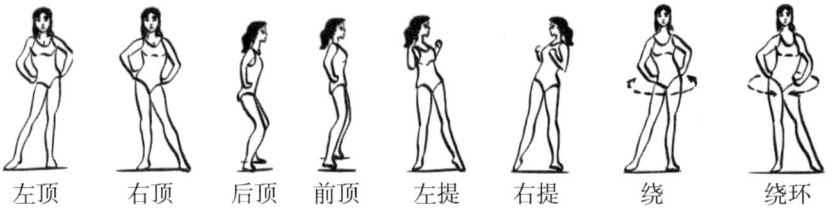

左顶　　右顶　　后顶　　前顶　　左提　　右提　　　绕　　　绕环

图10-50　髋部动作

7. 下肢动作

下肢动作由滚动步、交叉步、跑跳步、并腿跳和侧摆腿跳等动作组成（图10-51）。

①滚动步：两脚同时交替做由前脚尖至全掌依次落地动作。

②交叉步：一脚向另一脚前或后交叉行进。

③跑跳步：两脚交替进行，跑后支撑阶段有一次跳的过程。

④并腿跳：双腿并拢，直膝或屈膝跳。

⑤侧摆腿跳：单腿跳起，同时另一腿向外侧摆动。

【动作要求】

跳跃要轻松自如，有弹性，注意呼吸配合。

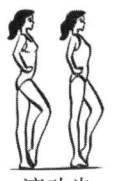  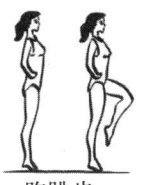 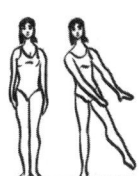

滚动步　　交叉步　　跑跳步　　并腿跳　　侧摆腿跳

图 10-51　下肢动作

（三）基本站立

基本站立包括立、弓步和跪立（图 10-52）。

1. 立

①直立：指头颈、躯干和脚的纵轴保持在一条直线上。
②开立：指两脚左右分开与肩同宽或宽于肩。
③提踵立：指两脚跟提起，用前脚掌站立。
④点地立：指一腿直立（重心在站立脚上），另一腿向各方向伸直，脚尖点地，包括侧点立、前点立、后点立。

2. 弓步

弓步是指一腿向某方向迈出一步，膝关节弯曲成 90° 左右，膝盖与脚尖垂直，另一腿伸直，包括左、右腿的前、侧、后弓步。

3. 跪立

跪立是指大腿与小腿成直角的跪姿，包括双腿跪立和单腿跪立。

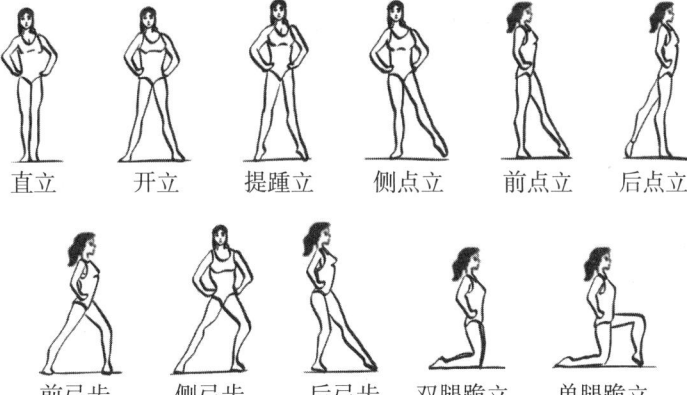

直立　开立　提踵立　侧点立　前点立　后点立

前弓步　侧弓步　后弓步　双腿跪立　单腿跪立

图 10-52　基本站立

【动作要求】
①站立时，头正直，上体保持挺直、沉肩、挺胸、收腹、收臀、立腰、立背、直膝。
②提踵立时，两腿内侧肌群用力收紧，起踵越高越好。
③弓步时，前弓步和侧弓步的重心在两腿之间，后弓步的重心在后腿上。

（四）健美操规则规定的 7 个基本步法

国际体操联合会健美操委员会出版的《竞技性健美操规则》中把健美操的步法分为以

下7大类：踏步、开合跳、吸腿跳、踢腿跳、弓步跳、弹踢腿跳和后踢腿跳（图10-53）。

1. 踏步

两脚交替不间断地做屈膝上提然后踏地的动作，包括脚尖不离地的踏步、脚离地的踏步和高抬腿的大幅度踏步。

2. 开合跳

并腿跳至开立，分腿跳至并立。

3. 吸腿跳

单腿跳起，同时另一腿屈膝向前、侧上提。

4. 踢腿跳

单腿跳起，同时另一腿直腿向前、侧方向踢出，包括小幅度和大幅度的踢腿。

5. 弓步跳

并腿跳起，落地时成前（侧、后）弓步。

6. 弹踢腿跳

单腿跳起，同时另一腿经屈膝向前、侧方向弹踢。

7. 后踢腿跳

两脚交替有短暂腾空过程（类似跑步），小腿向后屈。

【动作要求】

①踏步：落地时，由脚尖过渡到脚跟着地；屈膝时，胯微收。两臂前后自然摆动。

②开合跳：分腿时，两腿自然外开，膝关节沿脚尖方向弯曲；落地时屈膝缓冲。

③吸腿跳：大腿用力上提，小腿自然下垂。

④踢腿跳：踢腿时，须加速用力，上体保持正直、立腰。

⑤弓步跳：跳成弓步时，把握住身体重心。

⑥弹踢腿跳：大腿抬起至一定角度后，小腿自然伸直，膝关节稍有控制。

⑦后踢腿跳：髋和膝在一条线上，小腿叠于大腿。

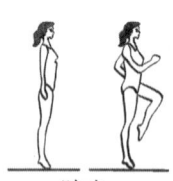     

踏步　　　开合跳　　　吸腿跳　　高踢腿跳　弓步跳　　侧弹踢腿跳　　后踢腿跳

图10-53　健美操基本步伐

四、套路

套路示例：健美操大众锻炼标准测试套路（一级）。

（一）组合1（4×8×2）

组合1动作说明（图10-54）：

①8次踏步。
②8次走步。
③动作同（2）。
④4次半蹲。
⑤（5）~（8）的动作同（1）~（4）。

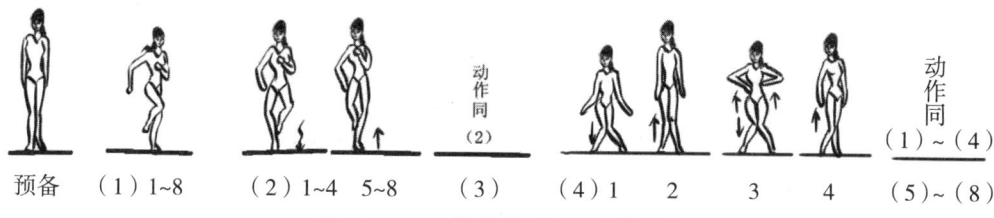

图10-54 一级套路组合1动作图解

（二）组合2（4×8×2）

组合2动作说明（图10-55）：
①4次侧并步。
②4次侧并步。
③2次交叉步。
④1~4，1次交叉步；5~8，2次迈步后屈腿。
⑤（5）~（8）的动作同（1）~（4），但方向相反。

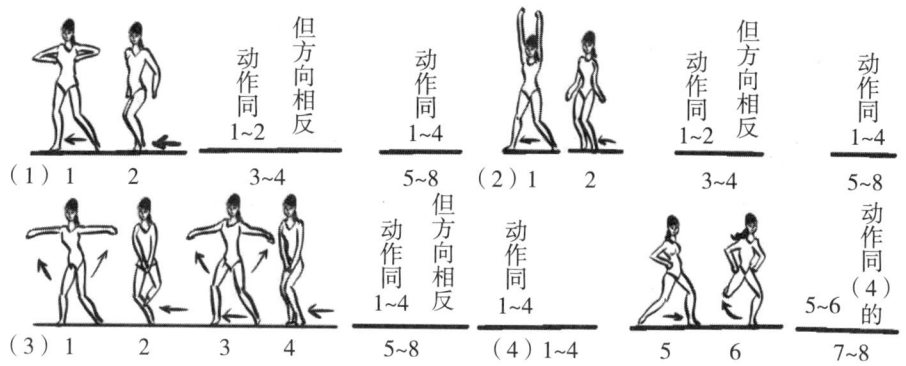

图10-55 一级套路组合2动作图解

（三）组合3（4×8×2）

组合3动作说明（图10-56）：
①2次一字步。
②2次V字步。
③4次小马跳。
④1~4，2次迈步侧点地；5~8，1次半蹲。
⑤（5）~（8）的动作同（1）~（4），但方向相反。

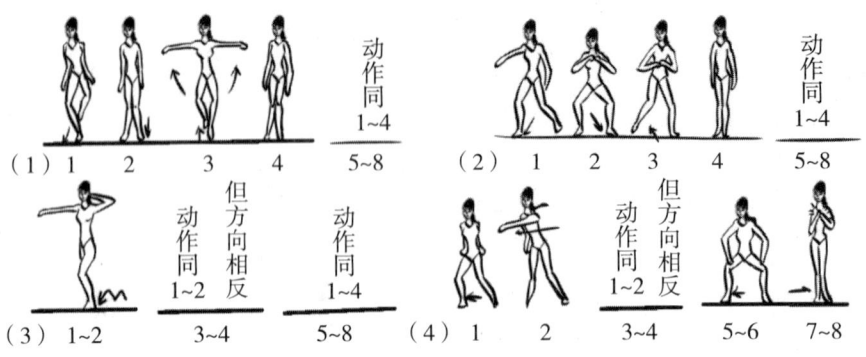

图 10-56 一级套路组合 3 动作图解

(四) 组合 4 (4×8×2)

组合 4 动作说明（图 10-57）：

① 8 次跑步。
② 3 次开合跳。
③ 2 次迈步吸腿。
④ 1~4 是 2 次前点地，5~8 是 2 次侧点地。
⑤ (5)~(8) 的动作同 (1)~(4)，但方向相反。

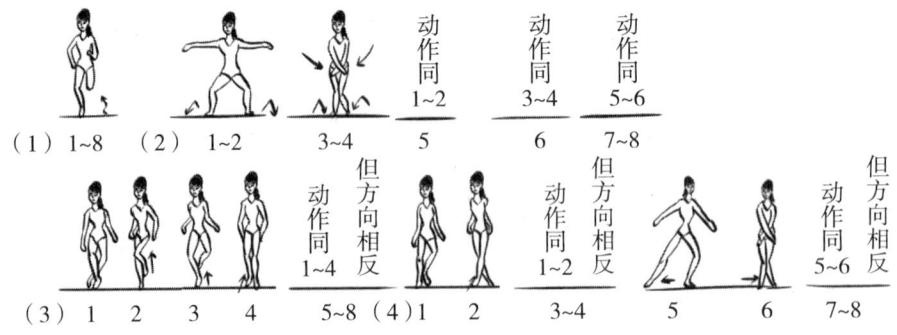

图 10-57 一级套路组合 4 动作图解

第四节 跆拳道

跆拳道是一项利用拳和脚进行搏击的对抗性运动，它通过竞赛、品势和功力检验等运动形式，使练习者增强体质，掌握技战术，并培养坚忍不拔的意志品质。

跆拳道的本意由三个方面组成：跆是表示以脚踢；拳是以拳头击打；道是一种精巧的艺术方法，同时，也是对练习者在道德修养方面的要求。传统的跆拳道包括套路（品势）、兵器、擒拿、摔锁、对练自卫术和其他基本功夫。现代竞技跆拳道只是传统跆拳道的一部分，其技术动作简单、实用、易学，寓搏击、规范、教育于一身，不需要花费太多的时间就能达到健身、防身、修身的效果，是一项在全世界都受欢迎的搏击运动项目，有"世界第一搏击运动"之称。

一、初级阶段基本技术

（一）基本姿势

1. 标准姿势

左脚在前称为左势，右脚在前称为右势（本文以左势为例）。动作规格：两脚前后开立与肩同宽，前脚尖45°斜向右前方，后脚跟抬起，膝关节微屈，重心落在两脚间；上身自然直立45°斜向右前方，双手握拳，拳心相对，两臂弯曲置于胸前；头部直立向前，目视正前方。

2. 侧向姿势

动作规格：身体完全侧向，前后脚在一条直线上。其他部位同标准姿势。

（二）基本站位

1. 开式站位

指和对方体前相对应的站位，即自己的体前相对对方的体前。包括左势对右势和右势对左势两种形式。

2. 闭式站位

指和对方的体前侧不相对应的站位，即自己的体前对应对方的体后。包括左势对左势和右势对右势两种站位形式。

（三）基本步法

跆拳道是一种以腿法为主的武技，实战中步法的灵活运用对充分发挥腿的威力、取得实战的胜利具有极其重要的意义。腿法使用时多以后腿进攻，因此，跆拳道的步法具有鲜明的特点，即重心落在两脚之间或偏于前脚，且身体姿势大都以侧向站位，以便保护身体和正面要害部位，使后腿通过拧腰转髋发力，增加击打的力量和速度。常用的基本步法包括以下几种：

①前进步由标准实战姿势开始，两脚成斜马步，两手握拳置于胸前。前进时后脚蹬地向前迈步，身体侧转成另一侧斜马步，可连续进行。这是前进步中的一种上步，注意拧腰转髋。前进时，后脚蹬地，前脚向前滑行称为前滑步；后脚蹬地，前脚向前跳跃称为前跃步。前滑步和前跃步都属于前进步，是主动进攻时采用的步法。也可用于假动作，配合两手臂的动作进行，便于快速接近对方。

②后退步由标准实战姿势开始，前脚掌用力蹬地，后脚先退后一步，前脚随即后退，两脚及身体仍保持原来姿势。若前脚掌蹬地后，后脚沿地向后滑行一步，前脚随即同样向后滑行一步，两脚及身体仍保持原来姿势，叫作后滑步退。这种步法可以拉开和对手的距离，避开对方的进攻，准备做反击动作。

③后撤步从标准实战姿势开始，以后脚前脚掌为轴，前脚抬起向后，经后脚内侧向后

撤一步，形成和原来相反的实战姿势。后撤步可根据实战需要左右变化，调整与对方的相对距离，准备进行攻击或反击。

④跳换步由标准实战姿势开始，两脚同时蹬地使身体腾空，空中两脚前后交换，同时转体；落地时身体姿势成另一侧的准备姿势。跳换步的腾空不宜高，略离地即可；换步时，要拧腰转髋，迅速敏捷，其目的是干扰对方的攻防思路，选择适于自己进攻的方位和转换自己身体的得分部位，使对方不能得分。

（四）跆拳道基本进攻技术

跆拳道的基本进攻技术主要包括拳法和脚踢法，这些技法组成了跆拳道的基本形式。

1. 拳法

拳法是跆拳道中最基本而又非常重要的技术。出拳的基本原则是从腰间发力将拳击出，抱拳于腰间时，拳心向上，拳击的过程中要做手臂的内旋动作，拳击至最远端时手臂伸直，拳心向下，击打目标后放松收回。

2. 脚踢法

跆拳道以其变幻莫测、优美潇洒的腿法闻名于世，被称为踢的艺术，这是跆拳道区别于其他格斗术的一个重要特点。跆拳道的腿法讲究变化多样和灵活多变，对人体的柔韧性、大脑反应的灵敏性、身体运动的稳定性都有很高的要求，是对人体机能和体能的综合考验。

（1）前踢

实战姿势开始（图 10-58），右脚蹬地，髋关节向左旋转，双手握拳置于体侧；同时，右腿以髋关节为轴屈上提（图 10-59）；当大腿抬至水平或稍高时，髋关节向前送，向前顶，小腿以膝关节为轴快速向前上方踢出，力达脚尖，整条腿蹬直（图 10-60）；踢击后迅速放松，右腿沿原路线弹回，将右脚放置在左脚前面，仍成实战姿势。

【练习方法】

采用分解教法，先练提后腿，同时向前送髋；再练弹出小腿；完整练习前踢动作并能熟练使用。

（2）侧踢

实战姿势开始（图 10-61），右脚蹬地，右腿以髋关节为轴屈膝提起，两手握拳置于体侧（图 10-62）；随即左脚以前脚掌为轴外旋180°，髋关节向左旋转，右腿以膝关节为轴向前蹬伸，右脚快速向右前上方直线踢出，力点在脚跟（图 10-63）。发力后沿起腿路线收腿、放松，重心落下（原处或向前均可），再次回到实战姿势。

【练习方法】

先练习提腿转髋动作；再练习平蹬腿动作；完整练习侧踢动作。

图 10-58　　图 10-59　　图 10-60　　图 10-61　　图 10-62　　图 10-63

（3）劈腿

实战姿势开始（图10-64），右脚蹬地，重心前移至左脚；同时，右腿以髋关节为轴屈膝上提，两手握拳置于胸前（图10-65）；随即充分送髋，上提膝关节至胸部，右小腿以膝关节为轴向上伸直，将右腿伸直举于体前，右脚过头（图10-66）；然后放松向下以右脚后跟（或脚掌）为力点劈击，一直到地面，成实战姿势。

【练习方法】

开始练习时可扶物先练提腿、提膝和上举腿动作；练习下劈腿的动作；先扶物，动作熟练后，再进行徒手练习；完整练习劈腿动作。

（4）推踢

实战姿势开始（图10-67），右脚蹬地，右脚以髋关节为轴提膝前蹬，用右脚脚掌向前蹬推脚掌，推力向正前方（图10-68）。

【练习方法】

1. 推踢脚靶

练习时，可采用一人握大型脚靶，另一人练习正蹬，脚靶高度根据练习要求确定。

2. 推踢沙袋

让沙袋在静止或前后摇摆的状态，再用脚正蹬沙袋。

图10-64 　　图10-65 　　图10-66 　　图10-67 　　图10-68

二、提高阶段脚法核心技术及学练方法

（一）横踢

1. 动作方法

实战姿势开始，右脚蹬地，重心前移至左脚，右脚屈膝上提，两拳置于胸前；左脚前脚掌碾地内旋，髋关节左转，左膝内扣；随即左脚掌继续内旋至180°，右腿膝关节向前抬至水平状态，小腿快速向左前横向踢出；击打目标后迅速放松收回小腿，右腿落回原地成实战姿势（图10-69）。

图10-69

2. 练习方法

先练前踢，待熟练后再练横踢；提后腿（提膝），同时转髋，弹出小腿；熟练后可练习

横踢击打头部（高横踢）。

（二）后踢

1. 动作方法

实战姿势开始，转身后，腿后撤背对对方（图10-70）。重心后移至左脚，右脚蹬地后屈膝提起，右脚贴近左大腿，两手握拳置于胸前（图10-71）；随即左脚蹬地伸直，右脚自左大腿内侧向后方直线踢出，力达脚跟（图10-72）；踢击后右脚按原路线快速收回，成实战姿势。

图10-70　　　　　　　　图10-71　　　　　　　　图10-72

2. 练习方法

开始练习时可手扶支撑物，体会后蹬的感觉；练习转身同时提关节的动作；平伸后蹬；进行完整的后踢动作练习，可采用踢打固定靶练习；练习反击后踢。

（三）后旋踢

1. 动作方法

实战姿势开始，两脚以两脚掌为轴均内旋约180°，身体随之右转约90°，两拳置于胸前；上身右转，与双腿拧成一定角度，右脚蹬地，将蹬地的力量与上身拧转的力量合在一起，右腿向后上，以髋关节为轴直腿摆起，右脚继续向右后旋摆鞭打，同时上身右转，带动右腿弧形摆至身体右侧，右腿屈膝回收落地（图10-73）。

2. 练习方法

支撑脚前脚掌着地转动，转身同时向后蹬伸腿；右腿向后摆动；先练习身体原地转动360°；右腿开始摆动时不要求高度，之后再逐渐升至摆动高度；进行完整的后旋踢动作练习。

图10-73

跆拳道比赛基本规则

第五节
轮滑

轮滑运动也叫"滚轴溜冰"或"溜旱冰",是滑冰运动在陆上辅助训练过程中逐渐演变形成的运动项目。同滑冰相比,它不仅惊险刺激还很时髦,而且四季皆宜。旱冰和水冰的技术动作要求基本相同,不同的是场地和器械(鞋)。现在,轮滑已成为广大青少年喜爱的娱乐休闲运动,我们常常能在街上看到背着书包的追风少年驾着"风火轮"从身边飞驰而过的情景。

一、学轮滑前的准备

①首先要选择一双正规厂家生产的、适合于自己的轮滑鞋。对于初学者来说,大小合适的轮滑鞋至关重要。否则,不仅会影响技术动作的掌握,甚至会引发伤害事故。另外,要根据参与的轮滑运动的类型选择轮滑鞋,速度轮滑、花样轮滑对鞋的要求略有不同。

②要有正确的技术指导。学习任何一项运动,基础入门是最重要的。

③要有必要的安全保护措施。对于初学者来说,安全护具必不可少。主要包括护腕、护肘、护膝、手套、护踝、护身等。在参加不同的项目时可以选择不同的护具。

二、基本技术

(一)站立

学习轮滑首先要从学习站立开始。一般情况下,初学者都能够做到独立站立,但是往往会感觉到踝关节力量不足——这是因为初学者还不能准确地控制自身重心的缘故。因此,可以说正确的站立姿势是学习轮滑的基础。

1."T"字形站立

先穿戴好轮滑鞋和护具,然后站起来,站好以后,可以试着让自己的两臂从体侧平举至肩高。为了防止轮子前后滚动,可先将左脚跟靠在右脚的内侧(或将右脚跟紧靠在左脚的内侧),使双脚形成"T"字形。此时,两膝微屈,重心稍偏于位置居后的脚上,上体略微前倾,抬起头目光平视前方,两臂在体侧自然打开以控制身体平衡。因为双脚形成了"T"字形站立,所以脚下的轮子不能滑动,站立时比较稳定(图10-74)。

2.平行站立

双脚分开,与肩同宽。双脚脚尖稍微内扣,两臂保持平举至肩高以辅助身体保持平衡,上体稍微前倾,双腿膝关节微屈,身体重心放在双脚中间,抬头目光平视——这时你已经可以平稳地站立了(图10-75)。

3."八"字形站立

双脚呈"八"字形自然分开,双脚脚跟靠近,双腿膝关节微屈,上体稍微前倾,身体重心放在双脚中间——这样的站立姿势可以防止脚下的轮子前后滚动(图10-76)。

图 10-74

图 10-75

图 10-76

（二）寻求平衡

对于初学者而言，能够尽快地使身体适应在特定的滚动条件下滑行时的感觉、学会在滑行状态下保持身体的平衡尤为重要。

人们在日常生活中的行走习惯与进行轮滑运动时的滑行方法完全不同。两者的区别主要在于：行走时双脚直接后蹬，身体重心是由后脚移至前脚；滑行时是用双脚的两侧蹬地产生滑行动力，身体重心先移至支撑腿，然后另一只脚蹬地产生向前的动力，同时获得一个稳定的支点。

在练习滑行技术时，应从保持身体平衡开始，逐渐提高身体重心的移动，增强平衡能力。

1. 踏步

（1）原地移重心

在平行站立的基础上，上体向一侧移动，逐渐将身体重心移到这一侧的支撑腿上。当平衡站立后，再依此方法做向另一侧移重心的练习。此动作反复练习。

（2）踏步练习

在原地移重心的基础上，双脚分开与肩同宽，双腿膝关节微屈，上体稍微前倾。踏步时先将身体重心放在左脚上，提右脚向前抬起，离开地面后平稳迈出。待右脚落地站稳后再将身体重心放在右脚上，提起左脚向前抬起，离开地面后平稳迈出。双脚交替，反复练习。踏步练习时要求步幅小、抬腿低、动作慢。

2. 原地双脚交替前后移动

平行站立，左脚向前滑动，右脚向后滑动，双脚在滑行时要始终保持平行，身体重心放在双脚中间，反复练习此动作。通过练习可以提高轮滑者对身体重心的控制能力和对滑行的适应能力。

3. 原地蹲起练习

双脚分开，与肩同宽。平行站立，做下蹲、起立动作。身体重心放在双脚上，两臂自然打开。练习时应由慢到快，注意保持上体直立，动作屈伸要协调。当能够熟练掌握此动作时，可逐渐加大下蹲的幅度，直至达到深蹲。

4. 借助外力滑行

在老师、家长或同伴的协助下，借助外力进行滑行练习。双脚向前滑动，体会滑行的感觉和滑行时的平衡。如果在外力的推动下双脚能够借助惯性前滑，说明你已经获得了滑行条件下的平衡了。

（三）跌倒与自我保护

1. 跌倒后的自我保护

初学者在光滑的地面上练习难免会跌倒。为了防止受伤，要掌握安全跌倒的方法，通过护具及身体其他部位来分散跌倒时的冲击力。跌倒时保持身体向前扑倒，避免向后跌坐或让身体某一部分完全承受撞击，如臀部、下巴、手腕、手肘、膝盖等，以减少单一部位受伤的程度。

【建议】

身体前倾，膝盖跪下，身体趴下，以护掌触地向前滑出，并让身体同时伸展出去，然后完全扑倒在地。经过这一连串的动作后，跌倒时的撞击力会被分散出去，不致于使单一部位承受太重的伤害。

2. 摔倒后的站立

当摔倒后准备站立时，先面对滑行方向，双手扶地，双腿跪立。然后将左腿（或右腿）膝关节离开地面呈90°，再将右腿（或左腿）膝关节也离开地面并呈90°，双手离地，慢慢站立起来（图10-77）。

（四）向前滑行

1. 双脚前葫芦滑行

【动作要领】

站立时双脚脚尖稍微向外分开，双腿膝关节弯曲，身体重心放在轮滑鞋的后轮上。开始滑行时，身体稍微前倾，双脚同时用力，用内侧的后轮向外侧蹬地，双脚（脚尖向外）向前滑行，两臂自然打开。当滑行的双脚距离与肩同宽时，双脚脚尖同时内扣，双腿膝关节逐渐伸直，恢复站立姿势（图10-78），反复练习此动作。

2. 单脚蹬地、双脚向前滑行

【动作要领】

平行站立。用左脚内侧轮向外蹬地，右脚同时向前滑出，左脚离地后靠近右脚落地，双脚同时向前滑行。再用右脚内侧轮向外蹬地，左脚同时向前滑出，右脚离地后靠近左脚落地，双脚同时向前滑行。两臂自然摆动（图10-79）。反复练习此动作。

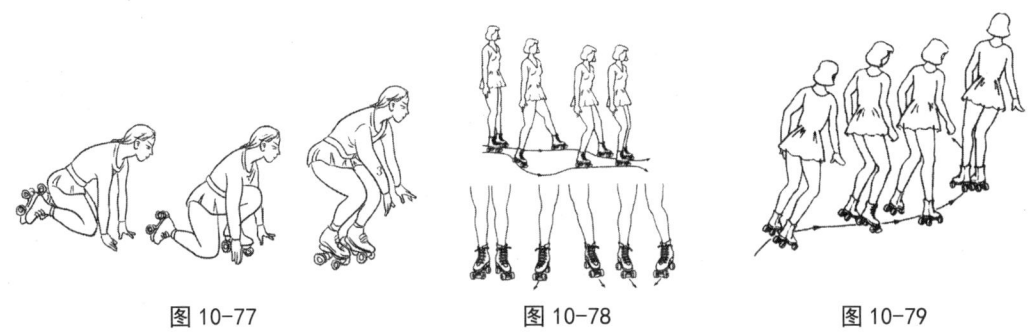

图10-77　　　　　　图10-78　　　　　　图10-79

【注意事项】

蹬地时双腿膝关节微屈，用内侧轮蹬地，蹬地的脚离地后应注意身体重心要转移到滑行的脚上，以免出现脚蹬地后收不回来的现象。

3. 单脚向前滑行

【动作要领】

"丁"字形站立。左脚在前，右脚在后，双腿膝关节弯曲。右脚蹬地后，慢慢将身体重心转移到左脚上，右脚蹬地后抬起，左脚向前滑行，然后右脚在侧面落地。接着左脚蹬地，慢慢将身体重心转移到右脚上，左脚蹬地后抬起，右脚向前滑行（图10-80）。双脚交替进行直线滑行练习。

【注意事项】

单脚向前滑行是把身体重心完全放在左（右）脚上的滑行技术，左（右）腿膝关节适当弯曲才能控制好身体平衡，两臂自然打开能更好地控制身体重心的移动。换脚时双脚要靠近一些。

（五）向后滑行

1. 双脚后葫芦滑行

【动作要领】

平行站立。双脚脚尖稍微内扣，双腿膝关节自然弯曲，两臂自然打开。双脚内侧轮向前蹬地，身体重心放在双脚前轮部位，双脚脚跟同时向两侧分开，向后滑行至双脚距离稍宽于肩部时双脚脚跟内收，双腿膝关节同时用力，直至回到开始姿势（图10-81）。反复练习此动作。

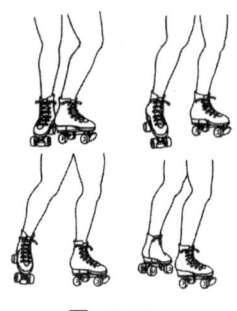

图 10-80

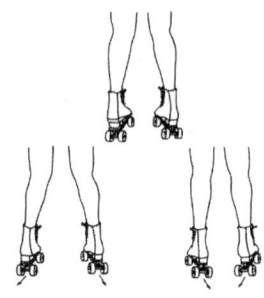

图 10-81

【注意事项】

在滑行时，身体重心保持在双脚间，以双脚前轮为主，双腿膝关节屈伸动作要协调，双脚（腿）不要分得过大。

2. 单脚蹬地、双脚向后滑行

【动作要领】

两脚平行站立。用左脚前内侧轮向前蹬地，右脚向后滑出。左脚蹬地后靠近右脚落地，双脚滑出，然后用右脚前内侧轮蹬地向后滑出。两臂自然打开（图10-82）。重复上述动作连续滑行。

【注意事项】

练习时，蹬地脚及滑行脚不能离开地面，蹬地及滑行时双脚膝关节微屈，保持身体平衡。还应注意要用内侧轮蹬地。

3. 单脚向后滑行

【动作要领】

平行站立。当蹬地开始时，双腿膝关节弯曲，身体重心转移到左脚上，右脚内侧轮向前蹬地的同时左脚向后滑出。右脚蹬地后抬离地面，靠近左脚后落地，左脚内侧轮向前蹬地的同时右脚向后滑出。两臂自然打开（图10-83）。重复上述动作，双脚交替进行向后滑行的练习。

【注意事项】

单脚向后滑行时，身体重心完全放在滑行腿上，滑行时上体不要过分前倾，膝关节适当弯曲，两臂自然打开以保持身体平衡，双腿靠近以便两脚交换。

（六）停止法

当学会了滑行以后，还要能够处理活动场所可能发生的各种情况（避免冲撞等意外事故的发生）。所以，应该学会简单的停止法，以便掌握身体的运动方向和滑行速度。

1. "T" 形停止法

（1）前滑 "T" 形停止法

单脚向前滑行开始，浮足在滑行脚的后跟处成 "T" 形，将浮足慢慢放在地面上，内侧轮柔和地压紧地面，减速滑行，直到停止滑行（图10-84）。

（2）后滑 "T" 形停止法

后滑 "T" 形停止法与前滑 "T" 形停止法类似，在停止滑行的过程中双脚呈倒 "T" 形即可。

图10-82

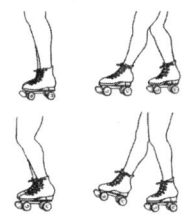

图10-83

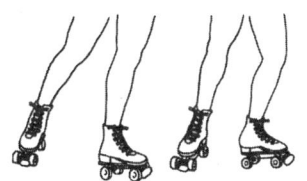

图10-84

2. 转弯减速法

在滑行过程中，用惯性转弯的动作消耗掉滑行的惯性。根据停止的需要，可向左（右）减缓滑行速度，直到停止滑行。

三、轮滑鞋及护具的选购与保养

（一）轮滑鞋的分类

我国市场上有单排和双排轮滑鞋两种，目前流行的是单排轮滑鞋（图10-85）。

图 10-85　双排轮滑鞋、单排花样鞋及单排速滑鞋

（二）如何选购轮滑鞋

轮子和轴承是最重要的部件。轴承的配置等级和质量很重要，应选用轴承配合紧密、转动柔和、无噪声的轮滑鞋。

（三）如何选择护具

我国的体育用品经营企业根据轮滑运动的特点，专门设计了用于轮滑运动的保护用具，采用聚苯乙稀发泡材料，制成了头盔、护腕和护膝、护肘等专供轮滑者选择使用。这种材料的突出特点是重量轻，具有良好的减震性能。

（四）轮滑鞋保养小常识

①切勿在草地、泥地上经过，这样会磨损轮子，损坏轴承。
②下雨天应避免在水泥地上滑行，因为湿滑容易受伤，而且雨水会使轴承生锈。
③如果轴承生锈，买一小瓶润滑油（汽油、机油也可）将轴承放进去泡 3~4 天即可。
④如果鞋套太薄，可以买一个气囊鞋垫。

第六节　跳绳

跳绳是一项极佳的健身运动，能有效训练个人的协调、反应和耐力，有利于保持个人体态健美，达到强身健体的目的。跳绳运动的装备十分简单，只需一根绳、一身轻便的衣服及一双合适的运动鞋便可。此外，跳绳所需的场地也不大，且参与人数不限，可单独一人进行或多人进行。

跳绳的种类很多，可分为有单人、双人和集体跳；原地和跑动中跳；单摇和双摇跳；单脚和双脚跳；计时和随意跳及花样跳等。

一、跳短绳

（一）正、反摇双脚跳

自然站立，双手握绳，两臂自然弯曲，上臂和前臂夹角大于 90°，绳放在于体后。两手腕用力一致，配合前臂发力，由体后向前摇绳，称为正摇。绳从身后摇至体前，当绳刚一触地时，两脚立即同时跳起，待绳通过脚下后，两脚同时落地。前脚掌着地时稍屈膝缓冲。如此反复进行。由体前向体后摇绳，为反摇。

（二）正、反摇单脚交换跳

双手各持绳的两端，绳从身后经上、前摇，摇绳时应以肘关节为轴，主要以前臂和手腕的力量摇绳。一脚支撑地面，另一脚微屈膝抬起离开地面，摇绳过脚底后，该脚迅速下落踩地，支撑脚再迅速抬起，每摇1次，两脚交换1次，循环进行。也可将绳从前向后摇。

（三）正、反摇编花跳

正摇跳一次，再摇时，两臂在体前交叉摇绳，即编花摇法。依次一摇一变换跳。两臂交叉时，要交换上下的位置。两臂交叉的时间是跳过绳即可开始。

（四）双摇跳

双脚跳跃一次，摇绳绕周身两回环。

（五）带人跳

分为一人带一人跳（图10-86）；一人带多人齐跳；一人轮流带两人跳等。

图10-86 带人跳

二、跳长绳

（一）原地跳长绳

一人或多人，预先站在跳绳位置，摇绳者从静止绳开始摇起。当绳摇至跳绳人脚下时，跳绳人跳过绳即可。

（二）上活绳

1. 正绳

当绳摇转向跳绳人时，绳是从上向下转的，称为正绳。上绳方法：上绳位置，一般是跳绳的人站在任一摇绳者体侧，靠近绳端区。乘绳打地后摇至远离摇绳者一侧之机，快步跑至两摇绳人的中间，当绳摇转到脚下时，跳起使绳通过。

2. 反绳

在正绳相反方向上绳。上绳方法与正绳相同，只是要注意上绳的时机。

三、花样跳绳

跳绳变化出很多花样，称为花样跳绳。花样跳绳可以避免只有一种跳法而过于单调，可以保持跳绳者的新鲜感。花样跳绳对练习者的运动素质要求较高，而且需要有扎实的跳绳基本技巧，下面介绍几种简单的花样跳绳。

（一）高抬腿跳绳

一条腿抬高呈直角，左右腿交换着跳。要点是跳时脚尖向下。如果连续换腿跳有困难，可在跳一次后原地轻颠一下调整节奏后再换腿。

（二）向两侧挥动跳绳

双脚并拢跳过绳子后，在摇绳子的同时一条腿向一侧张开。绳子即将回到前方时，双脚再并拢跳过。然后换腿重复相同的动作。

（三）张开腿跳绳

双脚并拢跳一次后，用力向外侧张开并挥动绳子。当绳子转回前方时双脚并拢再跳一次。

（四）单脚跳

保持跑步的动作，单腿轮流跳过绳子。熟练后尽量快速跳。

（五）侧身斜跳

两人一前一后站在跳绳的左右两侧，先侧身单脚跃绳向前跳，然后斜身跳回原位。跳跃时应注意用力摆动双臂。

（六）单脚屈膝跳

右腿屈膝，向前抬起。踮起脚尖，单脚跳 10~15 次。然后换左腿重复进行。

（七）分合腿跳

跳跃时双脚叉开，着地时双脚并拢。

（八）绕旋跳

两人跳绳练习：一人叉开两腿蹲下，甩动绳子使跳绳在地上画弧线，另一人则不断地从甩动的绳子上跳过去。速度由慢逐渐加快，1 分钟后两人交替。

四、跳绳注意事项

跳绳运动是一种较安全的运动，很少有运动伤害的发生。即使跳跃失败或停顿，也不会有坠落、跌倒、冲突或被用具所伤的危险。且跳绳者又能随自身的身体状况、体力及技能来自由调节跳绳的速度及次数，因此可安心练习。以下几点是练习跳绳时应注意的事项。

（一）选择合适的场地

应避免选择灰尘多或有砂砾的场地及凹凸不平的水泥地，最好选择铺木板的室内体育馆或具弹性的 PU 场地。

（二）穿着适当的服装

跳绳时，最好穿运动服或着轻便服装，穿软底布鞋或运动鞋，这样活动起来会感到轻松舒适，也不易受伤。

（三）充分做好准备活动

跳绳是一项比较激烈的运动，练习前一定要做好身体各部位的准备活动。

（四）掌握正确的跳绳方法

1. 跳绳方法

用前脚掌起跳和落地，切记不可用全脚或脚跟落地，以免脑部受到振动。当跃起在空中时，不要极度弯曲身体，而要呈自然弯曲的姿势。跳绳时，呼吸要自然有节奏。

2. 握绳的方法

两手分别握住绳两端的把手。通常情况下以一脚踩住绳子中间，两臂屈肘将前臂抬平，绳子被拉直即为适合的长度。

3. 摇绳的方法

向前摇绳时，上臂靠近身体两侧，肘稍外展，上臂近似水平，用手腕发力作外展内旋运动，使两手在体侧做画圆动作。每摇动 1 次，绳子从地经身后向上向下，回旋 1 周，绳子转动的速度和手摇绳的速度成正比，摇动越快，则绳子回旋越快。

4. 停绳的方法

向前摇时，一脚伸出，前脚掌离地，脚跟着地使绳停在脚掌下。向后摇时，则一脚后出，脚跟离地，脚掌着地，使绳停在脚底。

（五）要循序渐进练习

开始练习跳绳时，动作由慢到快、由易到难。先学单人跳绳的各种动作，然后再学较复杂的多人跳或团体跳绳动作。

（六）活动时间要求

跳绳的时间，一般不受任何限制，但要避免引起身体不适，饭前和饭后半小时内不要跳绳。学生可利用课间操、下课时间或课外活动时间练习。

五、跳绳的比赛规则

（一）场地

以室内或室外之平坦地面为宜。在室外时风级应在以不影响回旋绳之张力为限。其场地面积为：

个人赛：长6米、宽6米。

双人赛：长8米、宽8米。

团队赛：长20米、宽15米。

线宽5厘米包含在场地范围内，以白色或黄色为宜。

（二）器材

比赛用绳质料不拘，长度、粗细、重量不限，颜色以易于判别为宜。比赛用绳均由参加者自备。

比赛显示牌至少长20厘米，宽15厘米以上。

（三）比赛项目

有个人赛、双人赛、团队赛等。

第七节 登山与攀岩

一、登山

登山（Mountaineering）是指在特定要求下，运动员徒手或使用专门装备，从低海拔地形向高海拔山峰进行攀登的一项体育活动。登山运动可分为登山探险（也称高山探险）、竞技攀登（包括攀岩、攀冰等）和健身性登山。登山设备要适应登山运动的环境条件，在设计、选材、用料、制作上要尽量使其轻便、坚固、高效，并能一物多用。经常出外进行登山野营活动对人体有很大的好处。从医学角度来说，它对人的视力、心肺功能、四肢协调能力、体内多余脂肪的消耗、延缓人体衰老五个方面有直接的益处。

（一）登山运动描述

登山运动是体育运动的一类，是运动员徒手或使用专门装备攀登各种不同地形的山峰或山岭。可分为金字塔形兵站式登山、阿尔卑斯式登山和技术登山等数种。登山运动始于18世纪80年代。1786年8月8日法国医生巴卡罗与石匠巴尔玛结伴第一次登上阿尔卑斯山的最高峰勃朗峰（海拔4807米）；次年，由青年科学家德·索修尔率领的19人登山队再度登上勃朗峰，世界登山运动从此诞生。因此项运动首先从阿尔卑斯山区开始，故也称为"阿尔卑斯运动"。从1786—1865年，阿尔卑斯山脉海拔3000~4000米的高峰相继为登山运动员登上，国际登山史上称此一时期为"阿尔卑斯的黄金时代"。19世纪80年代以后，使用各种攀登工具和技术的登山日渐推广，其活动地区也从阿尔卑斯低山区转向喜马拉雅高山区。1950—1964年，世界14座海拔8000米以上的高峰，包括世界最高峰珠穆朗玛峰在内，相继为中、英、美、意、日等十多个国家的登山运动员所征服，国际登山史上称此一时期为"喜马拉雅的黄金时代"。1964年后许多登山"禁区"被突破，开始进入以前从来无人使用过的难险路线——攀登海拔7000~8000米高峰的新时期。1978年，在喜马拉雅高山区出现不用氧气登上高峰的阿尔卑斯式登山。

中国登山运动始于20世纪50年代。1955年出现第一批登山运动员，1956年建立第一支登山队。1960年，中国登山队首次从北坡登顶珠峰。1964年，中国登山队登顶世界最后一座从未有过人迹的海拔8000米以上高峰——希夏邦马峰。1993—2007年，西藏高峰探险队以"团队的形式"完成世界14座海拔8000米以上高峰的攀登。在多次登山活动中，登山运动员与科学工作者密切配合，进行了各种高山考察活动。1975年中国登山队再次从东北山脊登上珠穆朗玛峰，并将一个特制金属测绘觇标竖立在珠峰顶上，准确测出该峰的高度为海拔8848.13米，是为国际登山史上首次对世界最高峰高程的确切测量。之后于2005年，2020年中国两次组成珠峰高程测量队对珠峰高程复测。2020年12月8日，国家主席习近平同尼泊尔总统班达里互致信函，共同宣布珠穆朗玛峰最新高程为8848.46米。

（二）登山准备

1. 登山设备

随着登山运动的发展和科学技术水平的不断进步，登山运动装备的质量和性能也在不断改善，这对提高登山运动的水平是非常必要的。例如，法国第一次登山时所用的一根主绳的重量可达20千克，其他登山设备也都很笨重，那时他们的登山高度仅仅达到海拔4000米左右。现在一根主绳的重量仅有1.5千克，其他装备的重量也大大减轻，而且更加耐用，其保暖、防电性能也大大增加，因而可以保证登山运动员攀登各种高度和难度的山峰。各国登山界还在不断研究和改进各种登山装备，例如，许多国家为了提高氧气瓶的容量和装备的使用效率而进行研究。日本采用了所谓"回路式氧气面罩"代替原来的呼吸器，使原来供一分钟使用的氧气增加到两分钟或更长时间。他们还对攀登海拔8000米以上岩石峭壁的双人用氧和攀岩操作用氧等特殊装备进行了改装。此外，登山运动员的被服装备和宿营装备也都在不断地改进，已出现了更轻便保暖的充气帐篷等宿营装备。

2. 登山炉具

早期的营地炊事或聊天都是利用营火，但营火的残渣或痕迹都会污染环境，因此登山者最好是使用炉具，炉具不会污染营地，破坏景观。即使生营火也不要太大，只要能让周遭的"山友"感到舒服就好，必须等到火完全熄灭，灰烬完全冷却才能离开，木材选用死树或倒木，不要砍林木或残株。

选择炉具要考虑以下几点：①重量；②高度；③温度；④燃料的燃烧能力。选用声誉可靠的炉具，须易点火、易操作、持续火力长，即使是在寒冷、潮湿或强风的环境中，其性能也要一样。炉具购回后须在家先操作清楚才能带上山。炉具可以维持数年寿命，其喷口常会脏，污物与积炭须常清理。登山用的炉具最好是1.5千克，每小时使用0.25升左右的燃料油，且具备在海平面的高度煮沸1升水用4~8分钟的性能，高山若不使用挡风板，强风状态至少持续25分钟甚至更久。同时，炉具须具备控制火力的开关，避免食物烧焦。

炉具中最常用的燃料油主要为瓦斯炉和汽化炉两种。

3. 膳食准备

为登山准备食物，要注意以下几点：

①食物含三大营养素（糖类、脂肪、蛋白质）及矿物质、维生素。
②易于保存、携带，易于炊煮的食物。
③不易保存且量重者应先食。
④应多带两天的预备粮。
⑤减轻食物包装的质量。
⑥加配具有酸味的食物，可增加食欲。

登山食物要满足人体所需营养，包括：

（1）三大营养素

糖类：以运动的能源而言，对糖类的应用度最高，应占总热量来源的70%。肌肉使用葡萄糖、脂肪酸和酮体作为能量来源。肌肉中存有肝糖，在剧烈活动中还原为葡萄糖输出，而血液中的葡萄糖可合成肝糖，休息状态的肌肉只以脂肪为能量来源。运动中血糖值会降低，其他能量须靠脂肪，但脂肪转换为能量的过程很慢，主要还是靠每天摄取的糖类食物提供热量。若在糖分中不只含有葡萄糖，还同时添加砂糖及淀粉，则血糖值不易降低。吃的动作也可引起肝脏释放肝糖。

脂肪：身体储存的脂肪除了是能量的来源之外，还是主要器官的避震器及御寒的保温层。脂肪不易分解，效率较糖类低10%~20%，但热量很高，摄取时可不必太多。脂肪有耐饱的好处，但若在体内不完全分解，反而易引起体液酸化，从而造成疲劳。

蛋白质：当糖类与脂肪燃烧殆尽或短少时，蛋白质就开始派上用场。身体无法储存蛋白质，多余的蛋白质将转化为能量或脂肪。蛋白质与脂肪摄取量不宜太多，否则易引起体液酸化，造成疲劳。

身体使用三大营养素的顺序为：糖类—脂肪—蛋白质。登山每日所需营养素的重量比约为4.8:1:1.1。

（2）无机盐、水分、维生素

无机盐：若身体缺乏盐分会引起血压降低，晕眩及倦怠，严重时会引起痉挛。

水分：约占体重的65%，可促进体内新陈代谢及化学作用，平衡体温。丧失过多水分会使血液循环恶化，但饮用太多水反会使排汗量增加，使盐分排出，应适量饮水，不可过量，最好能少量多次饮水。水可通过煮沸或用碘、滤水器来消毒，最好别用净水片。

维生素：有调节生理机能的作用，与代谢密切相关。如糖类以维生素B群作为转换的触媒和催化剂，维生素C与代谢的氧化还原有关，有助于消除运动后的疲劳。

（三）登山注意事项

登山对人的身心健康大有好处，但也潜伏着一定危险。为了保证安全，应该做到：

①登山时由老师或家长带领，要集体行动。

②登山的地点应该慎重选择。要向附近居民了解清楚当地的地理环境和天气变化的情况，选择一条安全的登山路线，并做好标记，防止迷路。

③备好运动鞋、绳索、干粮和水。在夏季，一定要带足水，因为登山会出汗，如果不及时补充水分，容易发生虚脱、中暑。

④最好随身携带急救药品，如抗高原反应药品、云南白药、止血绷带等，以便在发生高原反应、摔伤、碰伤、扭伤时派上用场。

⑤登山时间最好选择早晨或上午，午后应该下山返回驻地。不要擅自改变登山路线和时间。

⑥背包不要手提，要背在双肩，以便于双手抓攀。还可以用结实的长棍做手杖，帮助攀登。

⑦千万不要在危险的崖边照相，以防发生意外。

⑧对于团体登山可自行购买短期团体出游意外保险。

二、攀岩

攀岩运动有"岩壁芭蕾""峭壁上的艺术体操"等美称，由登山运动衍生而来，富有很强的技巧性、冒险性，是极限运动中的一个重要项目，在全世界十分流行。

攀登时不用工具，仅靠手脚和身体的平衡向上运动，手和手臂要根据支点的不同，采用各种用力方法，如抓、握、挂、抠、撑、推、压等，所以对人的力量要求及身体的柔韧性要求都较高。攀岩时要系上安全带和保护绳，配备绳索等，以免发生危险。

（一）攀岩运动的种类

1. 自然岩壁攀登（Traditional Climbing）

定义：自然岩壁攀登是在野外攀爬天然生成的岩壁，也称为传统攀登。

优点：可以接近自然，充分体会攀岩的乐趣；岩壁角度、石质的多样性带来攀登路线的千变万化；由于岩壁固定，路线公开且可长期保留，所以自然岩壁的定级可经多人检测对比，成为攀岩定级的主要依据。

缺点：野外岩场地处偏僻，交通不便，时间和金钱花费都较大；路线开发也比较费力，时间长后会老化。

2. 人工岩壁攀登（Sport Climbing）

定义：人工岩壁攀登在人工制造的攀岩墙上攀登，包括室内攀岩馆和室外人工岩壁，多为训练和比赛使用的攀登方式，因此，又称竞技攀登。

优点：对攀岩者而言安全性较高；交通方便，省时省力；不可预见因素少，可以定期训练或进行专项训练；人员密集，便于交流切磋。另外，人工岩壁可以对路线进行保密性设置，从而成为攀岩比赛的主要形式。

缺点：缺少特殊地形，创意性少，自由发挥余地小；支点的可调性使得人工岩壁路线常变，定级主观性更强，准确度偏低，相对自然岩壁其线路问题会比较尖锐，人工线路难度越大对力量要求越高。

(二)攀岩的攀登形式

1. 自由攀登(Free Climbing)

定义：不借助保护器械(主绳、快挂、铁锁等)的力量，只靠自身力量攀爬。

特点：此种攀登形式在中国占主导地位，较符合体育的含义范畴，考验人体潜能。

自由式攀登的风格又细分为：

① On Sight(即无坠落，一次成功)

只在下边看，一次没掉下来就上去了，没有尝试或演习，也没有从顶上滑绳下来仔细研究路线，这是攀登者能力的最好说明。

② Red Point(可多次坠落)

允许在练习时多次坠落，但至少有一次能做到从底爬到顶，一次也没有坠落。Red point 的路线说明攀登者的自由先锋攀登能力最高能到多少。

2. 器械攀登(Aid Climbing)

定义：借助器械的力量攀登。

特点：在大岩壁攀登(Big Wall)中较为常用，对于难度超过攀登者能力范围的路线有时也借助器械通过。其意义存在于攀登者的项目目标和活动历程中而不在于攻克难度动作，对器械操作的要求较高。

3. 顶绳攀登(Top Rope)

定义：在岩壁上端预先设置好保护点，主绳通过保护点进行保护，攀登者在攀登过程中不用进行器械操作。

特点：安全，脱落时无冲坠力，适合初学者使用；但对岩壁的要求苛刻，岩壁必须高度合适(8~20米)且路线横向跨度不大，由于需要绕到顶部进行预先操作，架设和回撤保护点的工作都比较烦琐。有时为方便初学者，可在先锋攀登的路线上架设顶绳。

4. 先锋攀登(Sport Climbing)

定义：路线预先打上数个膨胀钉和挂片，攀登过程中将快挂扣进挂片成为保护点并扣入主绳保护自己，攀登者需要边攀登边操作。

特点：在欧洲尤其是法国最为盛行，它比传统攀登安全性高，可以降低心理恐惧(Fear Factor)对攀爬的影响，从而全力以赴突破生理极限，挑战最高难度；另外，在角度较大或横向跨度较大的路线中，先锋攀登方式比顶绳保护有更大的便利，可以让攀登者脱落后很容易重新回到脱落处，对难点进行反复练习。由于这种方式使攀岩由冒险的刺激运动变成安全的体育训练，所以先锋攀登称为 Sport Climbing。

(三)攀岩比赛分类

1. 难度攀岩

难度攀岩是以攀岩路线的难度来区分选手成绩优劣的攀岩比赛。难度攀岩的比赛结果是以在规定时间里选手到达的岩壁高度来判定的。在比赛中，队员下方系绳保护，带绳向上攀登并按照比赛规定，有次序地挂上中间保护挂索。比赛岩壁高度一般为15米，线路由定线员根据参赛选手水平设定，通常屋檐类型难度较大。

2. 速度攀岩

速度攀岩如同田径比赛里的百米比赛，充满韵律感和跃动感，按照指定的路线，以时间区分优劣。

3. 抱石比赛

抱石比赛线路短小，难度较大，需要较好的爆发力和柔韧性。比赛设置结束点和得分点，抓住得分点并作出一个有效动作得分，双手抱住结束点3秒得分。比赛一般有4~6条线路，一条线路为5分钟。判定名次首先看结束点的多少，如果结束点同样多，则看得分点数量，最后看攀爬次数。

（四）室内攀岩

室内攀岩是在一个高而大的房间内设置不同角度、不同难度的人工岩壁（通常6~8米高），在上面装有许多大小不一的岩石点，供人用四肢借助岩点的位置，手攀脚登来完成攀岩的体验。室内攀岩的难易程度可由人直接控制。

1. 攀登方法

（1）Toprope

主要用作练习，两人一组。保护组事先已设置好，绳索穿过固定在攀岩墙上的钩环，绳索的一头系于攀登者腰间的安全带，另一端通过穿过人腰上的钩环并执于保护人手中。如此，绳索从上方保护攀登者，安全感强，不必顾虑坠落，适合初学者。

（2）Lead

要求攀岩者找到合适路线不断向上攀登。攀登者身上携带绳索及快扣组（Quick Draw），边攀登边将绳索系于攀岩墙上的螺栓等保护装置，以防万一。一旦不慎跌落，唯有依靠自己的力量"东山再起"。

（3）Bouldering

即"徒手攀登巨岩"之意，如今一般指允许飞身跌落的所有攀岩运动。攀岩鞋以外无需任何其他装备，可谓最原始、最自然的攀岩。岩石高度通常在4米以下，下铺落地用的衬垫。超过4米的岩石，采用Toprope的方式，安全绳索从上方挂下为佳。

2. 注意事项

（1）准备活动

室内攀岩在保护员一对一的帮助下，安全几乎是最可以保障的，但是不做好准备活动，在攀爬过程中，还是很容易受伤的。比如说对于大幅度的跨跃，如果攀爬之前热身运动不够，则非常容易拉伤肌肉和韧带。攀岩应着宽松的衣裤，且选择好合适的鞋子很重要。

（2）正确穿戴护具

护具的穿戴也颇有讲究。绑得不能太紧也不能太松，与腿间宽度保持一个食指的距离是最好的。太紧了会影响到攀爬的姿势，太松了则容易脱落。

3. 攀岩基本要领

抓：用手抓住岩石的凸起部分。

抠：用手抠住岩石的棱角、缝隙和边缘。

拉：在抓住前上方牢固支点的前提下，前臂贴于岩壁，抠住石缝隙或其他地形，以手臂使身体向上或向左右移动。

推：利用侧面、下面的岩体或物体，以手臂的力量使身体移动。

张：将手伸进缝隙里，用手掌或手指曲屈张开，以此抓住岩石的缝隙作为支点，移动身体。

蹬：用前脚掌内侧或脚趾的蹬力把身体支撑起来，减轻上肢的负担。

跨：利用自身的柔韧性，避开难点，以寻求有利的支撑点。

挂：用脚尖或脚跟挂住岩石维持身体平衡，使身体移动。

踏：利用脚前部下踏较大的支点，减轻上肢的负担，移动身体。

4. 攀岩身体姿势

攀登岩石峭壁时身体要自然放松，以三个支点稳定身体重心，而重心要随攀登动作的转换移动，这是攀岩能否稳定、平衡、省力的关键。要想身体放松就要根据岩壁陡缓程度，使身体和岩壁保持一定距离，靠得太近，会影响观察攀岩路线和选择支点。但在攀登人工岩壁时要贴得很近。在自然岩壁攀登时，上、下肢要协调舒展，攀岩要有节奏，上拉、下登要同时用力，身体重心一定要落在脚上，保持面向岩壁、三点固定支撑、直立于岩壁上的攀登姿势。手在攀登中是抓住支点、维持身体平衡的关键，手臂力量的大小直接影响攀登的质量和效果。因此，一个优秀的攀岩运动员必须有足够的指力、腕力和臂力。对初学者来说，在不善于充分利用下肢力量的情况下，手臂的动作就显得更为重要。手臂如何用力，在人工岩壁攀登和自然岩壁攀登时情况不同，前者要求第一指关节用力抠紧支点的同时，手腕要紧张，手掌要贴在岩壁上，前臂也要随手掌紧贴岩壁而下垂。在引体时，手指（握点）有下压抬臂动作。其动作规律是：重心活动轨迹变化不大，节奏更为明显。但攀登自然岩壁时其动作变化就很大，要根据支点不同采用各种用力方法，如抓、握、挂、抠、扒、捏、拉、推压、撑等。

5. 攀岩脚的动作

一个优秀攀岩运动员的攀登技术发挥得好坏，关键是两腿的力量是否能充分利用。只靠手臂力量攀登不可能持久。脚的动作要领是：两腿外旋，大脚趾内侧贴近岩面，两腿微屈，以脚踩支点维持身体重心，在自然岩壁支点大小不一和方向不同的情况下，要灵活运用。但要切记，膝部不要接触岩石面，否则会影响到脚的支撑和身体平衡，甚至会造成滑脱而使膝部受伤。另外，在用脚踩支点时，切忌用力过猛，并要掌握用力的方向。

6. 攀岩手脚配合

凡是优秀的攀岩运动员，上、下肢力量是协调运用的。对初学者或技术还不熟练的运动员来说，上肢力量显得更为重要，攀登时往往是上肢引体，下肢蹬压抬腿而移动身体。如果上肢力量差，攀登时就容易疲劳，表现为手臂无力，酸疼麻木，逐渐失去抓握能力。失去抓握能力后，即使有好的下肢力量，也难以继续维持身体平衡。所以学习攀岩，首先要练好上肢力量，上肢又要以手指、手腕和手臂力量为主，再配合以脚腕、脚趾及腿部的力量，使身体重心随着用力方向的不同而协调移动，手脚动作的配合也就自如了。

(五)攀岩练习技巧

1. 出手越晚越好

攀岩初学者常常会在进行动态动作时过早出手,这样做会让身体离开岩壁的时间变长,比起过晚出手,过早出手更容易损伤大部分冲力。正确的做法是尽可能地做"向上腾跃"的动作,即试着让身体尽可能向上伸展,直至到达最高点时再松开手。

2. 拍墙和拍点

刚开始尝试动态动作时,可能会很难完成,基本碰不到手点。这时千万不要气馁放弃,可以选择从拍墙开始,循序渐进练习,跳着让自己拍到尽可能高的地方,拍到后再定新的目标,按照这个方法训练下去,一遍遍重复练,让目标越来越接近原定的手点,直到最终能跳起来抓到它。

3. 练习完整的动作

进行动态动作时,要调用全部的肌肉,而非仅仅在开始阶段用到的肌肉。当你能够抓住目标手点时,在手上微微发力,即使时间很短,也能够协调到抓点的肌肉。如果你自己抓不到目标手点,就需要用绳子或者请别人帮助自己来完成,尽量重复练习。

4. 用脚推

请记住,在动态动作中,绝大部分的力量都是来自你的双腿。试着把重量尽可能多地放在支撑脚上,也就是之后你实际要跳起的脚点。尽量选择足够软的鞋子,可以让你最有效地运用脚部肌肉。

5. 好好利用弹簧动作

为了获得更多的跳跃力量,每次做动态动作之前,应该先做垂直方向的运动,先上后下,类似弹簧进行延伸和压缩。这样的力量会让你最大限度地够向目标岩点。如果没有足够的空间进行弹簧动作,也可以依靠摆动身体来获得冲力。

第八节 健美运动

健美运动起源于德国,20世纪由美国开始在世界广泛开展。1903年由美国体育家伯纳德举办了全美第一次体格比赛。20世纪30年代后期,美国各地纷纷开始举行比赛,1939年全美业余体育联合会举办了第1届"美国先生比赛"。1946年,加拿大的韦德两兄弟创建了"国际健美联合会"(简称IFBB),此后健美运动蓬勃开展。我国的健美运动是在20世纪30年代由美国传入。1940年,上海健身学院创办了《健力美》杂志,由健美运动开创人赵竹光任主编,1944年在上海举办了第1届上海市男子健美比赛。1983年举办了第1届力士杯男子健美邀请赛,邀请赛得到国家体育运动委员会和中国举重协会的大力支持,并改名为"全国健美锦标赛",以后每年举行1次。1985年11月成立了中国举协健美运动委员会，并正式加入国际健美联合会，成为第128个会员国。目前我国开展的健美运动比赛项目有传统健美、古典健美、男子健体、健身先生、健身小姐、形体小姐、比基尼小姐等。

一、健美运动的内容

根据练习的性质和形式主要包括以下几方面。
①用杠铃、哑铃、拉力器和各单项或综合器械进行的全身各部位肌肉的练习。
②利用各类形体健美操、艺术体操、各种舞蹈而进行造形动作、姿态练习。
③有氧代谢运动：主要用于群众性健美形体，如减肥操、健身舞、长跑、游泳、自行车。
④为矫正不良体型而进行的各类专门练习。

二、健美运动的分类

根据健美练习的目的和任务不同，也分为一般性健美运动（也称健身健美）和竞技性健美运动两类。

（一）一般性健美运动

它的目的和任务在于增进练习者身体健康，促进身体正常发育，改善身体形态，使肌肉较发达。一般性健美运动练习手段多，徒手器械都可以。其有广泛的适应性，不同年龄、性别、体质、爱好和训练水平的人都可以根据自己的情况有选择地进行系统练习，塑造健美的形体。

（二）竞技性健美运动

在身体健康和全身肌肉发达匀称的基础上，按规则评比肌肉围度、匀称度、造型好坏的一种竞赛。正规的比赛有严格的裁判标准和动作要求及特定的比赛项目、内容、级别和评分方法。国际健联承认的各种职业比赛和业余比赛，对选手参赛资格有严格的要求和限制。

三、健美运动基本练习方法

每个人的体型体态不同，体质强弱不同，所需发展的肌肉部位不同，所以动作练习组数、强度、动作组合形式和进行程序的运用方式不同。目前普遍采用的练习方法基本上由以下3种练习形式发展而来。

（一）定量间歇训练法

定量间歇训练是一个动作在一次课中所用的重量、练习组数与每组练习次数基本相同，组与组之间休息1~2分钟。这一类型是一般常用的，对初练者比较适用。

（二）金字塔型训练法

这种方法是一个动作在一次课中用的重量由轻逐组加重，再由重逐组减轻地进行练习，动作的组数较多，适合有一定训练基础的练习者采用。这类训练方法能加强对肌肉的刺激，对提高肌肉力量有特殊效果。

（三）循环训练法

将一次课中安排的全部动作，从第一个做到最后一个为一个循环。每个动作做一组，按动作顺序循环去做。这类训练方法既可使训练达到相当大的运动量，又可使身体得到全面锻炼，适合健身者和减肥者采用。

四、常用名词概念

（一）运动量

运动量也称"运动负荷"，它包括重量、组数、次数、密度、时间、速度和完成动作的质量等要素。这些要素相互联系和制约，改变任何一种要素，都会直接影响运动量的大小。

（二）生理负荷量

生理负荷量指人体对训练量反应的量，即引起人体生理机能反应的量、范围或身体反应出来的征象。它主要用生理、生化指标来表示。由于年龄、性别、体质、健康状况及训练水平的差异，即使承担同样的运动量，所引起的生理反应也是不同的。因此，它是评定运动量大小的客观依据。

（三）重量

重量指健美训练时某一动作每次训练的重量和每次训练的总重量。它包括所用器械的重量和人体本身的质量，也称为练习负荷，单位为千克。练习的重量以个人力量的大小为标准，一般可分为以下几个方面。

①极限重量：个人最大力量的100%以上。也就是说，按照规定的动作姿势，用全力只能完成一次所用的重量。

②大重量：个人最大力量的80%~100%。

③中等重量：个人最大力量的60%~80%。

④小重量：个人最大力量的50%以下。

⑤RM：为Repetition Maximum的缩写，意思是指在疲劳前能按规定的重复次数推、拉、举起的最大重量，如8RM即为能推、拉举起8次的最大重量。

（四）密度

密度指单位时间内重复练习的量，体现着训练中时间和数量的关系。它分为单个动作密度和一次训练课的总密度。如果每组练习之间和每个动作练习之间的间歇短，就为密度大；反之，则为密度小。

（五）强度

强度指单位时间内的负荷量，包括训练的重量、密度、速度、组数、次数等。其中，重量和密度决定强度。如果训练的重量较重，密度较大时，训练的强度就大；反之，强度就小。

（六）数量

数量指每一次训练项目的多少，每个项目练习组数的多少，每组练习次数的多少。如果在一次训练中，训练项目多、每项练习组数多、每组练习次数多，则运动量就大。反之，运动量就小。

五、健美运动基本动作技术

（一）上肢带肌群的练习方法

臂部肌肉主要包括肱二头肌、肱三头肌、前臂肌和三角肌。

1. 肱二头肌

肱二头肌位于上臂的前面，小部分被三角肌和胸大肌遮盖，呈梭形，有长、短两头。

【主要机能】

使上臂屈，以及前臂屈和旋外。

（1）站立正握弯举（图10-87、图10-88）

【预备姿势】

两脚开立，上体正直，挺胸抬头，两手掌心向前持铃下垂于大腿前，全身直立，上臂紧贴体侧。

图10-87　图10-88

【练习方法】

首先吸气，肱二头肌收缩使杠铃弯至肩前并完全收紧配合呼气，稍停，再吸气，慢慢使杠铃放下，放松还原。要求练习者持铃弯起或放下时，上臂一定要紧贴体侧，不能前后移动和上下弯动，手腕必须与前臂保持直线状。当杠铃弯起后，肱二头肌练习也可以用哑铃拉力器来进行。

（2）坐姿弯举

坐姿弯举动作有"正坐""俯坐""斜坐"。坐姿练习主要是使下肢在固定不动的状态中，使上肢用力更集中。

【预备姿势】

正坐在凳子上，手持哑铃下垂于体侧，上体挺直。"俯坐"是手持哑铃下垂于两腿间，并使上臂的外侧下端（肘部）靠近大腿膝部内侧，上体略前倾。"斜坐"是坐在上体向后倾斜的靠椅上，手持哑铃下垂于体侧。

【练习方法】

坐于凳上，上体稍前，屈膝两肘放于膝上，然后做前臂弯举。不管哪种坐姿，前臂必须下垂伸直。上臂一定紧贴体侧，不要借力。动作要领与上述相同。

（3）侧弯举（图10-89、图10-90）

侧弯举动作主要发展上臂肱前肌和前臂伸指肌，它可以站立或坐姿练习。两手或一手持哑铃练习。

【预备姿势】

两脚左右开立，与肩同宽。上体正直，两臂于体侧伸直，两手握着哑铃，拳眼向前。

图10-89　　图10-90

【练习方法】

两前臂同时用力弯起，至两臂完全弯屈止。练习时，不得借助于上体摆动的力量。此动作也可单臂练习，动作要领与上述相同。

2. 肱三头肌

肱三头肌位于上臂后面，有长头、外侧和内侧三个头。

【主要机能】

使前臂伸。

（1）颈后臂屈伸（图10-91、图10-92）

颈后臂屈伸动作可用杠铃、哑铃或弹性拉力器等练习。站姿和坐姿练习都可以。

图10-91　　图10-92

【预备姿势】

两脚左右开立，与肩同宽（或坐于凳上）。上体正直，两臂肩上后弯屈，两手反握杠铃，握距与肩同宽（也可窄于肩）。将杠铃向上提起置于颈后。

【练习方法】

两前臂同时用力向上伸直，至完全伸直为止。动作要求以肘关节为支点。集中前臂肌肉力量缓慢地经头顶做伸屈动作。

【呼吸方法】

伸臂前吸气，还原呼气。练习的重量、组数与次数应根据练习者自身水平而定。

（2）仰卧臂屈伸

这个动作可以用杠铃，也可以用哑铃单手或双手进行练习。

【预备姿势】

练习者平仰卧位，两腿屈膝分开，全脚掌着地。两臂向上伸直，两手正（反）握杠，握距可任选窄、正常或稍宽一种，主要用肱三头肌的力量控制做臂部弯屈至横杠靠近头前。

【练习方法】

练习者两臂慢慢弯屈，至最大限度（头部），接着用力向上伸直，直至完全伸直为止。

【呼吸方法】

屈臂前吸气，还原呼气。要求肘关节不得下降，否则会加重前臂负担，减轻肱三头肌的受力程度，动作尽量缓慢进行。

（3）重力下压臂屈伸

此动作一般使用重锤拉力器练习效果较好。

【预备姿势】

两脚左右开立，与肩同宽，上体正直，两手反握拉力器的把手，两臂于体侧弯屈。

【练习方法】

上臂不动，以肘关节为轴，两前臂用力下压，直至完全伸直为止。还原时动作要慢。此练习也可使用橡皮条练习。

【要求】

上臂紧贴体侧，两手臂贴近胸部；吸气；以肱三头肌的收缩力量，使两手向下拉，呼气，两手慢慢向上还原。

另外，肱三头肌的练习经常采用俯卧撑和双杠的臂屈伸效果也较好。

3. 三角肌

三角肌位于肩部皮下，是一个底向上的三角形肌肉，肩部的膨隆外形由该肌形成。

【主要机能】

前部收缩，使上臂屈和旋内；中部收缩，使上臂外展到水平位置；后部收缩，使上臂伸、旋外；三部同时收缩，使上臂外展。

（1）前平举（图10-93、图10-94）

前平举动作锻炼的部位是三角肌前束，可用杠铃、哑铃或拉力带进行练习。

【预备姿势】

两脚左右开立，与肩同宽。上体正直，两臂体侧伸直，两手反握哑铃，握距同肩宽。

【练习方法】

直臂持铃经体前举起至与肩齐平位置，稍停，再呼气，直臂慢慢放下还原。

【要求】

手肘不要弯屈，上体不能前后摆动。

（2）侧平举（图10-95、图10-96）

侧平举动作主要是锻炼三角肌中束，可用哑铃、拉力带或持重物来进行练习。

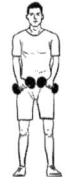

图10-93　　　　　　　图10-94　　　　　　　图10-95　　　　　　　图10-96

【预备姿势】

两脚左右开立，与肩同宽。上体正直，两手持铃直臂下垂于体侧，两拳眼向前。

【练习方法】

吸气，手臂用力做侧平举，再呼气，然后慢慢放下还原至体侧。

【要求】

持铃举平时，手肘稍有弯屈，不得借力。

（3）俯立侧平举（也称俯立飞鸟）（图10-97、图10-98）

主要锻炼部位是三角肌后束和上臂肌群，可用哑铃或拉力带进行练习。

【预备姿势】

两脚左右开立，略宽于肩。上体俯身（也称躬身）屈体与地面平行，头部稍抬起，两手持铃直臂于体前，拳眼向前。

【练习方法】

吸气，同时用力向上做侧平举，稍停，再呼气，持铃慢慢放下还原成下垂姿势。

【要求】

不得借力，上体不能上下摆动。

（4）颈后推举（图10-99、图10-100）

【预备姿势】

两脚左右开立，与肩同宽。上体正直，两臂侧屈，两手正握杠铃，置于颈后肩上，握距宽于肩。

【练习方法】

吸气，两臂同时用力垂直推起至头顶后上方，稍停，再呼气。然后慢慢放下还原。

【要求】

两臂同时发力，还原时避免碰头。

图 10-97

图 10-98

图 10-99

图 10-100

4.胸大肌

胸大肌位于胸前皮下，为扇形扁肌。胸部肌肉群由胸大肌、胸小肌、前肌和肋间内、外肌等组成。主要功能是使上臂内收，拉引肩胛前伸，上下回旋及辅助吸气的肌群。

（1）俯卧撑

对于初练者来说，应先练习平地支撑的俯卧撑，随着力量的增强及练习次数的增多，再进行支架俯卧撑和负重俯卧撑。

【预备姿势】

两手自然张开撑地，与肩同宽，两臂伸直（一般练习时，两臂支撑地面不是垂直的，应有一定的角度，这样有利于胸大肌的练习）。两腿并拢，脚尖着地，身体成前高后低的姿势。

【练习方法】

屈臂时整个身体下降，至胸部接近地面为止，然后两臂同时用力平稳地推起，要求身体上下摆动一致，用力不要过猛、过快。

（2）支架俯卧撑

该动作要求有一定的练习基础。首先要用铁管（废旧）焊接三角架，也可用凳子代替。随着力量增大，可以逐步加大练习难度，如在脚尖处垫上箱子、凳子等物体，最后过渡到手倒立撑或背部加适宜重量的重物。预备姿势和练习方法同动作（1）。

（3）平卧推举（图10-101、图10-102）

【预备姿势】

仰卧在平板卧推凳上，两腿屈膝分开，两脚掌着地，两手正握杠铃，握距宽于肩，两肘外展（也可用哑铃进行练习）。

【练习方法】

两臂同时用力，先将杠铃从握推架取出，慢慢置胸上，接触胸后，吸气，再用力推起至两臂完全伸直为止。

【要求】

采用中握距，也就是稍宽于肩。随着能力的增加，可采用宽握距，就是比肩宽1~2个手掌的宽度。

（4）下斜卧推

下斜卧推可以用杠铃或哑铃来练习。主要发展胸大肌外侧翼下部，此练习适合于有一定基础的练习者。

【预备姿势】

仰卧在下斜板上或下斜凳上。两腿分开，膝关节弯屈，两脚掌着地。形成膝高头部低姿势，两手正握杠铃或哑铃，握距稍宽于肩，位于胸部乳头下沿位置。

【练习方法】

吸气，两臂平稳用力，使杠铃或哑铃垂直向上推起，到两臂伸直为止，稍停，然后再慢慢放下还原。

（5）上斜卧推

即在头高脚低的斜板上仰推举。此练习主要是发展胸大肌的上部。

【预备姿势】

仰卧在上斜板卧推凳上，两腿分开，两脚掌着地，两手正握杠铃，握距稍宽于肩，杠铃置于上胸部，两肘外展。

【练习方法】

两臂平稳用力，垂直向上推起到两臂伸直为止。

（6）平卧飞鸟（也称仰卧飞鸟）（图10-103、图10-104）

这个动作对发展胸大肌外侧的中部较好，对扩大胸腔有特殊作用。一般使用哑铃或橡胶带进行练习。

【预备姿势】

仰卧在长凳（或体操垫上）上。两腿分开，屈膝，两脚掌着地，两手持哑铃，置于胸上，掌心相对。

【练习方法】

直臂举起哑铃成侧平举，两臂稍屈同时平稳用力上举，至两哑铃在胸上接触为止。此练习还有上斜飞鸟。动作要领相同，只是卧推板有角度上的变化。

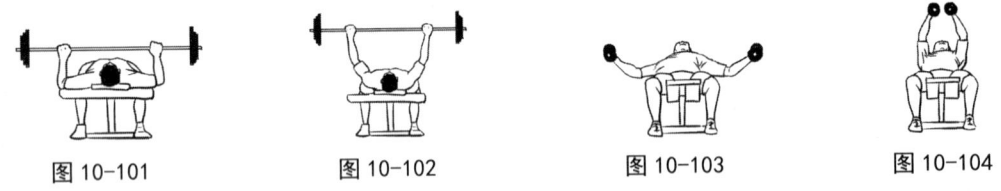

图 10-101　　　　　图 10-102　　　　　图 10-103　　　　　图 10-104

5. 背部肌群

现代男性把背部"V"字三角形所构成的挺拔体姿，作为健与美的综合反映。只有丰满、结实、宽阔的背阔肌，才能给人以背宽体阔之感，才能呈现出强壮有力的身躯。

（1）仰身杠铃提拉（也称躬身划船）

这个动作有3种不同的握距。"窄握距"两手间离开一掌宽度。主要是发展背阔肌上部，包括菱形肌、冈下肌、大圆肌和小圆肌等；"中握距"两手间与肩同宽，主要是发展背阔肌中部，可以使背阔肌宽厚；"宽握距"两手间距比肩宽1~2个掌宽，主要是发展中阔肌的下部。

【预备姿势】

两腿分开，躬身站立。两臂下垂，两手正握杠铃，分窄、中、宽握距。

【练习方法】吸气,两臂同时用力向上提拉至最大限度。稍停,呼气,慢慢放下还原。练习时要注意上体保持不动。为防止腰部受伤,可系上腰带。

(2)单手俯身提铃(单手哑铃划船)(图10-105、图10-106)

这个动作有利于背阔肌的集中用力。

【预备姿势】

两脚分开,躬身站立。一手支撑在凳子或支撑物上,一手直臂握铃。

【练习方法】

吸气,以背阔肌的用力收缩,使哑铃略向后拉起,并沿腿侧提起至小腹外侧,稍停。提铃时上臂要贴近体侧。呼气,仍以背阔肌控制住,使哑铃慢慢沿腿侧放下还原。

(3)引体向上(图10-107、图10-108)

此动作可在单杠或其他横梁上练习。有胸前和颈后两种姿势的练习方法。从效果上来说,颈后比胸前效果更好些,宽握距比窄握距更有利于背阔肌的集中发力。初练者,应以同肩宽握距开始练习。

图10-105

图10-106

图10-107

图10-108

【预备姿势】

两手正握杠,握距同肩宽。身体悬垂,两腿并拢。

【练习方法】

使腰背部以下放松,背阔肌充分伸长,随即吸气,集中以背阔肌的收缩力,屈臂引体向上至上胸前或颈后,接近杠面稍停,再呼气,以背阔肌控制住,使身体慢慢下降还原。有一定基础时可在腰间用带子悬挂杠铃片等重物以增加练习的强度。

(二)核心肌群的练习方法

在各项体育运动中,都少不了体前屈、体侧屈、转体、收腹和挺腹等动作。这些动作主要是依靠核心肌群力量来完成。因此,加强核心肌训练,对提高各项运动技术有很大的帮助。

1. 直腿硬拉(图10-109、图10-110)

【预备姿势】

两脚开立同肩宽。两手一正一反握杠铃,直臂持杠铃下垂于腿前。

【练习方法】

呼气,上体慢慢向前弯屈,两腿保持伸直。直至杠铃片将触地面为止,胸部尽量向前挺出。保持直腰姿势,不准松腰弓背。

2. 俯卧挺身(图10-111、图10-112)

【预备姿势】

以小腹和大腿部分俯卧在体操凳上,脚后跟倒钩在固定物上或一人坐压在练习者小腿上。练习者两手指交叉抱胸。

【练习方法】

上体下垂以头部触不到地面为准，随即吸气，以腰背肌的力量使上体向上挺身抬起。全身成反弓形，抬头挺身后仰，稍停再呼气，腰背慢慢下降还原。

图 10-109

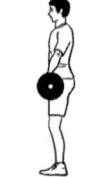
图 10-110

图 10-111

图 10-112

3. 仰卧起坐

此动作主要是练习上腹部，可在海绵垫上或斜板上等不同位置进行练习。初练者一般先采用平卧的仰卧起坐。然后再逐步提高难度。

【预备姿势】

练习者仰卧在垫子上，两腿并拢伸直，两手抱头，固定踝关节，可用带子，也可让同伴按住其脚腕。

【练习方法】

吸气，上体起立并前屈。呼气再还原。此练习主要发展上腹部肌肉。

4. 转体仰卧起坐（图 10-113、图 10-114）

【预备姿势】

仰卧在垫子上，两腿并拢可屈伸，两手并拢合拳。

【练习方法】

吸气，上体起立，双腿离开地面，同时以腹外侧肌力量，使上体向左侧转成 90°位。呼气转体还原；吸气，使上体向右侧转成 90°位，呼气转体还原。

5. 仰卧举腿（图 10-115）

这个动作锻炼的部位是下腹部，可以平卧练习，也可利用斜板加强难度练习。

【预备姿势】

仰卧在垫子上或斜板上，两腿并拢伸直，上体固定，可两手握住把手。

【练习方法】

吸气，下腹部收缩用力，做直腿上举，至最大限度为止。呼气，然后慢慢还原。也可单腿交替进行练习。

图 10-113

图 10-114

图 10-115

（三）下肢带肌群的练习方法

腿是人体的支柱，健美的身材在很大程度上取决于是否有一双健美的腿，所以，应该重视腿部肌肉的锻炼。

人体的下肢肌群是由臀部、大腿和小腿肌群组成。臀部主要有臀大肌和臀中肌等。大腿主要有前肌群的股四头肌和缝匠肌及后群肌的股二头肌等。小腿主要由腓肠肌和比目鱼肌组成小腿三头肌。臀大肌、股四头肌和小腿三头肌是维持人体直立最主要的三块肌肉群。

1. 股四头肌

股四头肌包括股直肌、股外肌、股内肌、股中肌。股直肌位于大腿前表面，股外肌位于股骨的外侧面，股内肌位于股骨的前内侧面，股中肌位于股直肌的深层。股四头肌的主要功能是使大腿屈、小腿伸及维持人体站立姿势。

负重深蹲动作主要是发展股四头肌和臀大肌群（图10-116、图10-117）。

【预备姿势】

两脚左右开立，与肩同宽。两手正握杠铃，握距稍宽于肩。将杠铃置于颈后肩上。

【练习方法】

在深蹲起立中，使身体重心和杠铃重心尽量接近脚掌支撑面的垂线上。不要借助于腰部的力量将臀部先抬起来，因为这样会使股四头肌的用力分散。为了克服和防止抬臀动作，一般练习前，可在脚处放3~5厘米的垫木或垫板。

2. 股二头肌

股二头肌的发展，应该引起健美练习者的重视，特别对大学生而言，训练股二头肌，会增强快速跑和跳跃的能力。而对健美练习者，股二头肌的发展能使大腿的形状更加完美。

股二头肌位于大腿后的外侧，有长、短二头。

【主要机能】

使大腿在髋关节处伸、小腿在膝关节处屈和旋外。练习方法主要有俯卧小腿弯举。可双腿或单腿进行练习，使用的器械也很多种，如利用训练器、橡皮条及人工施压都可以。

【预备姿势】

俯卧在训练器凳面上或体操凳上，两手把住凳子一端，两腿并拢伸直。然后将两脚踝关节处卡在练习架上。

【练习方法】

吸气，以股二头肌的收缩力使两小腿同时用力弯起。呼气，小腿再慢慢放下还原。

3. 小腿三头肌

小腿后群肌肉主要包括腓肠肌、比目鱼肌。此肌肉比较发达，显现隆起。

【主要机能】

使小腿屈、足屈并维持人体直立姿势。

站立负重提踵（图10-118、图10-119）

【预备姿势】

肩扛杠铃，两臂侧屈，两手正握杠铃稍宽于肩，两脚稍分开，前脚掌站在一块厚约10厘米的木板上或其他物体上。

【练习方法】

两腿伸直，反复提踵。

图 10-116　　　　　图 10-117　　　　　图 10-118　　　　　图 10-119

思　考　题

1. 定向越野的基本工具和装备包括哪些？
2. 瑜伽起源于哪里？瑜伽的八大体系是什么？
3. 健美操的特点是什么？
4. 跆拳道的本意由哪三个方面组成？
5. 轮滑主要有哪三类？
6. 跳绳比赛的规则是什么？
7. 攀岩运动可分为哪几种？
8. 目前我国开展的健美运动比赛项目有哪些？

附录
国家学生体质健康标准

一、说明部分

1.《国家学生体质健康标准》(以下简称《标准》)是国家学校教育工作的基础性指导文件和教育质量基本标准,是评价学生综合素质、评估学校工作和衡量各地教育发展的重要依据,是《国家体育锻炼标准》在学校的具体实施,适用于全日制普通小学、初中、普通高中、中等职业学校、普通高等学校的学生。

2. 本标准的修订坚持健康第一,落实《国家中长期教育改革和发展规划纲要(2010—2020年)》《国务院办公厅转发教育部等部门关于进一步加强学校体育工作若干意见的通知》(国办发〔2012〕53号)和《教育部关于印发〈学生体质健康监测评价办法〉等三个文件的通知》(教体艺〔2014〕3号)有关要求,着重提高《标准》应用的信度、效度和区分度,着重强化其教育激励、反馈调整和引导锻炼的功能,着重提高其教育监测和绩效评价的支撑能力。

3. 本标准从身体形态、身体机能和身体素质等方面综合评定学生的体质健康水平,是促进学生体质健康发展、激励学生积极进行身体锻炼的教育手段,是国家学生发展核心素养体系和学业质量标准的重要组成部分,是学生体质健康的个体评价标准。

4. 本标准将适用对象划分为以下组别:小学、初中、高中按每个年级为一组,其中小学为6组、初中为3组、高中为3组。大学一、二年级为一组,三、四年级为一组。

5. 小学、初中、高中、大学各组别的测试指标均为必测指标。其中,身体形态类中的身高、体重,身体机能类中的肺活量,以及身体素质类中的50米跑、坐位体前屈为各年级学生共性指标。

6. 本标准的学年总分由标准分与附加分之和构成,满分为120分。标准分由各单项指标得分与权重乘积之和组成,满分为100分。附加分根据实测成绩确定,即对成绩超过100分的加分指标进行加分,满分为20分;小学的加分指标为1分钟跳绳,加分幅度为20分;初中、高中和大学的加分指标为男生引体向上和1000米跑,女生1分钟仰卧起坐和800米跑,各指标加分幅度均为10分。

7. 根据学生学年总分评定等级:90.0分及以上为优秀,80.0~89.9分为良好,60.0~79.9

分为及格，59.9 分及以下为不及格。

8. 每个学生每学年评定一次，记入《〈国家学生体质健康标准〉登记卡》（附表 1~6）。特殊学制的学校，在填写登记卡时可以按规定和需求相应地增减栏目。学生毕业时的成绩和等级，按毕业当年学年总分的 50% 与其他学年总分平均得分的 50% 之和进行评定。

9. 学生测试成绩评定达到良好及以上者，方可参加评优与评奖；成绩达到优秀者，方可获体育奖学分。测试成绩评定不及格者，在本学年度准予补测一次，补测仍不及格，则学年成绩评定为不及格。普通高中、中等职业学校和普通高等学校学生毕业时，《标准》测试的成绩达不到 50 分者按结业或肄业处理。

10. 学生因病或残疾可向学校提交暂缓或免予执行《标准》的申请，经医疗单位证明，体育教学部门核准，可暂缓或免予执行《标准》，并填写《免予执行〈国家学生体质健康标准〉申请表》（附表 7），存入学生档案。

11. 确实丧失运动能力、被免予执行《标准》的残疾学生，仍可参加评优与评奖，毕业时《标准》成绩需注明免测。

12. 本标准由教育部负责解释。

二、单项指标与权重（大学）

单项指标与权重

测试对象	单项指标	权重 %
大学各年级学生	体重指数（BMI）	15
	肺活量	15
	50 米跑	20
	坐位体前屈	10
	立定跳远	10
	引体向上（男）/1 分钟仰卧起坐（女）	10
	1000 米跑（男）/800 米跑（女）	20

注：体重指数（BMI）= 体重（千克）/ 身高^2（米^2）

大学生体重指数（BMI）单项评分表（单位：千克 / 米^2）

等级	单项得分	大学男生	大学女生
正常	100	17.9~23.9	17.2~23.9
低体重	80	≤ 17.8	≤ 17.1
超重		24.0~27.9	24.0~27.9
肥胖	60	≥ 28.0	≥ 28.0

三、评分表

大学各年级评分表

等级	项目 单项得分	男生肺活量（毫升）		女生肺活量（毫升）		男生50m跑（秒）		女生50m跑（秒）		男生坐位体前屈（厘米）		女生坐位体前屈（厘米）	
		大一大二	大三大四	大一大二	大三大四	大一大二	大三大四	大一大二	大三大四	大一大二	大三大四	大一大二	大三大四
优秀	100	5040	5140	3400	3450	6.7	6.6	7.5	7.4	24.9	25.1	25.8	26.3
	95	4920	5020	3350	3400	6.8	6.7	7.6	7.5	23.1	23.3	24.0	24.4
	90	4800	4900	3300	3350	6.9	6.8	7.7	7.6	21.3	21.5	22.2	22.4
良好	85	4550	4650	3150	3200	7.0	6.9	8.0	7.9	19.5	19.9	20.6	21.0
	80	4300	4400	3000	3050	7.1	7.0	8.3	8.2	17.7	18.2	19.0	19.5
及格	78	4180	4280	2900	2950	7.3	7.2	8.5	8.4	16.3	16.8	17.7	18.2
	76	4060	4160	2800	2850	7.5	7.4	8.7	8.6	14.9	15.4	16.4	16.9
	74	3940	4040	2700	2750	7.7	7.6	8.9	8.8	13.5	14.0	15.1	15.6
	72	3820	3920	2600	2650	7.9	7.8	9.1	9.0	12.1	12.6	13.8	14.3
	70	3700	3800	2500	2550	8.1	8.0	9.3	9.2	10.7	11.2	12.5	13.0
	68	3580	3680	2400	2450	8.3	8.2	9.5	9.4	9.3	9.8	11.2	11.7
	66	3460	3560	2300	2350	8.5	8.4	9.7	9.6	7.9	8.4	9.9	10.4
	64	3340	3440	2200	2250	8.7	8.6	9.9	9.8	6.5	7.0	8.6	9.1
	62	3220	3320	2100	2150	8.9	8.8	10.1	10.0	5.1	5.6	7.3	7.8
	60	3100	3200	2000	2050	9.1	9.0	10.3	10.2	3.7	4.2	6.0	6.5
不及格	50	2940	3030	1960	2010	9.3	9.2	10.5	10.4	2.7	3.2	5.2	5.7
	40	2780	2860	1920	1970	9.5	9.4	10.7	10.6	1.7	2.2	4.4	4.9
	30	2620	2690	1880	1930	9.7	9.6	10.9	10.8	0.7	1.2	3.6	4.1
	20	2460	2520	1840	1890	9.9	9.8	11.1	11.0	−0.3	0.2	2.8	3.3
	10	2300	2350	1800	1850	10.1	10.0	11.3	11.2	−1.3	−0.8	2.0	2.5

（续表）

等级	项目 单项得分	男生立定跳远（厘米）		女生立定跳远（厘米）		男生引体向上（次）		女生仰卧起坐（个/分）		男生1000m跑		女生800m跑	
		大一大二	大三大四	大一大二	大三大四	大一大二	大三大四	大一大二	大三大四	大一大二	大三大四	大一大二	大三大四
优秀	100	273	275	207	208	19	20	56	57	3:17	3:15	3:18	3:16
	95	268	270	201	202	18	19	54	55	3:22	3:20	3:24	3:22
	90	263	265	195	196	17	18	52	53	3:27	3:25	3:30	3:28
良好	85	256	258	188	189	16	17	49	50	3:34	3:32	3:37	3:35
	80	248	250	181	182	15	16	46	47	3:42	3:40	3:44	3:42
及格	78	244	246	178	179			44	45	3:47	3:45	3:49	3:47
	76	240	242	175	176	14	15	42	43	3:52	3:50	3:54	3:52
	74	236	238	172	173			40	41	3:57	3:55	3:59	3:57
	72	232	234	169	170	13	14	38	39	4:02	4:00	4:04	4:02
	70	228	230	166	167			36	37	4:07	4:05	4:09	4:07
	68	224	226	163	164	12	13	34	35	4:12	4:10	4:14	4:12
	66	220	222	160	161			32	33	4:17	4:15	4:19	4:17
	64	216	218	157	158	11	12	30	31	4:22	4:20	4:24	4:22
	62	212	214	154	155			28	29	4:27	4:25	4:29	4:27
	60	208	210	151	152	10	11	26	27	4:32	4:30	4:34	4:32
不及格	50	203	205	146	147	9	10	24	25	4:52	4:50	4:44	4:42
	40	198	200	141	142	8	9	22	23	5:12	5:10	4:54	4:52
	30	193	195	136	137	7	8	20	21	5:32	5:30	5:04	5:02
	20	188	190	131	132	6	7	18	19	5:52	5:50	5:14	5:12
	10	183	185	126	127	5	6	16	17	6:12	6:10	5:24	5:22

大学生加分指标评分表

加分	男生引体向上（次）		女生仰卧起坐（次）		男生 1000m 跑		女生 800m 跑	
	大一大二	大三大四	大一大二	大三大四	大一大二	大三大四	大一大二	大三大四
10	10	10	13	13	–35"	–35"	–50"	–50"
9	9	9	12	12	–32"	–32"	–45"	–45"
8	8	8	11	11	–29"	–29"	–40"	–40"
7	7	7	10	10	–26"	–26"	–35"	–35"
6	6	6	9	9	–23"	–23"	–30"	–30"
5	5	5	8	8	–20"	–20"	–25"	–25"
4	4	4	7	7	–16"	–16"	–20"	–20"
3	3	3	6	6	–12"	–12"	–15"	–15"
2	2	2	4	4	–8"	–8"	–10"	–10"
1	1	1	2	2	–4"	–4"	–5"	–5"

注：引体向上、一分钟仰卧起坐均为高优指标，学生成绩超过单项评分 100 分后，以超过的次数所对应的分数进行加分；1000m 跑、800m 跑均为低优指标，学生成绩低于单项评分 100 分后，以减少的秒数所对应的分数进行加分。

国家学生体质健康标准

参考文献

[1] 李静. 大学体育实用教程[M]. 北京：人民体育出版社，2019.

[2] 郝光安. 大学体育教程[M]. 北京：人民体育出版社，2012.

[3] 任晋军. 当代大学体育教程[M]. 北京：北京体育大学出版社，2013.

[4] 林志超. 大学体育标准教程[M]. 北京：北京体育大学出版社，2007.

[5] 林志超. 大学体育与健康教程[M]. 北京：北京体育大学出版社，2005.

[6] 袁建国. 大学体育与健康[M]. 天津：南开大学出版社，2013.

[7] 蒋宁. 大学体育与健康教程[M]. 天津：南开大学出版社，2012.

[8] 张桂梅. 现代大学体育选项教程[M]. 北京：人民体育出版社，2009.

[9] 王洪. 健美操教程[M]. 北京：人民体育出版社，2002.

[10] 贾鹏飞. 公共体育课教程[M]. 北京：人民体育出版社，2010.

[11] 汤仙虎，李开颖，王华龙. 羽毛球运动技术图解[M]. 北京：人民体育出版社，1992.

[12] 彭美丽. 羽毛球技巧图解[M]. 北京：北京体育大学出版社，2001.

[13] 张惠红，肖秋平，郁董. 定向越野[M]. 南京：江苏科学技术出版社，2006.

[14] 吴东方. 交谊舞现代理论与流行跳法[M]. 长沙：湖南文艺出版社，2005.

[15] 卢锋. 休闲体育学[M]. 北京：人民体育出版社，2005.

[16] 魏磊. 篮球课堂[M]. 上海：上海大学出版社，2014.

[17] 何志林. 现代足球[M]. 北京：人民体育出版社，2000.

[18] 袁文慧. 乒乓球教程[M]. 郑州：黄河水利出版社，2009.

[19] 梅雪雄. 游泳[M]. 北京：高等教育出版社，2007.

[20] 陈占奎，李志贵，李德昌，等. 怎样打羽毛球[M]. 北京：金盾出版社，1999.

[21] 范京广. 健身瑜伽[M]. 北京：北京体育大学出版社，2003.

[22] 于海燕. 轮滑活动入门[M]. 南京：江苏科学技术出版社，2001.

[23] 刘翔，李寿邦. 定向运动与野外生存技能[M]. 西安：陕西人民教育出版社，2012.

[24] 王翔. 定向运动[M]. 北京：高等教育出版社，2009.

[25] 乔梁. 定向运动与野外生存训练[M]. 北京：中国铁道出版社，2009.

[26] 中国足球协会. 足球竞赛规则（2015／2016）[M]. 北京：人民体育出版社，2015.

[27] 中国篮球协会. 篮球规则（2014最新版）[M]. 北京：北京体育大学出版社，2015.

[28] 中国武术. 武术散打竞赛规则（2013）[M]. 北京：人民体育出版社，2013.

[29] 李少丹，惠民. 运动竞赛学[M]. 北京：北京体育大学出版社，2005.

[30] 张婧. 大学体育理论与实践[M]. 北京：人民体育出版社，2016.

[31] 戴桂琴，等. 大学生体育与健康[M]. 北京：中共中央党校出版社，2019.

[32] 张兵，等. 新编大学生体育与健康[M]. 西安：西安电子科技大学出版社，2016.

[33] 蓝健卓，蓝照光. 大学生体育健康教程[M]. 北京：人民体育出版社，2017.